Dieter Hermann Schmitz

Finnisch verheiratet

Dieter Hermann Schmitz

Finnisch verheiratet

Oder: Auf der Suche nach dem finnischsten aller Worte

Heiner Labonde Verlag

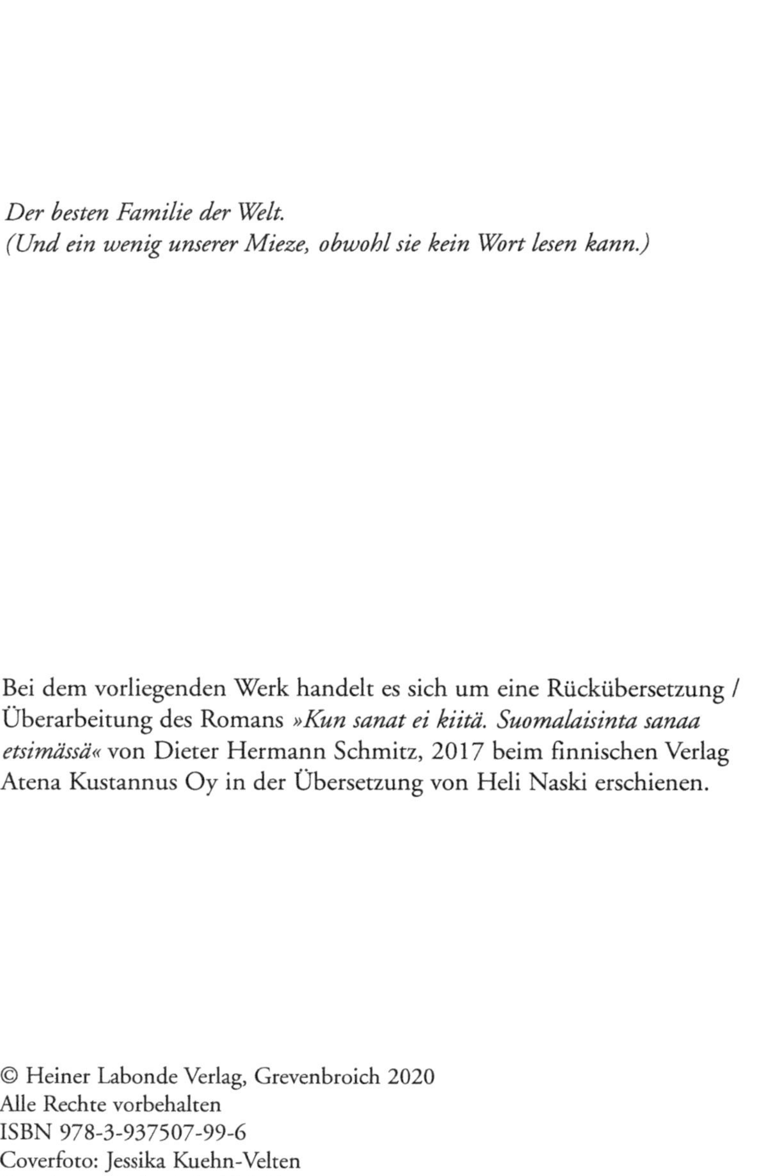

Der besten Familie der Welt.
(Und ein wenig unserer Mieze, obwohl sie kein Wort lesen kann.)

Bei dem vorliegenden Werk handelt es sich um eine Rückübersetzung / Überarbeitung des Romans *»Kun sanat ei kiitä. Suomalaisinta sanaa etsimässä«* von Dieter Hermann Schmitz, 2017 beim finnischen Verlag Atena Kustannus Oy in der Übersetzung von Heli Naski erschienen.

ISBN 978-3-937507-99-6
Coverfoto: Jessika Kuehn-Velten
Gestaltung: Pada ri GmbH, Essen
Printed in Germany

Inhalt

01 Bewirtung mit Kaffee und Kuchen: *kahvitus* 7
02 Finnlandschweden und Tigerenten 8
03 Muttersöhnchen: *mamis* 12
04 Die Ostsee liegt südlich von Finnland. *Itämeri* 17
05 Sibelius 22
06 Paska-l 27
07 Sommerhäuschen: *mökki* 30
08 Birkenzucker Xylitol 36
09 Grillwurst: *makkara* 41
10 Zungenbrecher *talvitapahtumatuotanto* 46
11 Kriegsveteran: s*otaveteraani* 49
12 Aufguss: *löyly* 57
13 Herbsttagundnachtgleiche: *syyspäiväntasaus* 64
14 Die Tasse gratis dazu: *santsikuppi* 71
15 Alles hat ein Ende. *Valomerkki* 80
16 Die finnischen Löwen: *leijonat* 86
17 Schlangenpack: *kyypakkaus* 91
18 Heidnisches Herbstfest. *Kekri* 95
19 Lappenschlappen: *lapintossut* 105
20 Schmusetier: *lemmikki* 110
21 Guten Tag, wie geht's? *Moro* 116
22 Ein finnischer Troll. *Mumin* 120
23 Moos & Flechte: *sammal & jäkälä* 126
24 Rrrrrussse: *ryssä* 130
25 Karelische Pirogge 136
26 Strandlandschaft: *rantamaisemat* 142
27 Holzkopf: *puupää* 148
28 Zwangsschwedisch: *pakkoruotsi* 157
29 Der unbekannte Soldat: *Tuntematon sotilas* 164
30 Sprechdurchfall: *puheripuli* 170
31 Sein oder Design. *Marimekko* 178
32 Ein Skandal: *skandaali* 182
33 Das Leben ist 189

34 Knutsbock: *nuuttipukki* 191
35 Zwischen den Jahren 199
36 Alkoholfreier Januar: *tipaton tammikuu* 203
37 Turku. Åbo 210
38 Den Teufel an die Wand malen 215
39 Heimatland: *kotimaa* 223
40 Abenteuer: *seikkailu* 226
41 Held: *sankari* 237
42 Jenseits der Wolfsgrenze. *Susiraja* 242
43 Wem das Windspiel bimmelt 249
44 Ohne Worte 252
45 Jemanden in den April schicken: *aprillata* 259
46 Überfinnisch: *sisu* und *sauna* 264
47 Klar doch: *Totta kai* 268
48 Mein Lieblingswort 273
49 Das Leben geht weiter 275

1. Bewirtung mit Kaffee und Kuchen: *kahvitus*

Manchmal braucht es ungewöhnliche, aufrüttelnde Erlebnisse, um zu den einfachsten Einsichten zu gelangen. So war es jedenfalls bei mir. Mein persönliches Erweckungserlebnis bestand aus schwebendem Kaffee in einem unförmigen, schwerelosen Klecks, nur wenige Handbreit vor meinen Augen, in einem kurzen Moment, in dem die Zeit gefror, wo zwischen oben und unten kein Unterschied mehr bestand und wo ich nicht hätte sagen können, ob ich männlich, weiblich oder sächlich bin. Der Kaffee sah aus wie ein brauner Spritzer im Nichts und wurde umkreist von den Krümeln eines staubtrockenen finnischen Hefegebäcks, *pulla*. Es war wie ein Urknall im Kleinformat. Dann klatschte der Kaffee auf mich herab und verbrannte mir glücklicherweise nicht die Oberschenkel, weil er sowieso nur lauwarm war. All dies geschah auf einer Flugreise nach Finnland.

Dass mir das ausgerechnet mit Kaffee passierte, war kein Zufall, denn Kaffee ist das Lebenselixier der Finnen. Es wird zu jeder Tages- wie Nachtzeit gerne getrunken, in jeder Höhenlage und Geschwindigkeit. Die Finnen sind Weltmeister im Kaffeekonsum! *kahvi* ist übrigens ein Wort, das man sich auch als Nicht-Finne leicht merken kann, ist es doch mit coffee, Kaffee, café oder kawa verwandt. Die finnische Ableitung *kahvitus* hingegen ist eine Besonderheit, die es in dieser Form wohl nur im Finnischen gibt. Sie ist quasi unübersetzbar oder nur schwerfällig umschreibbar mit »Bewirtung mit Kaffee und Gebäck in privater Runde zu besonderen Anlässen«. Wörter wie *kahvitus* finde ich fantastisch, und weil ein solches im Deutschen fehlt, schlage ich vorläufig den Ausdruck Bekaffung vor!
Ich war auf einer Dienstreise in Berlin gewesen und befand mich auf dem Heimweg zu meiner finnischen Frau, unseren feutschen Kindern und unserer nichtsnutzigen Katze, der wir als höriges Personal unterstehen. Das Kaffeetrinken auf jener Rückreise nach Finnland nahm Ausmaße an, die fürchterlich waren. Dabei hatte alles einen fröhlich-harmlosen Anfang genommen. In der Warteschlange auf dem Berliner Flughafen ...

2. Finnlandschweden und Tigerenten

In der Schlange vor mir steht ein Pärchen, das aussieht wie aus dem Werbekatalog: zu schön, um wahr zu sein. Die beiden sind jung, hübsch, faltenfrei und nachgerade makellos. Rührend, fast kitschig. Ohne Zweifel ist Er südeuropäischer Herkunft und könnte Unterhosen-Modell sein. Mit gepflegtem Drei-Tage-Bart und dunklen Knopfaugen. Sie dagegen ist eindeutig Finnin, mit langen, kastanienbraunen Haaren, hohen ostfinnischen Wangenknochen und einem selbstbewussten Lachen. Eine Umhängetasche aus Stoff im grellbunten Blumen-Dekor der Firma *Marimekko* verrät eindeutig ihre Herkunft. In anderen Teilen Europas gibt es den Irrglauben, dass alle finnischen Frauen strohblond seien, in Wirklichkeit wird aber auch Kastanienbraun gern getragen. Wahr hingegen ist, dass ausnahmslos alle finnischen Frauen eine Tasche von *Marimekko* besitzen, die sie auf Reisen ins Ausland als Erkennungszeichen vor sich hertragen. Das ist keine Frage des modischen Geschmacks, sondern des Zusammengehörigkeitsgefühls. Denn *Marimekko* ist mehr als ein Textil- und Bekleidungshersteller, *Marimekko* ist eine nationale Institution und ist in ganz Finnland weltberühmt. »Süß die zwei, oder nicht?«, höre ich (auf Deutsch) eine Stimme hinter mir sagen. Ich wende mich um und schaue in das schmunzelnde Gesicht einer älteren Dame, die mir vertraulich zublinzelt. Auch sie beobachtet das junge Pärchen, von dem das Flair eines Lifestyle-Hochglanzmagazins ausgeht. »Ja-ja«, sage ich leise zur Bestätigung. Die Dame trägt ein rundes Hütchen auf dem Kopf, das sie bestimmt auf einem orientalischen Baszar erstanden hat; auf der äußersten Nasenspitze hält sich mit Mühe eine Brille, deren Gestell so bizarr aussieht, dass es Designer-gestylt sein muss. Dazu trägt sie einen senffarbenen Poncho, der wahrscheinlich aus Guatemala stammt. Sie ist braungebrannt, als käme sie frisch vom Äquator, und an ihrem Hals hängt eine bronzene Kette mit Thors Hammer, einem Motiv der Schmuckserie *Kalevala*. Keine Frage: Hier steht eine globalisierte Finnin vor mir. Weltoffen und weitgereist.

Mit Blick auf das junge Paar kichert die Dame amüsiert. Aber dann zieht sich ihre Stirn ein wenig in Falten. In einem Tonfall, der plötzlich etwas vorwurfsvoll klingt, flüstert sie mir zu: »Frisch verliebt sein kann jeder!« Und wie zur Erklärung zupft sie an meinem Mantel und weist unauffällig auf eine zweite Warteschlange neben der unseren. Mein Blick fällt zunächst auf eine junge Mutter mit zwei Kindern. Das eine ist noch fast ein Säugling und schlummert auf dem Arm der Mutter; das andere Kind, ein Mädchen von sechs oder sieben Jahren mit niedlichen blonden Kringelhaaren, steht brav daneben und schmust mit einem Stofftier, einer Tigerente. (Diese Figur von Janosch ist dank Übersetzung ins Finnische auch im hohern Norden keine Unbekannte mehr.)

»Nein, nicht die!«, flüstert die Dame, »die da!«. Sie weist mit dem Kopf unauffällig auf ein altes Ehepaar im weit fortgeschrittenen Rentenalter: ein Herr mit grauem Haar neben einer kleinen Frau, deren Haare zu einem Dutt zusammengesteckt sind. Die alte Frau trägt mit festem Griff die Reisedokumente in einer Klarsichthülle vor sich her – untrügliches Anzeichen für übervorsichtige Wenig-Flieger. Die beiden Alten stehen aneinander gelehnt, als müssten sie sich gegenseitig stützen. Und ihr Gesichtsausdruck zeigt eine Mischung aus Trotz und Selbstvertrauen, als wollten sie ausdrücken: »Mag kommen, was will – gemeinsam schaffen wir es unbeschadet durch die Sicherheitskontrolle. Und wenn einer von uns in den Körper-Scanner geschickt wird, wartet der andere und hält die Reisedokumente.«

»Frisch verliebt sein kann jeder«, wiederholt die Dame neben mir nachdrücklich, »aber es miteinander auszuhalten, wenn man schon alt und grau ist, das ist die wahre Kunst!« –

Ein wenig verwundert beobachte ich, wie die Dame eine kleine, flache Kamera aus der Tasche zieht und unauffällig von den beiden Alten aus der Nebenschlange ein Foto macht, ohne das Gerät auf Augenhöhe zu heben.

»Und Sie?«, fragt sie mich, nachdem sie ihre Kamera wieder weggesteckt hat, »Sie sind verheiratet …?« Dabei schaut sie auf meinen Ehering, den ich – wie in Finnland üblich – an der linken Hand trage. Es lässt sich schwer erkennen, ob sie selbst einen Ehepartner hat, da jeder ihrer Finger von ein bis zwei Ringen geziert wird. »Ob ich verheiratet bin?«, erwidere ich, »Und wie! Ich bin finnisch verheiratet!«

Etwa vierzig Minuten später beziehe ich im Flugzeug einen Sitzplatz am Fenster. Der Sitz neben mir bleibt leer. Aber nicht lange. Die fidele Dame aus der Warteschlange hat mich ausfindig gemacht und fragt: »Haben Sie etwas dagegen, wenn ich mich zu Ihnen setze?« – »Nein, bitte sehr!«, sage

ich und rücke meinen Rucksack zur Seite. Die Dame setzt sich ein wenig umständlich.
»Sind Sie Finnin?«, will ich wissen.
»Merkt man das an meiner Aussprache?«, fragt sie zurück.
»Das nicht unbedingt.« Obwohl ihr Deutsch sehr gut klingt, biete ich ihr freundlich an, dass wir uns auch auf Finnisch weiter unterhalten könnten.
»Auf Finnisch? Bitte nicht!«, lacht sie. »Ich bin Finnlandschwedin. Ich heiße Synnöve.« Sie reicht mir ihre Hand und auch ich stelle mich kurz vor: »Mein Name ist Hermann«. Von da an duzen wir uns. Synnöve erläutert noch, dass sie zwar leidlich Finnisch spreche, aber Schwedisch sei nun einmal ihre Muttersprache und Deutsch beherrsche sie sehr gut. Ich mustere sie ein wenig genauer. Rein biologisch könnte sie wahrscheinlich meine Mutter sein. Dann erzählt sie mir, dass ihr erster Mann Deutscher gewesen sei und sie fast zwanzig Jahre in Stuttgart gelebt hätten. »Er hat bei Mercedes gearbeitet. Leider ist er viel zu früh gestorben.«
»Oh, das tut mir leid«.
»Das braucht dir nicht leid zu tun. Ich glaube, er hatte einen schönen Tod.« Synnöve, die Finnlandschwedin, legt eine kurze Pause ein. »Er hat auf einer Dienstreise einen Schlag bekommen. Im Auto, hinterm Steuer. Einfach so. Er ist auf einer Landstraße friedlich ausgerollt. Irgendwo am Rande vom Schwarzwald. Erst Stunden später hat man ihn bemerkt. Er saß in seinem Auto und war tot. Ich glaube, dass ist der schönste Tod, den ein deutscher Mann haben kann.«
Makaber, denke ich. Persönlich halte ich es nicht für erstrebenswert, in einem Mercedes das Zeitliche zu segnen, selbst dann nicht, wenn man dabei keinen Unfall verursacht und es in reizvoller Landschaft geschieht. Ich schaue kurz aus dem Fenster, das Flugzeug hat sich in Bewegung gesetzt und rollt auf die Startbahn. Sollte ich Synnöve fragen, was sie bei einem finnischen Mann für den schönsten Tod hält? Vielleicht wenn man beim Eislochangeln einbricht und binnen Sekunden in eisigen Fluten verschwindet? Oder wenn man beim Aufguss in der Sauna einem schmerzlos-sanften Hitzeschock erliegt?
Meine neue Reisebekanntschaft nestelt nervös an ihrem Sicherheitsgurt. »Ich fliege zwar ziemlich viel«, lächelt sie gezwungen, »aber ich habe immer etwas Flugangst. Erzähl mir noch ein bisschen von dir, das lenkt mich ab.«

»Was soll ich denn erzählen?« – Statt direkt zu sagen, was sie hören will, beginnt Synnöve aufzuzählen, was sie bereits von mir weiß: »Du bist also mit einer Finnin verheiratet, und du bist Deutscher …« – »Nicht so ganz«, schmunzle ich, »streng genommen bin ich Finnlanddeutscher.« Synnöve lacht kurz auf. »Ach so. So etwas gibt es also auch?!« – Warum nicht, denke ich. Es gibt ja auch Tigerenten.
»Hast du Kinder?«, will Synnöve wissen.
»Ja, anderthalb.«
»Das verspricht wirklich ein interessanter Flug zu werden«, grient sie, »anderthalb Kinder also?«
»Ja, eine Tochter, die nur noch gelegentlich zur Nahrungsaufnahme vorbeischaut und um ihr Taschengeld abzuholen, und einen Sohn, der am liebsten zu Hause hockt.«
»Mmh … wie alt sind denn die beiden?«
»Unsere Älteste ist sechszehn. Unser Jüngster ist rund zwei Jährchen jünger … Im nächsten Sommer feiert er Konfirmation.«
Persönlich finde ich es erstaunlich, dass das Konfirmationsfest in Finnland für fast jeden Heranwachsenden immer noch ein wichtiger Termin ist und mit protestantischem Ernst begangen wird. Und das, obschon viele Finnen Ostern für ein Eierfest halten und den Weihnachtsmann als Nationalhelden verehren.
Dann erhebt sich die Maschine in den Himmel. Der Sturzflug auf Finnland beginnt.

3. Muttersöhnchen: *mamis*

Es geht los, als wir den deutschen Luftraum verlassen haben und uns über der Ostsee befinden: Die Maschine beginnt zu rütteln und unruhig in der Luft zu liegen. Ich komme gerade von der Bordtoilette, als der Kapitän das Anschnallzeichen wieder anschaltet. Außerdem fordert eine Flugbegleiterin alle Passagiere per Durchsage dazu auf, Platz zu nehmen und sich festzuschnallen. Turbulenzen! Nichts Ernsthaftes. Synnöve sitzt starr in ihren Sitz gepresst und sieht gar nicht mehr braungebrannt aus, sondern eher käsig. Ich zwänge mich an ihr vorbei und setze mich.
»Könntest du mir noch etwas erzählen?«, bittet sie weinerlich, »Irgendetwas!«.
Ich überlege kurz. Dann fällt mir ein passendes Gesprächsthema ein: »Du erinnerst mich an eine meiner Tanten.«
»Wirklich? Warum?«
»Das frag ich mich auch! Ihr seht euch eigentlich kaum ähnlich. Meine Tante hatte jedenfalls nie so komische Hütchen auf wie du.« Diese unhöfliche Spitze erlaube ich mir, um Synnöve abzulenken. Sie krallt sich aber nur an ihren Armlehnen fest und starrt stur geradeaus. Sie ist todernst: »Und weiter? Was kannst du noch erzählen von deiner Tante?«
»Sie konnte gut kochen und war kinderlieb.«
»Welches Sternzeichen hatte sie?«
»Keine Ahnung.« Von Sternzeichen, Horoskopen und ähnlichem Hokuspokus halte ich nicht viel, aber dass Synnöve danach fragt, verwundert mich nicht weiter.
»Meine Tante war sehr gläubig«, setze ich wieder an, »eine überzeugte Katholikin! Sie lebte nach dem Wahlspruch: ›Das Leben ist ein Jammertal‹.«

Synnöve schielt mich ungläubig von der Seite an.
»Meine Tante«, erläutere ich, »hatte keine hochgesteckten Ziele. Nichts von diesem modernen Kram: die Welt bereisen, sich selbst verwirklichen, berühmt werden, sich irgendwelche Wünsche erfüllen.«
Synnöve verzieht das Gesicht. Ich weiß nicht, ob aus Verachtung oder weil ihr schlecht ist. Unbeirrt berichte ich weiter: »Ich glaube, wenn man davon ausgeht, dass das Leben ein Jammertal ist, wird man selten enttäuscht. Meine Tante war jedenfalls immer sehr zufrieden.«

Die Maschine schaukelt bedenklich hin und her. Ein paar Reihen vor uns weinen Kinder. Es sind sicher die Kleinen der jungen Mutter, das Baby und das Mädchen mit der Tigerente. Auch mir wird zunehmend unwohl in meiner Haut. Da wir zu vorgerückter Stunde an einem frühherbstlichen Abend gestartet sind, ist es mittlerweile längst finster draußen. Aus dem Fenster ist nichts zu sehen außer den wackelnden, scheppernden Flügeln des Flugzeugs mit ihren rot blinkenden Signalleuchten. Es macht den Anschein, als würden um uns die wildesten Stürme toben. Synnöve sitzt angespannt neben mir. Mittlerweile hält sie die Augen fest geschlossen und murmelt leise vor sich hin. Ich erzähle ihr noch mehr von meiner Tante, dass sie immer Obst aus dem Garten eingemacht hat und jeden Sonntag zur Kirche ging und dass sie fünf Kinder großgezogen hat und kein Wort Hochdeutsch konnte. Synnöve hört mir gar nicht mehr zu, aber ich spreche weiter, weil es mich beruhigt, etwas zu tun zu haben. Unendlich lange Minuten vergehen. Hin und wieder ruckelt der Flieger und lässt die Fluggäste zusammenschrecken. Irgendwann geht mir der Gesprächsstoff aus. Ich schaue auf Synnöve. Sie ist so kreidebleich im Gesicht, wie man es sonst nur nach halbjähriger Polarnacht ist. Behutsam beuge ich mich in ihre Richtung, immer näher, um zu lauschen, was sie seit geraumer Zeit murmelt. Ob sie betet? Es dauert ein wenig, aber dann kann ich verstehen, was sie sagt. Ganz leise: »Das Leben ist ein Jammertal.« Ich lehne mich wieder zurück, schließe die Augen und murmele mit! Meine katholische Tante aus der rheinischen Provinz – Gott hab sie selig – hatte Recht.

Nach einiger Zeit werden die Schwankungen weniger. Zehn bis fünfzehn Minuten und der Spuk ist vorbei. Unter den Passagieren herrscht großes Aufatmen. Es macht sich eine fast kindlich-ausgelassene Stimmung breit, so als müsse man mit übertriebener Fröhlichkeit seine Erleichterung überspielen. Als schäme man sich, Angst gehabt zu haben. Das Anschnallzeichen erlischt und die Bordtoiletten werden gestürmt. Per Durchsage wird darauf hingewiesen, sicherheitshalber angeschnallt zu bleiben. Dennoch beginnt das Flugpersonal nach einiger Zeit sogar damit, Getränke zu servieren. »Ein Kaffee tut jetzt gut«, stöhnt Synnöve.

Bald darauf halten wir Kaffeebecher in unseren Händen. Da passiert es! Plötzlich und unvermittelt. Grausam, gnadenlos und brutal! Mit einem gewaltigen Ruck sackt die Maschine nach unten. Für einen kurzen Augen-

blick erleben alle Insassen ein Gefühl des freien Falls. Wer nicht angeschnallt ist, stößt sich den Kopf, die übrigen hält nur der Sicherheitsgurt auf ihrem Sitz. Ein lauter Aufschrei aus Dutzenden Kehlen erfüllt die dünne Luft in etwa 10.000 Metern Höhe. Es herrscht die nackte Panik. Kissen, Jacken, Tassen, Reisedokumente, komische Hütchen und Tigerenten fliegen durch den Raum. Und ich kann – als würde ich das alles in Zeitlupe erleben – für einen Moment mit ansehen, wie der Kaffee aus meinem Pappbecher herausschwappt. Ich bilde mir sogar ein, für Sekundenbruchteile mein eigenes Spiegelbild im goldgelben Milchkaffee zu erkennen. Im Angesicht äußerster Not und in den ungewöhnlichsten Situationen soll es, wie ich schon mehrfach gelesen habe, zu einer übernatürlichen Schärfung aller Sinne kommen. Ich kann es bestätigen! Vor mir weinen die kleinen Kinder, schräg neben mir hält sich das alte Ehepaar tapfer bei der Hand, das Unterhosen-Modell aus Südeuropa wimmert vor sich hin, Synnöve keucht und wünscht sich, friedlich in einem Mercedes sterben zu können. In meiner Nase liegt der Geruch eines massenhaften Adrenalinausstoßes, der zu Schweißausbruch aus tausenden Poren führt.
Ähnlich wie auf der Achterbahn, wenn der Wagen von einer Anhöhe herunterbraust und dann plötzlich eine Talsohle erreicht, fängt sich das Flugzeug wieder, die Schwerkraft kehrt auf brechreizartige Weise zurück und mein Kaffee klatscht auf mich herab. Als der Schreckmoment vorbei ist, wimmert, betet und flucht alles durcheinander. Dann meldet sich der Flugkapitän. Mit gehetzter Stimme versucht er die Gäste zu beruhigen, faselt mehrsprachig etwas von labilen Atmosphärenschichten. Es ist das, was man volkstümlich ein Luftloch nennt, in das wir geplumpst sind. Das Bordpersonal ringt um Haltung und versucht, Zuversicht auszustrahlen. Synnöve wagt es, ein Auge aufzumachen und in die Welt hinauszulugen. Der Flug bleibt unruhig. Es schaukelt, zittert, rüttelt und rattert. Aber in ein Luftloch stürzen wir zum Glück nicht noch ein zweites Mal. Der Flugkapitän und sein Kopilot melden sich mehrfach, sie teilen schwer verständliche Infos mit. Es ist von heftigen Stürmen vor der finnischen Küste und über Teilen des Binnenlandes die Rede. Dann die Mitteilung: Aus Sicherheitsgründen würden wir in Tallinn landen. Wir drehen ab Richtung Estland. Niemand beschwert sich. Hauptsache landen! Heil runterkommen. Festen Boden unter die Füße bekommen. Notfalls sogar in Stock-

holm. Im Angesicht des Todes sind auch finnische Fluggäste zu Zugeständnissen bereit. Ich überlege kurz, ob ich mein Mobiltelefon einschalten und meine Lieben daheim anrufen soll. Man weiß ja aus amerikanischen Filmen, dass man dann unter Schluchzen eingesteht, alle zu lieben. Ein letzter Gruß vor einer Landung mit fraglichem Ausgang ...
Nach einiger Zeit lassen sich im Dunkel der Nacht kleine Lichter unter uns erkennen. Wir nähern uns langsam dem Erdboden, schwankend und unsicher, denn auch über Estland fegen die Winde. Eine ungeheure Anspannung macht sich breit. Niemand spricht mehr ein Wort. Alle warten darauf, dass die Maschine aufsetzt und ausrollt und sicher zum Stehen kommt. Ein letztes Mal meldet sich der Flugkapitän. Er brabbelt etwas Unverständliches. Diesmal lassen mich selbst meine geschärften Sinne im Stich, es ist kaum ein Wort zu verstehen. Aber ich glaube, er stammelt etwas von ›Jammertal‹. Es knackt und dröhnt in der Lautsprecheranlage und ich hoffe, dass der Pilot besser fliegt, als er Durchsagen macht. Synnöve drückt meine Hand so sehr, dass es anfängt, weh zu tun. Dann rumpelt und pumpelt es, Reifen quietschen, die Bremsklappen werden hochgefahren, der Luftwiderstand erzeugt pfeifende Geräusche. Wir haben aufgesetzt und leben noch. Nachdem ich unter Anstrengung meine Hand aus Synnöves Griff freigewunden habe, betätige ich mich begeistert als Landungsklatscher, als wäre ich Reise-Anfänger. Der Applaus ist allseits kräftig und von Ernsthaftigkeit geprägt, für finnische Verhältnisse geradezu frenetisch.
Wer nach Finnland will und in Estland landet, hat knapp sein Ziel verfehlt. Aber besser das, als unfreiwillig in der kühlen Ostsee zu baden. Nun hoffen alle darauf, möglichst bald das Flugzeug verlassen zu können. Noch einmal ist Geduld gefragt. Synnöve und ich gehen fast als Letzte von Bord. Vor uns stapft das alte Ehepaar mit wackelnden Knien zum Ausgang, der Herr mit den buschigen weißen Augenbrauen und die alte Frau mit dem Dutt. Sie halten sich selbst im schmalen Gang des Flugzeugs bei der Hand. Bewundernswert: zwei Unzertrennliche, die allen Stürmen trotzen. Und auch das junge Paar sehe ich ein letztes Mal. Dem männlichen Unterhosen-Modell schlabbern die Marken-Jeans um den Hintern, als hätte er die Hosen voll. Verübeln kann ich's ihm nicht. Es gehört zum natürlichen Fluchtverhalten aller großen Säugetiere, sich bei Gefahr zu erleichtern. Aus mehreren Schritt Entfernung höre ich ihn wehklagen: *»Je n'ai jamais rentrer*

à la Finlande …« Das Modell ist also Franzose. Seine finnische Freundin höre ich gereizt zu ihm (auf Deutsch) sagen »Ja, Pascal, ja. Alles ist gut«, bevor sie mit den Augen rollt und (auf Finnisch) zischt: »Mikä mamis! (Was für ein Muttersöhnchen!)«

Synnöve hat mittlerweile auch ihr verloren gegangenes Hütchen wiedergefunden, das ihr vom Kopf geflogen war.

»Oh, was ist das denn?«, sagt sie verwundert und hebt ein Stofftier auf, das verloren unter einem Sitz gelegen hat. Die Tigerente. »Das gehörte doch dem kleinen Mädchen«, weiß Synnöve.

»Ja, genau!«, bestätige ich, »Die junge Mutter mit ihren zwei Kindern … Die Kleine war bestimmt völlig verstört.«

»Die drei finden wir hoffentlich noch im Gedränge!« Kurz entschlossen stopft Synnöve das Stofftier in ihre große Handtasche. »Damit das arme Kind sein Schmusetier wiederbekommt!«, sagt sie und lächelt wieder.

4. Die Ostsee liegt südlich von Finnland. *Itämeri*

Finnland und Estland – das ist fast wie Deutschland und Holland: Lage, Landschaft, Leute und nicht zuletzt die Sprache sind einander viel zu ähnlich, um sich ernsthaft mögen zu können. Das größere Land hat wenig gegen das Kleinere, aber umgekehrt lebt man eine wohlgepflegte Ablehnung. Über eisnadelspitze Abneigungen in Sachen Finnland-Estland kann auch nicht hinwegtäuschen, dass es ausgeprägte wirtschaftliche Beziehungen und viele politische Sonntagsreden gibt, in denen man sich als ›Brudervölker‹ bezeichnet. Hinter vorgehaltener Hand beschimpfen die Esten die Finnen als stumpfsinnige *porot* (Rentiere), und das ist durchaus abwertend gemeint, auch wenn die Hirsche der Tundra ganz niedlich sind. Auf ähnliche Weise schmähen die Holläner ihre deutschen Nachbarn als *Moffen.*

Nach meiner Notlandung vom gestrigen Abend liegt ein wildes Durcheinander im Flughafengebäude von Tallinn mit langen Wartereien hinter mir und schließlich eine Unterbringung im Hotel *Olümpia.*

Nun sitze ich beim Frühstück im Hotel *Olümpia* mit diesem komischen ü im Namen und freue mich, dass ich noch lebe und dass mein Frühstücksei hart gekocht ist. Beim Frühstück habe ich leider den Fehler begangen, die Kellner auf Finnisch anzusprechen, in der irrigen Ansicht, jeder Este im Gastgewerbe verstehe die Sprache des großen Nachbarn. Ebenso wie jeder holländische Frittenbudenbesitzer seine Gäste auf Deutsch bedienen kann. Die finnischen Fremdsprachenkenntnisse der estnischen Kellner sind zwar tatsächlich ausreichend, aber sie wollen erst förmlich gefragt werden, ob sie Finnisch verstehen.

Bei einer Kellnerin, die mir Kaffee nachgießt, gebe ich mich als Deutscher zu erkennen, und habe den Eindruck, dass ich anschließend etwas freundlicher bedient werde. Ich werde nicht mehr als Rentier angesehen. Es tut mir leid, dass meine finnischen Wahl-Landsleute nicht überall auf der Welt einen makellosen Ruf genießen. Fairerweise muss man sagen, dass die Hochprozent-Touris, die Tallinn unsicher machen, für die finnische Bevölkerung genauso wenig repräsentativ sind wie germanische Sauf-Touristen auf Mallorca für den Rest der Deutschen.

Gegen 10 Uhr meldet sich die Fluggesellschaft mit neuen Informationen. Es bestehe die Möglichkeit, auf einen Ersatzflug von Tallinn nach Tampere zu warten, der gegen 16 Uhr starten soll, oder gegen Mittag eine Fähre nach Helsinki zu nehmen und mit dem Zug weiterzureisen. Durch die gestrigen Unwetter sind auch im Fährverkehr die Zeitpläne etwas durcheinander geraten. Eine Vertreterin der Fluggesellschaft verspricht, dass man für die Kosten aufkomme, und stellt Gutscheine aus. Ich entscheide mich für die Variante Fähre-Zug. Meine Lust, Flugzeuge zu besteigen, ist für die nächste Zeit gedeckt. So kommt es, dass ich mehrere Stunden später in einer außerplanmäßigen Fähre von Tallinn nach Helsinki sitze und über den Finnischen Meerbusen schippere.
Der Himmel über dem Meer ist diesig und verhangen. Das Sturmwetter von gestern ist bereits Geschichte. Es jagen keine wilden Winde mehr über die Wellen, stattdessen nieselt es und Dunst hängt über dem Wasser.
Da ich keine Kabine habe, wo ich die Füße hochlegen könnte, und weil es zu kühl ist, um an der Reling zu stehen, schlage ich meine Zeit auf der Fähre damit tot, herumzusitzen und auf das graue Gewässer hinauszusehen. Wieso nennen die Finnen dieses Meer eigentlich *Itämeri*, wörtlich: Ostsee, obwohl es für sie doch die Südwestsee sein müsste?

Zufällig entdecke ich irgendwann an Bord meine finnlandschwedische Reisebekanntschaft auf einer Bank sitzend. Wir hatten uns am gestrigen Abend im Gewimmel der Wartehalle verloren. Synnöve hat kleine Kopfhörer im Ohr und lauscht verträumt der Musik, die sie von ihrem Mobiltelefon abspielt. Ich setze mich auf einen Sessel ihr gegenüber und nicke ihr zu. Als sie mich erkennt, nimmt sie die Kopfhörer ab und begrüßt mich freudig.
»Magst du Wagner?«, fragt sie ohne Vorwarnung.
»Ja … aber nur alle drei Jahre.«
»Ich finde Wagner wunderbar«, sagt Synnöve schwärmerisch, »ganz, ganz wunderbar.«
»Die Ouvertüren klingen klasse. Aber der große Rest ist nicht mein Ding.«
»Nein, warum nicht?«, will sie wissen.
»Die Opern sind einfach zu lang.«
»Zu lang?«

»Ja! Zu lang und zu langweilig. Die sind aus den Zeiten, als man noch drei Tage lang Hochzeit feierte. Oder vierzig Tage fasten konnte. Dafür hat heute niemand mehr Geduld. Wer möchte schon vier bis fünf Stunden in der Oper sitzen?«
»Also ich schon ...«, sagt sie trotzig.
»Außerdem sind die Storys alle von vorgestern.«
»Wieso von vorgestern?«
»Besser gesagt aus dem Mittelalter. Tannhäuser, Lohengrin und wie sie alle heißen ... es geht doch immer nur um Erlösung und Seelenheil.«
Synnöve grinst: »Ja, aber geht es darum nicht immer?«
Ich muss erkennen, dass die finnlandschwedische Dame und meine streng katholische Tante aus dem Rheinland, die immer zur Kirche gerannt ist, mehr gemeinsam haben, als ich anfangs dachte.
Dann seufzt sie, als wäre ihr etwas Schlimmes eingefallen. »Schrecklich war das gestern, oder?«
Alles, was wir gestern im Flugzeug nur flüchtig angesprochen haben, will Synnöve jetzt noch einmal genauer von mir wissen: alles zum Grund meiner Reise sowie zu Herkunft, Familie und Beruf.
Synnöve drängt mich, ihr ein paar Bilder von meiner Familie zu zeigen, die ich ihr nach kurzem Zögern auf dem Display meines Telefons präsentiere.
Als sie ein Bild meiner goldblonden Gemahlin Eila zu sehen bekommt, meint Synnöve anerkennend: »Eine schöne Frau!« Ich nicke.
»Und eine schöne Tochter«, sagt sie beim Anblick eines Fotos von Senja, unserer Ältesten. »Da werden die Schwiegersöhne sicher bald auf der Lauer liegen.«
Nix da!, denke ich, Senja soll erst mal in aller Ruhe sechsundzwanzig werden, dann können wir weitersehen.
»Ein netter Junge.« So kommentiert sie ein Foto von unserem Jüngsten, von Benni. Hat die eine Ahnung! geht mir durch den Kopf. Wäre Benni vor 400 Jahren geboren worden, hätte man ihn wohl längst der Schwarzkunst und Hexerei angeklagt. Denn in seinem Zimmer hat er sich ein kleines Labor aufgebaut, wo er Versuche durchführt, die mir zunehmend unheimlicher werden. Neulich hat er aus Cent-Münzen, Alu-Folie, Essigsäure und Küchenpapier eine Volta'sche Säule gebastelt, um Strom zu erzeugen. Vor meiner Abreise plante er den Bau einer so genannten Tesla-Spule aus

Papprolle, Kupferdraht, Metallkugel und Transformator, um damit Hochspannung zu erzeugen und es im eigenen Zimmer blitzen zu lassen. Ich würde mich nicht wundern, wenn er in meiner Abwesenheit unser Haus abgefackelt hätte.
Zum guten Schluss folgen Bilder unserer Katze Fiona. Bevor Synnöve etwas zu unserem Vierbeiner sagen kann, fahre ich ihr ins Wort: »Sag jetzt bloß nicht: süße Mieze! So eine Fotografie kann trügen. Dieses Wollknäuel ist eine Mörderbestie.«
»Die sieht doch wirklich süß aus! Ich habe übrigens auch eine. Sie heißt Snövit.« Synnöve schwärmt mir kurz von ihrer schneeweißen Langhaarkatze vor, die schon seit vielen Jahren bei ihr wohne.
»Katzen mögen ja niedlich aussehen«, gebe ich zu, »aber unsere Fiona ist eine Bestie. Im letzten Sommer hat sie in unserem Garten vor meinen Augen einen unschuldigen Schmetterling in Stücke gerissen.«
»So sind die Katzen nun mal.« Synnöve rückt ihr komisches Hütchen zurecht. »Du hast sicher schon davon gehört, dass es Katzenmenschen und Hundemenschen gibt. Ich finde, dass es auch Katzenvölker und Hundevölker gibt.«
»Ach …«
»Die Deutschen sind jedenfalls ein Hundevolk.«
Ich verziehe ungläubig mein Gesicht. »Du hast manchmal komische Ansichten.«
»Doch, so ist es«, beharrt sie. »Die Deutschen sind alle Rudeltiere, sehr gesellig. Immer wachsam, manchmal etwas treudoof. Und oft bellen sie zu viel.«
»Ja, und die Finnen?«
»Eindeutig ein Volk der Katzenmenschen! Still, einzelgängerisch, eigenwillig. Manchmal können sie auch verschmust sein. Dann schnurren sie vor dem warmen Kamin. Aber alles muss nach ihrem Kopf gehen.«
»Aber sie sind keine Mörderbestien?!«, werfe ich ein.
Synnöve spitzt die Lippen. »Zur Not können die Finnen ihre Krallen ausfahren.«
Synnöve mustert mich eingehend. »Was bist du? Bist du eher ein Katzenmensch oder eher ein Hundemensch?«
Solche Zuordnungen halte ich für fragwürdig. Das wirklich wahre Leben ist

immer viel komplizierter. Aber ich versuche mitzuspielen: »Sicher bin ich eher ein Eichhörnchenmensch.«

Sie nickt, als würde sie meine Antwort für voll nehmen. »Aha. Eichhörnchenmensch! Das heißt?«

»Ich sammle den ganzen Sommer Nüsse und bin froh, wenn ich über den finnischen Winter komme.«

Ein laut dröhnendes Nebelhorn unterbricht unser Gespräch. Es wird zunehmend trüber. Der Dunst hat sich allmählich zu Nebelbänken verdichtet, die uns wie Bettlaken umwabern.

Synnöve schaut aus einem der großen Fenster und schüttelt sich: »Unheimlich!«

Wir unterhalten uns noch eine Weile über Wagner und die Welt, bevor ich mich dazu entschließe, doch einmal an Deck zu gehen und mir die Füße zu vertreten, obwohl es draußen so ungemütlich aussieht. Das Nebelhorn dröhnt nun in regelmäßigen Abständen. Unheilschwanger hängt der Nebel über der grauen See. Die nasskalte Seeluft kriecht einem sogleich in die Knochen. Ich schlage den Kragen meines Mantels nach oben. Es riecht modrig wie eine feuchte Gruft. Die finnische Südwestsee ist eine dumpfe Suppe. Schemenhaft kann ich erkennen, wie ein anderes Schiff in einiger Entfernung an uns vorbeifährt. Es kommt mir unwirklich vor und wie auf einer Leinwand. Als der Nebel etwas aufreißt, habe ich das Gefühl, dass das andere Schiff plötzlich zum Greifen nahe ist. Es scheint lautlos über dem Wasser zu schweben und macht einen bedrohlichen Eindruck. Am Bug erkenne ich eine Flagge in den Farben Rot, Blau und Weiß, die trostlos im Wind flattert. Fast so, als würde sie mir zuwinken. Mir läuft es eisig kalt den Rücken herunter. Er ist es: der fliegende Holländer! Der Verfluchte der Meere kreuzt unseren Weg und wird uns in den Untergang reißen.

Mein Schreck währt jedoch nur kurz, dann lichtet er sich wie ein Morgennebel. Der fliegende Holländer ist in Wirklichkeit ein russischer Tanker. Zu solchen Verwirrungen kommt es, wenn man zu viel von Wagner redet und zwei Länder dieselben Farben in ihren Fahnen führen.

5. Sibelius

Wenige Stunden später lösen sich die Nebelschwaden allmählich auf und an der Küste vor uns erstrahlt Helsinki im Licht der herbstlichen Abendsonne. In Augenblicken wie diesen kann ich verstehen, warum man Helsinki die Perle der Ostsee nennt. Der klassizistische weiße Dom mit seinem kupfergrünen Dach wird sichtbar, schmucke Häuserfronten und Prachtbauten sowie die orthodoxe Uspenski-Kathedrale aus rotem Ziegelstein, die zum Zeichen der Verbundenheit mit Finnlands lutherischer Glaubensmehrheit ähnlich grün bedacht ist wie der Dom.
Es dämmert bereits, als die nächste Etappe meiner ungewöhnlichen Heimreise beginnt. Nach Flieger und Fähre werde ich die Kilometer bis Tampere mit dem Zug zurücklegen. Die finnische Bahn gehört zu den pünktlichsten der Welt, sie genießt aber in der heimischen Bevölkerung nur einen mäßigen Ruf, denn jede kleine Verspätung wird mit völkischer Verachtung gestraft. Unzuverlässigkeit ist eine Untugend, und in diesem Denken sind die Finnen den Deutschen ähnlicher als ihnen lieb ist. Die Ticket-Automaten der Bahn gelten als launische Maschinen und das gestaffelte Preissystem als undurchschaubar. Nur das einfache Personal ist unschuldig und wird als freundlich geschätzt.
Mit der Eisenbahn geht es also nach Tampere. Wenn Helsinki die Perle der Ostsee ist, dann ist Tampere zweifelsohne der Rohdiamant vom Binnenland: klumpig, ungeschliffen, aber überaus wertvoll. Manch einer mag diesen Edelstein auf den ersten Blick mit einem Glassplitter verwechseln, doch Fachleute und Einheimische wissen um den wahren Wert von Tampere, der größten Stadt in ganz Nordeuropa, die nicht an der Meeresküste liegt.
Synnöve mit ihrem komischen Hütchen und ich nehmen denselben Zug, und wir haben uns zu einem Imbiss im Speisewagen verabredet. Mittlerweile weiß ich von ihr, dass sie Künstlerin ist, die vom finnischen Staat eine Künstlerrente auf Lebenszeit bezieht und die es sich auf ihre alten Tage erlauben kann, ganz ihrer Hingabe für Bilder zu leben. Offen gestanden ist mir bei Synnöves Ausführungen unklar geblieben, welcher Art ihre Bilder sind. Das Verfahren ihrer Herstellung, eine Mischung aus Malerei und Fotografie, klang jedenfalls pfiffig. Mit ihrem jetzigen Lebenspartner unterhalte sie ein Atelier in Mariehamn, der Hauptstadt der autonomen Åland-

Inseln. Und nach Tampere sei sie nur geschäftlich unterwegs, sie wolle dort einen Kunstmakler treffen. Es muss schön sein, ein finanziell unbeschwertes Rentnerleben zu führen, durch die Weltgeschichte zu reisen und von allen als große Künstlerin bewundert zu werden, denke ich und überlege, ob ich den Beruf verfehlt habe. Als ich sie im Speisewagen treffe, sitzt sie bereits an einem Tisch und schaut aus dem Fenster. Wieder hat sie Kopfhörer auf.

»Na? Wieder Wagner?«, frage ich, als ich mich zu ihr setze.

Synnöve nimmt die Kopfhörer ab. »Nein, diesmal Sibelius.«

»Ach so.«

»Sibelius ist wie Wagner mit finnischen Vorzeichen«, erklärt Synnöve und nimmt ihre Brille mit dem klobigen Gestell von der Nase.

»Sibelius hat aber meines Wissens keine Opern geschrieben, oder?«

»Sibelius kommt eben ohne lange Worte aus. Er ist Finne. Aber die Musik spricht dieselbe Sprache. Sie ist dramatisch und nordisch und sehr mystisch.« Und während Synnöve das sagt, wackelt Thors Hammer an ihrem Hals.

»Du meinst, bei beiden geht es um Seelenheil und Erlösung?«

»Ja, genau. Nur dass Wagner inspiriert ist von Minnesängern und Gralsrittern. Sibelius aber von der finnischen Mythologie.«

Synnöve sagt eine Zeitlang nichts, hängt ihren Gedanken nach und schaut zum Fenster hinaus. Dann seufzt sie: »Ja, der finnische Winter steht schon vor der Tür.« Nachdenklich fährt sie fort: »Immer wenn die dunkle Jahreszeit heranrückt, habe ich das Gefühl, als würde ich in einen dunklen Tunnel eintauchen. Und Weihnachten ist wie eine Zwischenetappe, dann sieht man langsam wieder Licht am Ende des Tunnels: den nächsten Sommer.« Nach einer Weile kommt sie noch einmal auf die gestrige Flugreise zu sprechen. »Was hast du gedacht, als es im Flieger so gewackelt hat?«

»Alles Mögliche.«

»Hast du nicht gedacht: Wenn es jetzt zu Ende ginge, dann würde vieles ungesagt bleiben und vieles ungetan?«

Ich glaube, die Musik hat Synnöve in eine romantische Stimmung versetzt.

»Na ja«, gebe ich zu, »so etwas Ähnliches ging mir schon durch den Kopf.«

»Dass man zum Beispiel seiner Familie noch sagen müsste, wie gern man sie hat.«

Ich nicke.

»Und hast du es getan?«
»Was?«
»Ihnen gesagt, dass du sie gerne hast. Dann, als der Flug vorbei war und wir gelandet sind. Als du sie wieder anrufen konntest.«
Ich schüttle den Kopf. »Nein, das nicht.«
»Was hast du ihnen denn erzählt, deiner Frau und deinen Kindern?«
Ich überlege kurz. »Dass es ziemlich gewackelt hat im Flugzeug und wir in Tallinn landen mussten. Ja, und ich hab erzählt, dass ich hoffe, in ein vernünftiges Hotel zu kommen und meinen Koffer zu kriegen.«
»So ist das!«, sagt Synnöve ein wenig enttäuscht. »Kaum ist die Gefahr vorbei und die Angst wieder weg, macht man sich Gedanken um seinen Koffer. Du hättest es ihnen sagen sollen!«
»Was?«
»Na, dass du sie liebst!« Synnöves Stimme wird energisch und einige Leute sehen sich nach uns um.
»Das wissen sie doch«, wende ich halbherzig ein. »Außerdem tut man so etwas nur in amerikanischen Filmen. Oder vielleicht in Wagner-Opern. Aber wir sind in Finnland.«
Synnöve sieht mich erzürnt an. So einen Blick entwickeln nur Personen, deren Vorfahren einst zur finnlandschwedischen Oberschicht gehört haben oder die dreißig Jahre lang Lehrerin waren. »Sag es ihnen!«, befiehlt sie mir, »Und tu all die Dinge, die du schon immer machen wolltest.«
Ich überlege kurz, was ich schon immer einmal machen wollte. Eine Fahrt im Heißluftballon über Tampere und Umgebung hab ich schon seit längerem unternehmen wollen, um die Welt zu bewundern, wie finnische Schwäne sie sehen. Und in Lappland wollte ich einmal miterleben, wie im Frühjahr die halbwilden Rentiere zusammengetrieben, wie die Kälber markiert und Schlachttiere aussortiert werden. *Poroerotus*, die Rentierscheide. Ansonsten habe ich keine großen Wünsche, die mit entsprechender Zeit und ausreichend Geld nicht erfüllbar wären. Anders verhielte es sich, wenn Synnöve eine gute Fee wäre und zaubern könnte. Dann würde ich mir Frieden auf Erden und Finnland für alle wünschen!
Unvermutet sagt Synnöve: »Dein Sternzeichen ist Waage, stimmt's?«
»Ja«, gebe ich zu, »wieso?«
»Das merkt man. Waage-Menschen sind ausgleichend und zurückhaltend.«

Blödsinn, denk ich. Die sollte mich mal erleben, wenn ich einen Affen kriege! Synnöve ahnt nicht, wie streng ich zum Beispiel mit unserer Katze ins Gericht gehen kann, wenn sie wieder mal ihren Napf nicht leerfressen will und trotzdem um neues Futter bettelt, weil ihr das alte schon zu trocken ist. Wie bestellt, miaut es in diesem Moment aus meiner Manteltasche.

»Hast du etwa eine Katze bei dir?«, fragt Synnöve etwas irritiert.

»Nein, das ist nur mein Klingelton für Textnachrichten.«

»Wie süß!«, findet Synnöve. Wie kommt es nur, dass ältere Damen immer alles süß finden?

Ich hole mein Telefon hervor und entdecke eine Mittelung von Benni.

»Mein Sohn schreibt mir.«

»Sicher vermisst er seinen überfälligen Vater.«

»Das will ich hoffen«, lache ich, »aber er fragt mich auch, ob ich ihm etwas von meiner Reise mitgebracht habe.«

Synnöve setzt ihre Brille wieder auf. »Was wünscht sich denn der Herr Sohn?«

»Er wollte, dass ich ihm Magnesium und Stahlwolle mitbringe.«

»Das sind aber seltsame Mitbringsel!«

»Mein Sohn will für Weihnachten Wunderkerzen basteln.«

Synnöve seufzt. »Hach, es muss schön sein, wenn die Kinder einen erwarten. Wenn sie noch klein sind und zu Hause wohnen. Und wenn sie zu Weihnachten etwas basteln wollen. – Eure Kinder sind sicher zweisprachig.«

»Unsere Katze aber auch«, erkläre ich. Allerdings bin ich mir in meinem tiefsten Innern unsicher, ob unsere Mieze mehr finnische oder deutsche Züge trägt. Tatsache ist jedenfalls, dass sie liebend gerne in unserer aufgeheizten Sauna liegt, was ihre finnische Prägung verrät. Andererseits läuft sie immer eilig davon, sobald der erste Aufguss auf die heißen Steine prasselt. Das wiederum erinnert mich eher an einen deutschen Sauna-Anfänger.

»Eine zweisprachige Katze«, Synnöve hebt anerkennend die Augenbrauen, »dann muss sie aber schlau sein.« Auch diesmal muss ich ihr innerlich widersprechen. Unsere Katze ist dumm wie ein Hefeteilchen ohne Mandelfüllung. Allzeit pflanze ich für sie das schönste Katzengras, doch anstatt daran zu rupfen, knabbert sie mindestens einmal pro Monat an unserer Yucca-Palme und kotzt anschließend auf den Wohnzimmerteppich. Sie ist ein

Tier, das aus Erfahrung nichts dazulernt, sie ist zweisprachig unbelehrbar.
Inzwischen hat die untergehende Sonne ihr Restlicht versprüht. Nunmehr beleuchtet ein halbvoller Mond das Umland. Wir nähern uns der mittelfinnischen Region *Pirkanmaa*. Allerorten ist zu erkennen, wie der Sturm vom letzten Abend gewütet hat. Überall liegen ungeworfene Bäume und abgerissene Äste herum.
Später, nach der Ankunft am Bahnhof von Tampere, tauschen wir zum Abschied noch unsere Adressen aus.
»Und denk daran, was du tun willst! Was du deiner Familie noch sagen sollst«, mahnt Synnöve mit einem Augenzwinkern, bevor sie mit ihrem komischen Hütchen auf dem Bahnsteig in der Menge verschwindet.

6. Paska-1

Die Schlussmeter meiner Heimreise, vom Bahnhof in Tampere zu unserem Haus in der Vorstadt, lege ich mit dem Taxi zurück. Ich fahre gerne Taxi, vor allem wenn ich dienstlich unterwegs gewesen bin und mir tagelang akademische Schaumschlägerei habe anhören müssen. Taxifahrer in Finnland bilden ein gutes Gegengewicht, denn sie sind die meistgeerdeten Personen Europas. Nichts Menschliches ist ihnen fremd. Sie befördern Kinder in dünn besiedelten Gebieten, die Angst vor Wölfen haben, zur nächsten Schule, und sie bringen Alte zum Onkel Doktor. Vieles davon bezahlt der Sozialstaat und es ist klar, warum in Finnland die Steuern so hoch sind. Taxifahrer transportieren Angetrunkene, Liebeskranke, Lebensmüde, Geschäftsleute und Freunde des Wochenendes. Sie haben für gewöhnlich schon erlebt, dass Kunden nicht zahlen konnten und dass Besoffene auf der Rückbank bröckelhusteten. Taxifahrer wissen immer viel zu erzählen, und das tun die meisten auch zur Genüge, sofern Fahrer und Fahrgast dieselbe Sprache sprechen. Mein heutiger Taxifahrer flucht übers Wetter, das in den letzten Jahren immer öfter Kapriolen schlägt. Er beginnt mit seinen Schimpftiraden, sobald er gehört hat, wohin die Fahrt gehen soll, und spricht danach ohne Pause. Jedes dritte Wort aus seinem Munde ist *saatana*, wörtlich »Satan«, und verwendet es wie andernorts »Verflucht« oder »Verdammt nochmal!«. Der Taxifahrer flucht über umgestürzte Bäume, die Feuerwehr und Rettungsdienste schneller aus dem Weg räumen sollten. Schuld an allem sei die Regierung.

Die Fahrt dauert kaum eine Viertelstunde. Ich zahle bar, der Taxifahrer bedankt sich kurz, dann flucht er darüber, dass er heute Nachtschicht hat, und braust davon. Insgesamt fühle ich mich von ihm bestens bedient. Finnische Taxifahrer machen keine Umwege, um ihre Kundschaft zu schröpfen, und sie fahren auch nicht absichtlich langsam, sondern neigen im Gegenteil zu einer großzügigen Auslegung von Geschwindigkeitsbeschränkungen. Obendrein erwarten sie kein Trinkgeld. Alles ist geradlinig.

Ich betrete unser Haus durch die Waschküche, den Dienstboteneingang, wie ich ihn scherzhaft nenne. Ich habe kaum die Tür hinter mir geschlossen, als mein Sohn Benni mit einem Jubelruf auf mich zuspringt. In einer Mischung aus Umarmung und Würgegriff fällt er über mich her, und ich muss mich wundern, was aus dem kleinen Jungen geworden ist, den ich vor wenigen Jährchen noch auf den Schultern getragen habe. Benni wird immer größer und schwerer, und in absehbarer Zeit wird er mir wohl über den Kopf wachsen. Er ist mit seinen fast vierzehn Jahren in einem Alter, in dem andere Jugendliche ihren ersten Vollrausch haben, aber statt auszugehen werkelt er lieber in seinem Chemielabor herum. Er ist Spätentwickler und würde am liebsten noch in die Vorschule gehen.

Nachdem ich seine erste Begrüßung heil überstanden habe, lässt sich auch unsere Tochter Senja kurz blicken, um mich grinsend zu begrüßen. Sie ist das genaue Gegenteil ihres Bruders, denn sie wäre am liebsten schon achtzehn, um ausziehen zu können und ihr langweiliges Elternhaus hinter sich zu lassen.

»Hallo, Schatz!«, höre ich aus der Küche. Das ist Eila, meine Frau. Sie bereitet soeben einen Abendimbiss aus Karelischen Piroggen und Eierbutter für uns zu.

Man stelle sich vor, man unternimmt eine Reise und hat niemanden, dem man sich mitteilen kann. Das muss schrecklich sein und lässt sich wahrscheinlich nur durch Soziale Medien kompensieren in der Hoffnung, wenigstens die gesichtslose Weltöffentlichkeit zum Publikum zu haben. Ich hingegen darf mich über dankbare Zuhörer freuen, die bei Tisch alles über meinen Beinah-Absturz hören wollen.

Kaum steht mein Koffer geöffnet im Flur, macht es sich unsere Mieze darin gemütlich und kuschelt sich zwischen halbwegs gebügelte Hemden und Schmutzwäsche. Das tut sie immer. Sie mag offen stehende Taschen und Koffer und springt selbst in leere Einkaufsbeutel. Die Kinder nennen das ihren »Reingehdrang«. Ich finde, unsere Mieze ist verhaltensgestört.

Bei Karelischen Piroggen und Eierbutter gebe ich meiner feutschen Familie ausführlichen Rapport über meine Dienstreise nach Berlin. Am ausführlichsten berichte ich vom Luftloch auf dem Rückflug und von der Frau mit dem komischen Hütchen, die im Flugzeug meine Hand halten wollte, von dem alten Ehepaar, das sich wacker aneinanderklammerte, von der Mutter und ihren herzerweichend weinenden Kleinkindern und auch von dem Werbekatalog-Traumpaar bestehend aus junger Finnin und französischem Freund, der aussah wie ein Unterhosen-Modell, das nach dem Flug die Hosen voll hatte und auch noch Pascal hieß.

»Pascal … Paska-l«, höhnt Senja und schüttelt widerwillig den Kopf. In finnischen Ohren klingt das eher widerlich, denn *paska* heißt nichts anderes als »Scheiße«. Ich bin kaum mit meinen Ausführungen am Ende angelangt, als mir unsere Katze auf den Schoß springt. Vom Kofferhocken hat sie wohl vorerst genug und nun tut sie so, als hätte sie mich vermisst, in Wahrheit will sie aber nur gekrault werden und hat rein zufällig mich als Dienstleister ausersehen. Dennoch halte ich den Moment für gekommen, um zu tun, was jeder guter Ehemann und Vater tun sollte, und was mir der schwerelose Kaffee im Luftloch und die Finnlandschwedin Synnöve deutlich vor Augen geführt haben. Während ich unsere Mieze wie ein Baby auf dem Arm halte und ihren Hals kraule, sage ich feierlich: »Ja, was ich noch sagen wollte …« Ich lege eine bedeutungsschwere Pause ein und räuspere mich. Leider beginnt Eila schon damit, den Tisch abzuräumen, aber nun lasse ich mich durch nichts mehr aufhalten. Mit fester Stimme gestehe ich: »Ich liebe euch alle.«

»Ach so«, sagt Eila. »Bist du satt geworden?«

»Warum hast du mir eigentlich kein Magnesium mitgebracht?«, will Benni noch wissen.

Und Senja ruft vorlaut dazwischen: »Ich glaube, Franzosen wären nichts für mich«. Dann springt sie auf, als hätte sie es plötzlich eilig, lacht noch über den Namen Paska-l und will in ihr Zimmer verschwinden. Fiona, unsere Katze, gähnt gelangweilt auf meinem Schoß. Weitere Reaktionen lockt mein Geständnis nicht hervor.

»So Kinder«, verkündet meine Frau streng, »es wird Zeit ins Bett zu gehen. Morgen ist Schule!«

Ich hätte es wissen müssen! Solche Geständnisse passen nur in amerikanische Filme oder in Wagner-Opern. In eine Welt wie das wirklich wahre Finnland passen sie nur, wenn man auf dem Sterbebett liegt oder wenn man betrunken ist.

7. Sommerhäuschen: *mökki*

In unserer Küche steht ein Kühlschrank, der nachts brummt wie ein Bär im Winterschlaf. Ich mag dieses Geräusch, es wirkt beruhigend und einschläfernd. Und einem alten Kühlschrank kann man es nicht verübeln, dass er schnarcht und Geräusche macht.

Im Gegensatz dazu ist unser Radiowecker ein lärmender Störenfried. Dieses elende Ding geht immer schon an, obwohl ich noch nicht ausgeschlafen bin. Ich bin sicher, das macht er mit Absicht. Dann dudelt er ohne Gnade geschmacklose Musik in meine Ohren. Zwischendurch melden sich Radiomoderatoren, die künstlich gute Laune verbreiten und den Muntermacher spielen.

So ist es auch am Morgen nach meiner Ankunft. Der Radiowecker geht an und der Tag beginnt, ohne mich zu fragen. Unsere Miezekatze springt zu uns ins Bett und miaut jämmerlich, weil sie gefüttert werden will. Kurz darauf hüpft Senja, unsere Tochter, ins Badezimmer und duscht sich, was sie öfter tut, als für ihren ökologischen Fußabdruck gut ist. Zwischendurch lässt sie scheppernd den Klodeckel im Badezimmer herunterfallen, obschon ich ihr seit dem Beginn ihres vierten Lebensjahres versuche beizubringen, dass man das WC auch geräuschlos schließen kann. Benni muss geweckt werden. Er schleppt sich ebenfalls ins Badezimmer und schneidet vor dem Spiegel Grimassen. Er trainiert seit Monaten das Gesicht eines Massenmörders.

»Hast du eigentlich ein Problem?«, keift ihn seine Schwester an, die morgens immer schlecht gelaunt ist, weil ihre Haare nie so liegen, wie sie sollen. Während die Kinder sich wie jeden Morgen streiten, ziehe ich mir einen Mantel über den Schlafanzug und tapere noch im Halbschlaf zu unserem Briefkasten an der Straße, um die Morgenzeitung zu holen. Dieser frühe Frischluftschock weckt mich besser als Dudelmusik aus dem Radio.

Beim Zeitungholen treffe ich einen Mann, den ich gut kenne, weil unsere Briefkästen Nachbarn sind. Er heißt Veikko, ist Ingenieur und immer gut gelaunt. »*Moro*!«, begrüßt er mich. Im Stadt-Dialekt von Tampere bedeutet das so viel wie »Guten-Morgen!-Wie-geht's?-Schönes-Wetter-heute-nicht-wahr?«. Veikko lächelt mir zu. Er ist immer freundlich und fröhlich und hätte das Zeug zum Morgen-Moderator im Radio.

»*Moro*!«, antworte ich, was in der Entgegnung so viel heißt wie »Danke-gut!-Und-selbst?-Das-Wetter-könnte-schlimmer-sein.-Schönen-Tag-noch!«. Dann geht jeder von uns wieder ins Haus zum Zeitunglesen.
Während wir unseren morgendlichen Alltagsroutinen nachgehen, räkelt sich unsere Katze faul im Flur herum. Sie liegt genau dort, wo die Fußbodenheizung die Kacheln wohlig aufwärmt, und an einem strategisch klug gewählten Verkehrsknotenpunkt, so dass alle Menschlinge umständlich über sie hinwegsteigen müssen. Alles hetzt hin und her, nur Fiona liegt faul mittendrin. Sie döst zufrieden, und allein das leichte Peitschen ihres Schwanzes verrät, dass sie nicht eingeschlafen ist, sondern es genießt, im Mittelpunkt zu sein und nicht das Haus verlassen zu müssen. Sie darf ausschlafen und faulenzen. Ich könnte sie würgen vor Neid.
Unsere Katze Fiona hat übrigens den Spitznamen ›Schmieze‹, entstanden aus dem Zusammenschieben zweier unterschiedlicher Worte. ›Schmieze‹ ist eine Zusammensetzung aus ›Schmitz' Katze‹ und ›Mieze‹. Das Praktische an diesem Spitznamen ist, das Fiona auf ihn genauso wenig hört wie auf ihren angestammten Namen.

Gegen halb acht müssen die Kinder und ich das Haus verlassen, nur meine Frau hat noch ein wenig Zeit. Sie hat es weniger weit und braucht nur zehn Minuten zu Fuß zu einer Dorfschule, wo sie als Deutsch- und Englischlehrerin ihren Dienst versieht.
Kurz vor unserer Abfahrt ist Tochter Senja frisch frisiert, geschminkt und elegant gekleidet. Sie sieht schicker aus, als es für einen stinknormalen Tag in der Schule nötig wäre. Das Aussehen ihres Zimmers steht dazu in einem auffälligen Gegensatz. Es herrscht dort das absolute Chaos. In der Mathematik nennt man ein solches Verhältnis reziprok proportional. Ihr Bett ist wieder einmal ungemacht, es liegen Klamotten, Bademantel, ein feuchtes Handtuch, Schminktücher, Wattestäbchen und weitere Utensilien der Körperpflege auf dem Boden herum. Auf ihrem Schreibtisch kullern Ohrringe und sonstige Schmuckstücke. Alle Schränke und Schubladen sind aufgerissen und die Schmieze wird – sobald sie allein im Haus ist – dort ihrem Reingehdrang frönen können.
Sohn Benni ist auch nicht der ordentlichste. Auf dem Regal und dem Tischchen, wo er sein Hobbylabor eingerichtet hat, stehen häufig die selt-

samsten Versuchsaufbauten und Glaskolben mit ranzigen Substanzen, und auf seinem Schreibtisch stapeln sich Bücher und Hefte. Er bezieht im Abo *Tieteen kuvalehti*, ein Wissenschaftsmagazin für junge Universalgelehrte. Von Schreibtisch und Hobbylabor abgesehen befindet sich sein Zimmer immerhin in einem betretbaren Zustand. Das liegt nicht zuletzt auch daran, dass er sich morgens keine Gedanken darüber macht, was er anzieht. Er sucht nichts und kramt nicht in Kommoden, sondern nimmt die Kleidungsstücke, die am leichtesten greifbar sind. Dass dabei gelegentlich die seltsamsten Farbkombinationen zustande kommen, stört ihn so wenig, als würde in Lappland ein Rentier blöken.

Dann beginnt unsere Fahrt im Auto Richtung Innenstadt von Tampere. Ich muss zur Arbeit, die Kinder zur Schule. Abwechselnd darf immer einer von beiden vorne auf dem Beifahrersitz sitzen.

Als die Kinder noch i-Dötzchen waren und beide hinten auf der Rückbank Platz nehmen mussten, spielten sie im Auto immer mit kleinen Teddybären, die sie zur Einschulung von der Oma in Deutschland geschenkt bekommen hatten. Das waren Teddys, die farblich zu ihren Schulmäppchen passten. Senja und Benni spielten immer dasselbe. Es waren immer Begrüßungsszenen, wo das eine Bärchen zum anderen sagte: »Guten Morgen! Wie geht's? Schönes Wetter heute, nicht wahr?«. Und das andere Bärchen antwortete: »Danke gut! Und selbst? Das Wetter könnte schlimmer sein. Schönen Tag noch.« Es waren schwatzhafte deutsche Teddybären, die mehr Worte machten als nötig. Dass meine Kinder heute nicht mehr spielen und ihre Teddys schweigen lassen, hängt entweder mit ihrem fortgeschrittenen Alter zusammen oder ist auf finnische Umwelteinflüsse zurückzuführen.

Gegen acht Uhr habe ich Senja und Benni abgesetzt und bin an der Uni von Tampere angelangt. Hier verdiene ich meinen Lebensunterhalt als Lektor der deutschen Sprache an einer Fakultät für Kommunikationswissesnschaften. So lautet jedenfalls der derzeitige Name, der etwa alle drei Jahre geändert wird, um Modernität und Reformwillen zu signalisieren.

Gegen 10 Uhr haben wir eine Versammlung im Fach Deutsch, auf der ich über meine Dienstreise nach Berlin genauer informiere und von dem Projekt berichte, zu dem ich aus unerklärlichen als Teilnehmer Gründen eingeladen wurde. All meine lieben Kollegen sind dabei: Lea, eine Ruhrpott-Deutsche, die es wie mich in den hohen Norden verschlagen hat und die unter erheblichen Integrationsschwierigkeiten leidet, weil sie viel zu schnell redet; außerdem Albert, ein bärbeißiger Franke, der die letzten Jährchen vor seiner Verrentung absitzt und der dafür bekannt ist, dass er zwei Strickpullover besitzt – einen blauen mit Tannenmuster und einen rötlichen mit Eisbären-Dekor – wobei er den einen immer im Herbstsemester trägt und den anderen im Frühjahrssemester; mit dabei ist auch Riina, eine finnische Kollegin mit standesgemäßem Doppel-i im Namen, die sich in der Erforschung der Übersetzung von Interjektionen, Fluch- und Schimpfwörtern einen Ruf erworben hat, sowie Helmi-Mari, unsere fröhlich forschende Fachfrau fürs Dolmetschen. Hinzu kommen unser Fachleiter, ein Professor und Spezialist für finnisch-deutsche Wirtschaftskommunikation, sowie eine Reihe weiterer netter Leute, die als gelegentliche Honorarlehrkräfte bei uns arbeiten.

Eingangs erzähle ich von meiner notgedrungenen Landung in Estland und entschuldige mich für mein verspätetes Wiedererscheinen. Dann komme ich zur Hauptsache. »Bei dem Projekt«, beginne ich, »geht es um so genannte Grundwörter finnischer Befindlichkeiten«. Noch bevor ich erläutern kann, was das zu bedeuten hat, werde ich von der ungeduldigen Ruhrpott-Lea unterbrochen: »Und was soll das heißen, bitteschön?«

»Dahinter steckt der Gedanke, dass es im Finnischen – wie in jedem Sprach- und Kulturraum – bestimmte Wörter gibt, die besonders typisch sind und häufig als schwer übersetzbar gelten. Diese Wörter geben Aufschluss über kulturelle Besonderheiten. Über Denkweisen und Traditionen. So wie zum Beispiel das Wort *talkoot*: Alle packen mit an, alle machen mit und zum Schluss gibt es Kaffee. Auf Deutsch könnte man das zwar irgendwie umschreiben … Mit gemeinsamem Anpacken unter Nachbarn und anschließender Bewirtung. Aber damit würde man kaum den Geist eines *talkoot* einfangen.«

»Und worauf läuft das Ganze hinaus?«, will die kritische Riina mit ihrem Doppel-i wissen. Sie ist eine Frau von kräftig-robustem Körperbau, der ich nur ungern im Dunkeln begegnen würde, wenn sie schlecht gelaunt ist. Ansonsten ist sie in Ordnung.

»Am Ende des Projektes«, lautet meine Antwort, »soll es dann eine mehr-

sprachige Buchpublikation geben. Herausgeber ist das Finnische Kulturinstitut in Berlin, erscheinen soll das Buch beim Kölner Hoeber-Verlag.« Kollegin Lea macht eine wegwerfende Handbewegung. »Und was hat man davon? Soll zum Schluss das finnischste aller Wörter gekürt werden?«
»Quasi ja!« Anstatt lange weiterzuerklären, ziehe ich ein mehrseitiges Papier hervor, das ich aus Berlin mitgebracht habe. Die vollmundige Projektbeschreibung! Ich zitiere: »Mit dem Projekt soll nicht zuletzt Finnland-Branding und positive Image-Arbeit betrieben werden. Das Motto: Finnisch ist anders, Finnland ist schön.«
Das Motto scheint das Kollegium zu beeindrucken. Ich verteile Kopien an alle und ein interessiertes Blättern beginnt. Dann fahre ich fort: »Ähnliche Bücher sollen als Folgeprojekte auch von Kulturinstituten in Rom, Stockholm, Athen, Sankt Petersburg und sonstwo veröffentlicht werden.«
Albert, der grantige Franke, verzieht sein Gesicht. »Das wird doch sicher nur eine Aufzählung von Plattitüden. Mit solchen Wörtchen wie *sisu* und *mökki*.«
Unbeirrt referiere ich weiter: »Ja, an Wörtern wie *sisu* oder *mökki* gibt es sicher kein Vorbei. Die dürften wohl in keinem Band fehlen.« Das Wort *sisu* beschreibt eine Haltung aus Sturheit, Hartnäckigkeit, Durchhaltevermögen, Mut und Unbeirrbarkeit, die den Finnen im Allgemeinen nachgesagt wird. *Mökki* hingegen ist das Wort für das kleine Sommer- oder Freizeithäuschen auf dem Lande, Sehnsuchts- und Rückzugsraum wie weiland die Datsche in der DDR.
»Geplant sind aufwendig gestaltete Geschenkbücher im Hardcover mit kunstvollen Fotografien«, erkläre ich weiter.
»Und wie werden die Wörter gesammelt und ausgewählt?«, fragt unser Professor in ruhigem Ton. Er ist ein verständiger, belesener Mann, den ich sehr schätze. Er heißt Hannu Raita. Wie in Finnland üblich, brauche ich ihn nicht mit ›Herr Professor Doktor Dingenskirchen‹ anzureden, sondern spreche ihn schlicht mit dem Vornamen an. Hinter seinem Rücken wird er meist *Hannu Hanhi* genannt, und das ist der Gustav Gans der finnischen Micky-Maus-Hefte.
Bevor ich auf Hannus Frage antworte, werfe ich einen kurzen Blick auf meine Notizen. »Es wird zunächst ein geschlossenes Internet-Portal eingerichtet, an das Vorschläge für das finnischste Wort geschickt werden kön-

nen. Die Teilnehmer sollen kurz begründen, warum sie das Wort für bedeutsam halten oder warum sie es schön finden. Die Einsendungen können auf Finnisch oder Deutsch erfolgen. Die Arbeitsgruppe, bei der ich mitarbeiten werde, fungiert zum Schluss als Jury, wir wählen die schönsten Einsendungen für die Buchpublikation aus.«

Leas Augenbrauen ziehen sich kritisch zusammen. »Dann hätte ich gleich einen Vorschlag.«

»Ich bin ganz Ohr!«

»Die Floskel *oho*! Viele Finnen glauben, das reicht als Entschuldigung. Ich hasse es, wenn ich beim Einkaufen oder sonst wo bin, und dann latscht mir jemand versehentlich auf den Fuß und sagt nur: *Oho*. Als wäre das eine Entschuldigung! Dann könnte ich platzen vor Wut.«

Ich sehe förmlich, wie es aus Leas Ohren qualmt, gleichsam wie aus Fabrikschloten im Ruhrgebiet der 60er Jahre. Lea lebt schon zu lange im Lande, um noch alles in Finnland durch die rosarote Brille der Zugezogenen zu sehen.

Im Anschluss teile ich den Kollegen mit, wer außer mir sonst noch zum finnisch-deutschen Arbeitsteam gehört.

Meine Kollegen diskutieren noch eine Weile über Sinn und Zweck dieses Unterfangens, aber letztlich scheinen alle davon angetan. Solche Kulturprojekte sind immer prestigeträchtig und die Aufwendungen werden bezahlt. Das ist das beste Argument. »Den Tag des Einsendeschlusses haben wir auf Anfang Februar nächsten Jahres festgelegt.«, ergänze ich. »Genauer gesagt auf den Runebergstag, den 5. Februar. Es gibt also reichlich Zeit.«

Unser Fachleiter Professor Raita nickt zufrieden.

8. Birkenzucker Xylitol

Meine Frau und ich hängen aneinander wie Honig an einer Bärentatze, wie ein Wollhandschuh an einem frisch gewachsten Langlauf-Ski oder wie ein finnischer, zahnfreundlicher Xylitol-Kaugummi an einer Schuhsohle. Wir brauchen einander, aber unser Verhältnis ist nicht immer spannungsfrei. Schuld daran ist die Kommunikation. Die Spezies Homo sapiens könnte wahrscheinlich in Frieden miteinander leben, wenn der Informationsaustausch über Telepathie stattfinden würde. Gespräche mithilfe von Worten sind einfach zu kompliziert. Das muss ich heute wieder einmal feststellen, als der Arbeitstag an der Uni zu Ende ist und ich den Feierabend zu Hause genießen will. Wie bei der Heimkehr von meiner Berlin-Reise brennen auch heute Abend über unserem Küchentisch die Kerzen im Kronleuchter. Es sind hohe, spitz zulaufende Kerzen in grünlichem Farbton. Ich mag Kerzen, vor allem im Herbst. Interessiert frage ich meine Frau Eila:
»Wo hast du denn die Kerzen gekauft?«
»Findest du sie schön?«
»Ja, die sehen gut aus. Wo hast du die her?«
Eila lächelt vergnügt: »Die passen farblich genau zu den Deckchen, die meine Tante uns geschenkt hat.«
»Ach so, die Deckchen«, brumme ich, denn wie jeder Mann habe ich keinen Sinn für dekorative Deckchen, die man unter Blumenvasen oder Brotkörbchen schiebt. Aber ich mag Kerzen! »Und woher hast du die Kerzen …?« Bevor ich zu Ende sprechen kann, trällert Eila gut gelaunt: »Die waren auch gar nicht teuer. Dreimal sechs Stück zu einem Sonderpreis.«
»Schön. Sehr schön.« Ich gehöre nicht zu den Männern, die knauserig sind, und ich wollte gar nicht wissen, ob die Kerzen teuer waren. Aber wenn sie preiswert gewesen sind, dann umso besser. »Wo hast du die Kerzen denn nun her?«, frage ich.
»Mirka hat übrigens auch welche gekauft«, verrät mir Eila mit großen Augen. Mirka ist eine Nachbarin, mit der meine Frau befreundet ist. »Aber Mirka hat die in Gelb.«
Wahrscheinlich hat Nachbarin Mirka gelbe Deckchen.
»Hast du die irgendwo aus der Stadt?«, hake ich noch einmal nach und es soll möglichst beiläufig klingen.

»Solche Kerzen wären auch gut als Weihnachtsgeschenk für meine Mutter. Findest du nicht auch?«

»Und wo hast du die Kerzen her?«, wiederhole ich.

»Guck mal hier«, sagt Eila in freudigem Ton und holt ein Päckchen Streichhölzer hervor, die mindestens zehn Zentimeter lang sind. »Diese Streichhölzer habe ich kostenlos dazubekommen.«

»Das interessiert mich nicht!«, sage ich heftiger, als es meine Absicht ist. Mit der Schnelligkeit eines Blitzschlags wechselt Eilas Gesichtsausdruck von freundlich bis heiter auf Gewitter mit Niederschlag. »Ich will«, presse ich zwischen den Lippen hervor, »nur wissen, wo du die Kerzen gekauft hast. Mehr nicht!«

»Gefallen sie dir etwa nicht?«

»Doch! Aber könntest du mir sagen, wo du sie gekauft hast.«

»Aber das tu ich doch die ganze Zeit!«, erwidert Eila mit Zornesfalte auf der Stirn.

»Nein, tust du nicht! Ich würde gerne wissen, wo du die Kerzen herhast. Einfach so! Aber ich will nichts hören von den Kerzen unserer Nachbarin oder von irgendwelchen langen Streichhölzern! Auch der Preis ist mir relativ egal.«

Eila ist sauer. »Du kannst einem die ganze Freude verderben.«

»Wieso Freude verderben?«, wehre ich mich, »Ich mag die Kerzen ja auch. Ich wollte nur wissen, wo die her sind.«

»Das ist wieder mal typisch. Du bist so engstirnig.«

Nun gelte ich als engstirnig, nur weil ich auf eine einfache Frage eine einfache Antwort haben wollte. Ohne Hintergedanken.

»Stell dir vor«, sage ich hitzig, »du hättest Durst und würdest nach einem Glas Wasser fragen.«

»Ja und?«

»Und dann gibt man dir erst ein leeres Glas. Dann eine Scheibe Zitrone. Dann einen Eiswürfel und dann noch einen Trinkhalm. Zum Schluss vielleicht noch eine Serviette. Aber immer noch kein Wasser. Dann hat man irgendwann Lust, die Scheibe Zitrone vor Wut an die Wand zu klatschen!«

Eila sieht mich entgeistert an. »Was hat das denn jetzt mit den Kerzen zu tun?«

»Gar nichts. Das war nur ein Vergleich. Ich wollte nur wissen, wo du die

Kerzen gekauft hast. Ein einziges Wort als Antwort hätte gereicht.«
»Aber ich erzähle dir doch alles!«
»Aber nicht das, was ich wissen will!«
Wenn Blicke töten könnten, wäre ich jetzt ein toter Mann.
Eila schnaubt! »Ist das denn so verdammt wichtig, wo diese Kerzen herkommen?«
»Nein, ich wollte es nur wissen. Streng genommen ist das überhaupt nicht wichtig. Kein bisschen!«
»Warum regst du dich dann so auf?« Wütend dampft Eila aus der Küche. Die langen Streichhölzer, die sie gratis dazubekommen hat, pfeffert sie auf eine Arbeitsplatte der Küche.
Kommunikation ist schwierig.
In der Hoffnung auf Trost und Zuspruch suche ich meinen Sohn auf. Ich glaube, Benni versteht mich. Ich klopfe an seine Tür und trete ein. Unser Sohnemann hat in seinem Zimmer immer noch Vorhänge, Teppich und Hängelampe aus einem Stoff mit aufgedruckten Luchsen und Wölfen, wie sie in das Zimmer eines Siebenjährigen passen. Er weigert sich verbissen dagegen, dass er etwas Peppiges, Altergemäßes bekommt, etwas mit Motorrädern, Rockstars oder einer Großstadt-Skyline. Das beherrschende Möbelstück seines Zimmers ist ein Etagenbett mit Kletterleiter, das auch nicht mehr in das Zimmer eines Heranwachsenden passen will. Früher hat er oben geschlafen und die untere Fläche zum Spielen genutzt. Mittlerweile schläft er unten, der obere Teil ist Tummelplatz für alten Kram aller Art. In sein Bett passt Benni nur noch mit Mühe hinein, weil er immer länger wird. Aber er will kein neues und behauptet halsstarrig, genug Platz zu haben. Als ich in sein Zimmer schlüpfe, herrscht dort ein schummriges Halbdunkel. Nur eine kleine Leselampe brennt. Mit Wolldecken, die vom oberen Bett herunterbaumeln, hat er das untere Bett völlig verhangen, so dass eine Art Zelt entstanden ist. Darin hat er sich zurückgezogen und liest ein Wissenschaftsmagazin für Jugendliche.
»Was machst du denn hier?«, frage ich. Benni schlägt eine Zeltwand zurück.
»Ich lese etwas von einer neuen Menschenart, die man in Papua-Neuguinea entdeckt hat und die wahrscheinlich noch nicht richtig sprechen konnte.«
Er lädt mich ein, ihm Gesellschaft zu leisten. Ich zwänge mich zu ihm ins Bett.

»Nett hast du es hier«, finde ich, obwohl es ziemlich eng ist.
Benni nickt begeistert. Und während er mir von sprachunfähigen Vormenschen erzählt, vergesse ich die grünen Kerzen in unserer Küche. Irgendwann höre ich, wie es an unserer Haustür Sturm klingelt. Das kann niemand sonst sein als meine Tochter. Sie kommt vom Tanztraining. Senja macht das immer so: Sie betritt das Haus nie durch die Waschküche, wie alle anderen, sondern will immer ungeduldig durch die Haustür hineinwirbeln, und sie klingelt lieber Sturm, statt in der Tasche nach ihrem Hausschlüssel zu suchen. Meine Frau öffnet, ohne unserer Tochter Vorwürfe zu machen, weil sie wie wild klingelt. Aus Bennis Kinderzimmer kann ich erlauschen, wie Senja ihrer Mutter vom Training erzählt und von einem Betrunkenen im Linienbus, der beim Bremsen hingefallen sei und sich eine blutige Nase geholt habe. Senja bedient sich am Kühlschrank und löffelt einen Jogurt. Dann höre ich sie (auf Finnisch) zu ihrer Mutter sagen: »Die Kerzen sind wirklich schön. Wo hast du die denn gekauft?« –
»Die sind aus echtem Bienenwachs«, antwortet meine Frau.
»Ja, die riechen gut«, entgegnet Senja, dann höre ich sie auf ihr Zimmer gehen. Ich glaube, sie war mit der Antwort vollkommen zufrieden. Finnische Frauen sind so.

Nach dem Abendessen machen wir noch alle gemeinsam einen kurzen Spaziergang durch die Umgebung, der knapp zwanzig Minuten dauert. Wir drehen immer dieselbe Runde: durch die Straßen unseres Wohngebiets, in ein kleines Wäldchen hinein und von dort im Bogen um einen Friedhof, dem wir es zu verdanken haben, dass unsere Nachbarschaft relativ ruhig ist. Jede Familie braucht ihre Rituale. Leider ist es so, dass wir uns fast immer in zwei Parteien aufspalten. Vorneweg gehen meine Frau Eila und Senja, die sich sicher über Sonderangebote und Kerzen aus Bienenwachs austauschen, hinterdrein laufe ich mit Sohn Benni, der sich mit mir über Leben auf fremden Planeten unterhalten will. Frauen haben eben andere Interessen, lebensnäher und weniger weitschweifend. Das zeigt sich auch in den Talenten unserer Kinder: Benni kennt – im Gegensatz zu seiner Schwester – jedes Sternbild der nördlichen Hemisphäre, dafür kann er kaum einen Busfahrplan lesen oder eine Konservenbüchse öffnen.

Am selben Abend erhalte ich noch eine Textnachricht von Synnöve. Streng fragt sie nach, ob ich mittlerweile meinen Lieben zu Hause gestanden hätte, dass ich sie alle liebe.

»Ja, habe ich«, texte ich ihr, »aber ohne jede Reaktion.«

Es dauert keine zwei Minuten und sie schreibt zurück: »Das ist ja schade, aber ich schlage dir vor, dass du es machst wie Sibelius, nicht wie Wagner: keine langen Arien! Die Musik muss für sich alleine sprechen. Also keine umständlichen Worte, sondern Taten! Viele Grüße.

PS: Morgen reise ich zurück nach Åland«

Ja, Synnöve, die Lebenskünstlerin, hat wohl recht! Kommunikation mithilfe von Worten ist zu schwierig. Meist redet man aneinander vorbei. Ich muss mir etwas anderes ausdenken. Taten müssen folgen! Ich muss meine Frauen – allen voran meine Gemahlin, aber auch unsere Tochter und selbst die Mieze – durch Taten überzeugen. Der Einzige, um den ich mir keine Sorgen zu machen brauche, ist unser Sohn. Er hängt an mir, schaut zu mir auf und hält mich für den besten Vater der Welt. Jedenfalls zurzeit noch! Wenn er erst siebzehn ist, bin ich für ihn vielleicht nur noch ein lebender Kotzbrocken, aber momentan ist alles im grünen Bereich. Mit den weiblichen Familienmitgliedern ist das anders. Es muss mir gelingen, dass meine Frau so glücklich mit mir ist wie am Tage unserer Hochzeit, dass sie mich für ihren Helden hält, dass sie jeden Streit vergisst und mir in Hingabe einen heißen Kuss gibt, bei dem ein Unterdruck entsteht und bei dem ein lautes Plopp zu hören ist, wenn sich die Lippen wieder lösen. Meine Tochter soll mich für den besten Vater der Welt halten. Wenigstens noch einmal in ihrem Leben! Und die Miezekatze müsste mir in echter Dankbarkeit die Hände lecken und wenigstens in einem ihrer neun Katzenleben ihren Futternapf ordentlich leerfressen. Ein einziges Mal! Die Frage ist nur, welche Worte, welche Taten das vollbringen könnten …

9. Grillwurst: *makkara*

Vor einem Supermarkt, den wir regelmäßig besuchen, gibt es einen Würstchenstand. Dort steht bei Wind und Wetter, bei Bodenfrost und Schneeregen ein Mann, der fettige finnische Grillwürstchen verkauft. Ich schätze, er ist Ende fünfzig, vielleicht sogar älter. Zu seiner Warenpalette gehört – von Erfrischungsgetränken abgesehen – nur ein einziges Produkt, *makkara*, mit dessen Verkauf er sich durchs Leben schlägt. Den Senf gibt's gratis dazu. Wie es ihm gelingt, über die Runden zu kommen, ist mir rätselhaft, denn ich sehe selten jemanden zwischen Supermarkt und Parkplatz eine Wurst verspeisen. Der Würstchenverkäufer steht immer nur da und blickt in weite Fernen. Es erweckt den Anschein, als würde er durch die vorbeihastenden Supermarktkunden hindurchsehen. Selten verzieht er eine Miene. Er lächelt nicht, um zum Schmaus zu animieren, und er sieht auch nicht traurig aus, um Mitleid zu heischen. Er macht keine Ausrufe wie ein Jahrmarktshändler, er ist im Gegenteil so stumm wie ein scheuer Biber. Die Supermarktkunden laufen mit leeren Taschen an ihm vorbei und kehren voll beladen wieder zurück. Der Würstchenverkäufer sieht durch sie hindurch, harrt aus, wartet geduldig und hofft, dass seine Zeit kommen wird. Seine äußere Gestalt macht ihn als Freund seiner Verkaufsprodukte kenntlich, denn er ist mollig untersetzt und voll im Gesicht. Mit dicken Backen wie ein Biber.

Ich selbst habe noch nie eine Wurst bei ihm gekauft, obwohl ich schon ungezählte Male an seinem Stand vorbeigegangen bin. Meistens hab ich's eilig, und selbst wenn ich Zeit hätte, würde ich nur wenig Lust verspüren, mir im Stehen eine Wurst einzuverleiben. Noch dazu ohne Bier. Dennoch überlege ich jedes Mal, wenn ich den Würstchenverkäufer sehe, ob ich nicht einmal aus reiner Barmherzigkeit eine Wurst kaufen sollte. Bisher habe ich mich nicht dazu durchringen können. Ungleich stärker ist mein Drang, mich zu seinem Unternehmensberater und Karriere-Coach zu machen. Jedes Mal, wenn ich den Würstchenverkäufer sehe, steigt in mir das Bedürfnis auf, zu ihm hinzugehen und zu sagen: »He du, *makkara*-Mann, versuch's doch mal mit einem Lächeln! Ruf ›Leckere Würstchen‹ in die Menge und hänge über deinem Stand ein paar bunte Wimpel auf, die lustig im Wind flattern.« Nach diesen einleitenden Sätzen würde ich ihm auf die

Schulter klopfen und nicht mit weiteren Hinweisen sparen: ›Du könntest Lautsprecher aufhängen und fröhliche finnische Volksmusik spielen. Neben deinem Stand solltest du ein paar Stehtische aufbauen, im Winter mit Wärmelampen. Und wenn du schon kein süffiges Bier ausschenken darfst, dann wenigstens alkoholfreies.‹
Ich würde mich für ihn freuen, wenn die Kunden bei ihm Schlange stünden. Aber wahrscheinlich würde mich der Würstchenverkäufer nur verwundert ansehen, wenn ich ihn anspräche. Er würde mich anstaunen wie einen exotischen bunten Paradiesvogel aus fernen Ländern, der seine Balz aufführt und mit seinen Flügeln Bewegungen macht, die beim heimischen Federvieh ohne Wirkung bleiben. Er würde mich anglotzen und keinen Ton sagen. Und wenn er doch etwas sagen würde, dann sicher: ›Ich weiß, wie man Würstchen verkauft. Das tue ich seit fünfzehn Jahren.‹ Daher spreche ich ihn nicht an und lasse alles, wie es ist. Und überhaupt: Was bilde ich mir ein? Wie kann ich mir anmaßen, ihm Tipps geben zu wollen? Wahrscheinlich ist der Würstchenverkäufer rundum glücklich, verdient sein Auskommen, hat eine liebe Frau und viele wohlgenährte Kinder und kehrt jeden Abend nach einem erfüllten Arbeitstag zufrieden in seinen Biberdamm zurück. Wieso sollte er Zugvögel brauchen, die ihm den Weg weisen?

Als ich heute Abend nach einem Abstecher in den Supermarkt zu Hause in unserem Bau anlange, sitzt meine Frau Eila im Wohnzimmer auf dem Boden und korrigiert Klassenarbeiten. Sie sitzt selten am Schreibtisch, dafür umso lieber auf dem Teppich im Wohnzimmer. Wenn sie fünfundzwanzig Arbeiten zu korrigieren hat, dann kann sie das am besten, wenn sie alle Papiere rings um sich ausbreitet. Ich weiß nicht warum, aber ich glaube, diese Art der Durchsicht von Klassenarbeiten ist ein Grund dafür, dass finnische Kinder in internationalen Vergleichstests von Schulleistungen gut abschneiden.
»*Hei kultapää*«, begrüße ich sie.
Kultapää ist ein von mir selbst erfundener Kosename, der aus den Zeiten stammt, als sich meine Finnischkenntnisse noch auf unterstem Anfängerniveau bewegten. Vor vielen Jahren hatte ich gelernt, dass eine der größten Beleidigungen, die man hierzulande jemandem an den Kopf werfen kann,

die Beschimpfung *paskapää* ist, »Scheißkopf«, das in etwa an Grobheit und Unflätigkeit dem deutschen »A…loch« entspricht. Messerscharf war ich seinerzeit zu dem Schluss gekommen, dass das genaue Gegenteil, also die höchstdenkbare Ehrerbietung, das Wort *kultapää*, »Goldkopf«, sein müsse. Mittlerweile weiß ich, dass dem nicht so ist, aber die Bezeichnung *kultapää* hat sich erhalten.

»Hallo Hermann«, erwidert Eila meinen Gruß. Ich merke sofort, dass sie mir immer noch grollt. Wenn meine Frau mich förmlich mit dem Vornamen anspricht, dann ist die Welt nicht so, wie sie sein sollte. »Geh mal ins Arbeitszimmer und wirf einen Blick auf meinen Laptop!«, fordert sie mich auf und lässt unerbittlich ihren Rotstift über den Klassenarbeiten kreisen.

Bevor ich ihren Rat befolge, begrüße ich noch die Kinder und fordere die Schmieze dazu auf, ihren Napf leerzufressen. Senja und Benni sitzen beide in ihren Zimmern. Senja macht Hausaufgaben.

Benni hingegen sitzt auf einem Hocker vor seinem Hobbylabor, er trägt Gummihandschuhe und eine Schutzbrille auf der Nase.

»Was treibst du denn so?«

»Ich verzinke Fünf-Cent-Münzen«, sagt er begeistert.

»Wie bitte?«

»Das ist ganz einfach!«, behauptet er. »Hier in der Schale ist Natriumhydroxid. Über die Batterie führe ich Strom zu und dann löst sich …«

Bevor er mir lange Vorträge halten kann, falle ich ihm ins Wort: »Und wie kommst du an dieses komische Natriumhydroxid?«

»Das ist in jedem Reiniger für verstopfte Abflüsse.«

»Du hantierst in deinem Schlafzimmer also mit ätzenden Flüssigkeiten herum? Pass mir bloß auf mit deinem Kram!«

Ich versehe meinen Sohn noch mit Sicherheitshinweisen, dann erst befolge ich Eilas Aufforderung und setze mich vor ihren aufgeklappten Computer. Dort erblicke ich die Internetseite eines Online-Marktplatzes mit dem Namen *Suomi-Diili*, Finnland-Deal, der günstige Schnäppchen an den Internet-Nutzer zu bringen versucht.

»*Suomi-Diili*?! Und was soll ich jetzt damit anfangen?«, rufe ich Eila zu, die im Wohnzimmer immer noch eifrig bewertet.

»Du wolltest doch wissen, wo ich die neuen Kerzen herhabe!«

»Ach so … Hast du die also im Internet bestellt?«
»Heute habe ich dort auch schon etwas gekauft. Für dich!«, verkündet Eila mit drohendem Unterton in der Stimme. Das war zwar keine Antwort auf meine Frage, aber nun will ich wissen, was sie für mich erstanden hat. Bei einem Blick über meine Schulter kann ich beobachten, wie meine Frau mit Genugtuung Fehler anstreicht und grimmig lächelt.
»Und was?«
»Einen Gutschein zu deiner Entspannung! Etwas für deine Nerven«, trällert Eila mit boshafter Fröhlichkeit, bei dem weibliches Shopping-Glück mitschwingt.
Hab ich das nötig?
Eila erhebt sich vom Wohnzimmerboden, verlässt ihren Zauberkreis aus Klassenarbeiten und kommt zu mir ins Arbeitszimmer.
»Da schau!«, sagt sie und greift nach einem Papier, das unser Drucker ausgespuckt hat. Hoffentlich ist das kein Gutschein für eine beruhigende Fußmassage.
»Hier!« Eila klatscht das Papier vor mir auf den Schreibtisch. »Für dich! Damit du dich nicht immer so aufregst!« Dabei lächelt sie grimmig. Ich glaube, finnische Frauen sind die einzigen Lebewesen auf diesem Planeten, die einem mit hämischer Schadenfreude Geschenke machen!
Bei dem Papier, das sie mir vor die Nase gepfeffert hat, handelt es sich um einen Farbausdruck, der das idyllische Bild eines alten Steingebäudes zeigt, eingerahmt von einem gelben Holzzaun. Darübergelegt ist ein Schriftzug, der aussieht, als hätte jemand mit dem Messer Buchstaben in ein Holzbrett geschnitzt. »Gutschein für 10 Besuche in der Sauna von *Rajaportti*!« lese ich. Ganz unten auf dem Blatt befindet sich in deutlich kleinerer Schrift folgender Werbetext: »Was ist besser als jede Sitzung beim Psychotherapeuten? Wohltuender als Riechsalz, Atemübungen oder Selbsthypnose? Entspannender als Nerven-Tee, Ohrmassage oder Akupunktur? Die *Rajaportin sauna*. Tamperes Traditionssauna. Erquickend für Leib und Seele.« Der Gutschein ist gültig bis zum Juni nächsten Jahres.
Ich bin halbwegs entsetzt. »Was soll ich denn damit? Wozu haben wir eine Sauna im Hause! War das teuer? Ich hoffe, das kann man wieder rückgängig machen.« Ich atme tief durch, und es klingt wie das Schnauben eines Ochsen, der sich auf einem steinigen finnischen Acker abmüht.

»Kein Grund sich aufzuregen!« sagt Eila und klopft mir auf die Schulter. Es kommt mir so vor, als behandele sie mich wie einen ihrer kleinen Schüler, der nachsitzen muss.
Noch einmal schnappe ich nach Luft, diesmal wie ein Ochse, der vor seinem Schlächter steht. »Aber wozu brauche ich Karten für eine öffentliche Sauna?«
»Die *Rajaportin sauna* ist etwas ganz Besonderes. Der Gutschein war sehr preiswert. Wenn du absolut nicht willst, brauchst du ja nicht hinzugehen.«
Bei dieser Bemerkung regt sich in mir deutsches Kundenverhalten. Wie könnte ich einen Gutschein verfallen lassen, für den wir bezahlt haben? Das wäre ja noch schöner! Insgesamt gesehen wäre eine beruhigende Fußmassage vielleicht doch besser gewesen, aber das lässt sich wohl nicht mehr ändern. Zehn Mal in die Sauna von Rajaportti, in die älteste öffentliche Sauna des Landes! Sie ist seit mehr als einem satten Jahrhundert in Betrieb und gelegen im alten Arbeiterviertel Pispala. Früher eine Schwitzbude für die Malocher, heute Treff für Lokalpatrioten, Hipster und Alternative gleichermaßen. Und mittendrin ich?!

10. Zungenbrecher *talvitapahtumatuotanto*

An meine Kinder habe ich eine seltsame Angewohnheit vererbt, von der ich selbst infiziert bin, seitdem ich denken kann. Auch auf meine finnische Frau hat dieser Tick mit den Jahren abgefärbt. Es ist die Unart, alles und jeden zu benennen und mit einem Namen zu versehen. Unser Auto hat beispielsweise einen Namen (Ronkoteus) und auch mein Kajak (Peppi). Selbst die meisten Bäume in unserem Garten tragen Namen und zwar von der finnischen Verwandtschaft aus der fernen Provinz Österbotten an der finnischen Westküste: Die immergleichen pieksigen Nadelbäume sind nach Männern benannt, die Laubbäume, die einmal jährlich ihre komplette Garderobe wechseln, nach weiblichen. Obendrein steht hinter unserem Haus eine Kiefer, die den Namen unserer allerersten Miezekatze trägt, einem Kater, der eingeäschert am Fuße dieses Baumes seine letzte Ruhestätte gefunden hat. Das gute Tier lief vor vielen Jahren an einem Winterabend davon und kam nie wieder. Erst bei der Schneeschmelze im nächsten Frühling wurde unser wackerer Kater in einem angrenzenden Wald aufgefunden, steif gefroren und mausetot. Seit der Bestattung wird der Baum Felix-Kiefer genannt. Besagter Baum gedeiht prächtig, denn er ist lange mit heißen Tränen benetzt worden. Nicht auszuschließen ist, dass die Asche unseres Katers als Dünger wirkt.

Wie selbstverständlich haben auch die meisten unserer Nachbarn von uns einen passenden Rufnamen erhalten. Und zwei Putzlappen werden in Referenz an meinen verehrten Arbeitskollegen und seine beiden Pullover roter Albert und blauer Albert genannt.

Manchmal frage ich mich, was die Kollgen von der Jury für das finnischste aller Worte denken würden, wenn sie von meinen Schrullen wüssten. Mag sein, dass sie mich als einen verrückten Wortverdreher ausschließen würden. Ich versuche positiv zu denken und rede mir ein, dass mein Hang zum Benennen meine eigentliche Qualifikation für dieses Projekt darstellt.

Wenige Tage nach meiner Berlin-Reise mit Hindernissen geht das frisch gestaltete Internet-Portal online, das auf der Suche nach dem finnischsten aller Wörter helfen und friedliche Bürger diesseits und jenseits der Südostsee einander näherbringen soll. Das Finnische Kulturinstitut hat dazu in

finnischen wie ausländischen Medien Pressemitteilungen geschaltet, um eine Öffentlichkeit zu gewinnen, und selbst in der hiesigen Tageszeitung hat es einen kleinen Artikel dazu gegeben. Aufrufe, sich zu beteiligen, wabern natürlich auch durch die sozialen Netze mit seinen Verstrickungen und Fangschlingen. Die Aufgabe unserer Expertengruppe besteht unter anderem darin, die Beiträge der Nutzer zu sichten und die schönsten für die Buchpublikation herauszufischen. Mich interessiert vor allem die eingehende Post, die von Zugereisten und Finnland-Freunden deutscher Zunge stammt. Gleich am ersten Tag gehen Dutzende Vorschläge ein. Zum Beispiel schreibt eine Frau aus Hof, der süddeutschen Partnerstadt von Joensuu: »Ich reise seit vielen Jahren jeden Sommer nach Finnland. Für mich gibt es ein Wort, das absolut typisch finnisch ist und mir wunderschön vorkommt. Und zwar das Wort *jäätelötötterö!* Finnischer geht es einfach nicht! Ich kann es zwar auch nach vielen Jahren immer noch nicht richtig aussprechen, aber ich freue mich immer, wenn ich es irgendwo geschrieben sehe.«

So viele Äs und Ös müssen in der Tat bei Nicht-Finnen Begeisterung auslösen. Als Fremder könnte man annehmen, dass *jäätelötötterö* lautmalerisch das Wiehern eines Pferdes nachahmt oder dass es sich um einen Schlachtruf handelt, mit dem sich finnische Söldner im Dreißigjährigen Krieg auf ihre Feinde warfen. Dabei ist es in Wahrheit ein harmloses friedliebendes Wort, das für finnische Ohren nach Sommer, Sonne und süßen Sachen klingt: *jäätelötötterö* bedeutet nichts anderes als Speiseeiswaffel.

In eine ähnliche Richtung geht der Beitrag eines Herrn aus Hamburg, der sich ebenfalls als eifriger Finnland-Fahrer zu erkennen gibt. Er schreibt unter anderem: »Ich habe mal auf einem VW-Transporter in Finnisch-Lappland folgendes Wort gelesen und sogleich fotografiert: *Talvitapahtumatuotanto*. Wenn man nicht weiß, was es bedeutet, und wenn man versucht, es nachzusprechen – *talvitapahtumatuotanto* – dann klingt das Wort so, als wenn ein lappländischer Schamane zum Schlage einer Trommel Beschwörungen murmelt.«

Gar nicht mal so schlecht geraten, denke ich. Denn was da in unendlichen Lettern auf dem VW-Transporter stand, war der Schriftzug eines Veranstalters touristischer Events im Winter; keine magischen Beschwörungen, aber die Inszenierung von Winterzauber für zahlende Gäste.

Persönlich habe ich auch eine ganze Reihe von finnischen Wörtern, die mir sehr gefallen; nicht, weil sie besonders lang sind und Zungenbrecher darstellen, auch nicht, weil sie etwas ausgesprochen Schönes bezeichnen oder für etwas typisch Finnisches stehen, sondern weil ihr Klang so melodisch ist. Dazu gehört so ein Alltagswörtchen wie *sillälailla*. Es klingt so, als würde man ein unschuldiges Tier im Arm wiegen und ihm freundlich zusprechen, um es zu beruhigen. Ähnliches empfinde ich trotz fortgeschrittener Finnischkenntnisse für das Wörtchen *jompikumpi*. Es klingt irgendwie so quietschvergnügt wie ein umherspringender Gummiball. Aber noch schöner finde ich *lämpimämpi*. Diese drei, *sillälailla*, *jompikumpi* und *lämpimämpi*, ließen sich sicherlich als Text für ein Wiegenlied verwenden. Einfach in loser Folge aneinandergereiht würden sie sich beruhigend anhören, kinderfreundlich und sanftmütig. Dabei sind diese Wörtchen ziemlich alltäglich, ja beinah banal: *sillälailla* heißt »dergestalt, solchermaßen«, *jompikumpi* »eins von beiden« und *lämpimämpi* schlichtweg »wärmer«. Welch eine fade Entzauberung wunderschön klingender Worte, sobald man ihre Bedeutung begreift!

Mit persönlichen Stellungnahmen werde ich mich jedoch zurückhalten, ich fungiere vorerst nur als Online-Administrator. Allerdings notiere ich mir meine persönlichen Favoriten. Eines weiß ich allerdings schon jetzt mit Gewissheit: Wäre ich ein finnischer Weltraumfahrer, ein *Sisu-naut*, wie die Finnen es nennen, und würde fremde Planeten mit unbekannten Lebensformen entdecken, träte ich den Aliens nicht mit den Worten »We come in peace!« entgegen, sondern ich würde freundlich sagen: *Sillälailla, jompikumpi, lämpimämpi* und voll auf den Klang der Worte vertrauen.

11. Kriegsveteran: *sotaveteraani*

Ich bin kein strenggläubiger Mensch oder gar ein religiöser Fanatiker, aber ich bin durchaus der Ansicht, dass man das dritte Gebot einhalten sollte. In unserer Nachbarschaft stehe ich mit diesem frommen Wunsch bedauerlicherweise alleine da.

Unser Zuhause ist sternenförmig von Nachbargrundstücken umgeben, weil unser Einfamilienhaus im grünen Speckgürtel von Tampere nicht direkt an einer Straße liegt, sondern versetzt hinter einem Nachbarhaus. Abseits von allem, versteckt hinter Holzhäuschen. Das hat zur Folge, dass wir nicht nur links und rechts direkte Nachbarn haben; stattdessen sind wir sozusagen von Finnen umzingelt, säuberlich getrennt durch Hecken, Sträucher oder Grenzbäume. Viele dieser Nachbarn haben – so nett sie sonst sein mögen – die leidige Unart, gegen eben jenes dritte Gebot zu verstoßen. Denn ständig werden auch am heiligen Sonntag allerorten Rasen gemäht, Hecken frisiert, Stämme zersägt und Brennholz gespalten. Immer wird irgendetwas geschliffen, poliert, gebohrt, vernagelt, festgeklopft oder hochdruckgereinigt. Irgendwo heult, brummt, rattert, summt, zischt, knattert oder hämmert es und zwar vorzugsweise am siebten Tage der Woche! Am allerschlimmsten ist ein Nachbar, den wir in unserer Familie den Bläser nennen. Er besitzt ein schrilles Laubgebläse, mit dem er im Herbst die Blätter auf einen Haufen bläst, um sie dann mit demselben (umgepolten) Gerät ebenso lautstark aufzusaugen. Und er hat einen tief röhrenden Schneeräumer, mit dem er im Winter seine Einfahrt freisplattert und die weiße Last in hohem Bogen zur Seite bläst. Im Sommer verwendet er beim Grillen ein Grillgebläse, mit dem er seine Holzkohle anfacht. Am allerliebsten bläst er am frühen Sonntagmorgen, wo anständige Leute ausschlafen. Und das, obwohl doch ausdrücklich im wichtigsten Buch des abendländischen Kulturkreises geschrieben steht: Gedenke, dass du den Sonntag heiligst. Traurigerweise befolgen nur noch strenggläubige Lestadianer dieses Gebot, eine Gruppe finnischer Glaubenseiferer, die das finnische Gegenstück zu den amerikanischen Quäkern sind. Der große Rest der Bevölkerung befolgt eine Art Sonntagsruhe höchstens noch am Ersten Weihnachtstag.

Manchmal im Sommer erwische ich den Bläser dabei, wie er in seiner Hängematte liegt und tut, als würde er lesen. Aber nach jeder halben Seite schweifen seine Augen unruhig zu Kontrollblicken durch den Garten, und sobald ihm irgendwo etwas auffällt, das erledigt werden könnte, springt er auf und macht sich ans Werkeln, rupft Unkraut, schneidet Zweige, räumt seinen Schuppen auf oder repariert seinen tadellos funktionierenden Rasenmäher. Ihm fehlt das Gen zum Müßiggang und Ausruhen. Dabei könnte er sich als junger Vater seiner kleinen Kinder annehmen. Aber das überlässt er lieber seiner Frau.

Ein weiterer Nachbar ist unser schon erwähnter Veikko, der fröhliche Ingenieur. Er ist ein sympathischer Kerl, immer hilfsbereit und gut gelaunt, der im Sommer ungeniert in Unterhose und Gummistiefeln durch seinen Garten stakst. Hinter vorgehaltener Hand nennen wir ihn daher auch Käp'tn Superslip. Zu meinem Leidwesen ist auch Veikko ein Heimwerker, Bastler und Tüftler, in dessen Garage viele Maschinen stehen, die heulen, brummen, rattern, summen, zischen, knattern oder hämmern können und die er am liebsten sonntags zum Einsatz bringt. Ich kann es ihm nicht wirklich verübeln, weil er auch schon unserem Sohn einen Dreifuß für sein Chemielabor geschweißt hat. Veikko ist ein Freund deutscher Automobile und fährt seit vielen Jahren nur Audi. Und er ist Stammkunde bei Bauhaus, weil dort qualitativ hochwertige Maschinen zum Heulen, Brummen, Rattern und Zischen angeboten werden! Deutschland ist für ihn das gelobte Land der Ingenieure. Er glaubt mit religiöser Inbrunst an Bosch, Kärcher und Würth. Nur an das dritte Gebot will er sich partout nicht halten! Seine Frau Mirka – das ist die mit den gelben Kerzen aus echtem Bienenwachs – lässt ihren Mann am Tag des Herrn in der Garage walten und schalten und hämmern und rattern, und sie putzt derweil ihr Haus mit einem Zentralstaubsauger, der wimmernd die Ansaugluft durch eine Röhre nach draußen pustet und so fröhlich in den Sonntagschor der Heimwerker mit einstimmt. Niemand singt am Sonntag Gloria, keiner jauchzt Hosianna, aber es knattert, ruckelt, dröhnt und surrt von überallher gen Himmel. Das ist nicht der Lärm einer Großstadt, sondern der Geräuschpegel der Vorstadt.

Einer meiner Lieblingsnachbarn wohnt nordwestlich von unserem Grundstück. Er heißt Seppo und ist ein alleinstehender Witwer im stolzen unglaublichen Alter von 99 Jahren. Er ist einer der letzten lebenden Kriegsveteranen in diesem Lande. Seppo lebt immer noch in den eigenen vier

Wänden und weigert sich beharrlich, von seinen Kindern, die selbst schon im Rentenalter sind, in ein Altenheim verfrachtet zu werden. Er ist ein großer Mann mit breiten Schultern, der auch im hohen Alter immer noch stattlich wirkt, trotz eines leicht gebückten Ganges. Er hat schwere schwielige Hände, die in seinem langen Leben viel vollbracht haben. Seine ganze Erscheinung hat etwas Soldatisches, selbst wenn er zerschlissene Hosen mit Hosenträgern und ein kariertes Hemd mit vielen Flicken trägt. Eine fehlende Uniform mit Schulterklappen kompensiert er durch senkrechte Falten auf seiner Stirn und einen durchdringenden Blick. Im Krieg war Seppo nur Unteroffizier, aber auf mich wirkt er wie ein würdevoller General. Seit Jahren kämpft der harte Bursche seine letzte Schlacht, die er auf Dauer nicht gewinnen kann. Er kämpft gegen das Alter. Trotz der Aussichtslosigkeit tut er es ohne Jammern und Wehklagen, mit Anstand und Zähigkeit. *Periksi ei anneta!* Aufgegeben wird nicht! Die Waffen strecken kommt nicht in Frage.

Ich mag ihn, und das nicht nur, weil er der einzige Nachbar ist, der das dritte Gebot beachtet.

Seppo ist viel allein und dankbar für jedes Gespräch, das man mit ihm führt, wenn man sich zufällig begegnet. In den vergangenen Jahren habe ich mehrfach bei ihm eine Tasse Kaffee getrunken, obwohl mir Kaffee auf den Magen schlägt. Aber es fällt mir schwer, ihm etwas abzuschlagen. Er begegnet mir – und ich weiß nicht, ob mir das gefallen soll – mit positiven Vorurteilen, nur weil ich gebürtiger Deutscher bin. Das muss mit Kriegserlebnissen zusammenhängen, von denen ich gar nichts wissen will. Ich will nichts wissen von Taten, die weder mein Verdienst noch meine Vergehen waren. Wenn er mich zu starkem Kaffee in sein altes Haus lädt, dann hoffentlich nur, weil ich ein netter Nachbar bin.

Als ich heute, an einem Mittwochnachmittag, von der Arbeit nach Hause komme, steht Seppo in seinem Garten und inspiziert seine Apfelbäume. Ich grüße ihn mit einem Winken. Er winkt zurück und kommt mehrere Schritte näher. Ich habe den Eindruck, dass er etwas sagen möchte, ja fast, dass er mich erwartet hat. Er ruft hinüber: »*Mitä mies?*« Das ist eine unförmliche Frage nach dem Befinden, die unter Surfern einem »Hey dude!« oder im Rheinland einem »Wie isset, Jong?« entsprechen würde.

Damit hat er mich am Haken. Ich kann es nicht bei einem Winken belas-

sen, sondern muss wenigstens ein »Alles klar. Wie geht's dir?« zurückrufen. Seppo tritt noch ein paar Schritte näher und bleibt vor der unsichtbaren Grenze stehen, die unsere Grundstücke voneinander trennen, nur markiert durch ein paar Tannenbäumchen.
»Lust auf'n Kaffee?«, fragt er etwas überraschend und ohne Umschweife.
Ich könnte jetzt antworten mit »Ich habe leider noch zu tun« oder »Ich trinke keinen Kaffee mehr nach 4 Uhr nachmittags«. Statt zu antworten, schiele ich zurück zu unserem Haus und sehe durch das Wohnzimmerfenster, wie meine Frau mit dem Handy auf und ab läuft und sich angeregt unterhält. Vermutlich mit ihrer Mutter. Hatte ich nicht vor, meiner Frau zu imponieren? Ihr durch die richtigen Taten erlösende Worte zu entlocken? Eila verehrt Kriegsveteranen noch mehr als erfolgreiche finnische Speerwerfer. Meine Frau könnte es mir am Ende übelnehmen, wenn ich einem verdienten Manne wie Seppo kurz angebunden begegne. Nach leichtem Zögern nehme ich daher seine Einladung an: »Ja, warum nicht?«

Seppos Haus riecht ein wenig muffig wie bei vielen alten Leuten, wo in Schränken und Regalen die Erinnerungen eines ganzen Menschenalters lagern. Erinnerungen, die langsam zerfallen, wenn sie nicht sorgsam aufgefangen, umgefüllt und neu verpackt werden. Außerdem ist sein Haus von einem niedrigen, feuchten, unbeheizten Raum unterkellert, der aus den Zeiten stammt, als Kühlschränke noch Luxusartikel waren.
In Seppos Hausflur hängen mehrere Urkunden und militärische Auszeichnungen. Seppo gehört eindeutig nicht zu der Generation, die sich ihren Flur mit Urlaubsfotos aus Kalifornien und Kenia schmücken. Er geht voran und ich folge seinem breiten Rücken ins Wohnzimmer.
Seppo bietet mir ungelenk einen Platz auf einem Holzstuhl an.
»Eigentlich trinke ich so spät keinen Kaffee mehr. Hättest du auch einen Tee?«, erkundige ich mich kleinlaut. Mir ist klar, dass Seppo zu der Generation gehört, die rund um die Uhr Kaffee trinkt und die Tee für Schlabberwasser hält. Ungefragt stellt Seppo zwei Schnapsgläschen auf den Tisch und gießt uns von einem undefinierbaren Fusel ein. »Tee hab ich keinen«, grummelt er. Die Flasche trägt kein Etikett und kommt mir suspekt vor. Erst möchte ich ablehnen. Aber schon hat Seppo sich auf einen Hocker fallen lassen und sein Glas ergriffen, um mit mir anzustoßen. 99-jährigen

Kriegsveteranen sollte man keinen Drink abschlagen. Während Seppo sein Glas hinunterstürzt, nippe ich vorsichtig. Es schmeckt noch grauenhafter als ich befürchtet habe. Ohne lange zu zögern, schenkt sich Seppo erneut ein. Mir wird klar, dass ein solches Trinkverhalten am Mittwochabend als zeremonielle Einleitung für wichtige Eröffnungen zu verstehen ist. Ob er mir mitteilen möchte, dass er endlich in ein Altenheim zieht? Hat er eine Leiche im Keller liegen und benötigt meine Mithilfe, um sie unbemerkt in einem See zu versenken? Lange Zeit sagt er nichts. Dann steht er schwer atmend auf, geht zu einer Kommode und öffnet eine Schublade, der er einen Briefumschlag entnimmt. Seppo drückt mir den Umschlag in die Hand. Er ist aus edlem Papier und trägt den finnischen Wappenlöwen als Aufdruck.

»Lies!«

Der Umschlag ist bereits säuberlich mit einem Brieföffner geöffnet worden. Ich entnehme ihm ein feierlich aussehendes, vorgedrucktes Kärtchen, das an verschiedenen Stellen durch schnörkelige Schönschrift ergänzt ist. »*Tasavallan Presidentti puolisoineen kutsuu Teidät* …« (»Der Präsident der Republik Finnland und seine Gemahlin geben sich die Ehre, Sie …«) Mir zieht's die Schuhe aus!

»Das …«, beginne ich stammelnd, »ist ja eine Einladung zum Unabhängigkeitstag! Ins Schloss des Präsidenten!«

Seppo knirscht mit den Zähnen. »*Juuri näin!*« Genau!

Der Unabhängigkeitstag Anfang Dezember ist der wichtigste weltliche Feiertag im Lande und wird traditionell mit sparsamem nordischem Pomp begangen. Höhepunkt ist ein Empfang im Präsidentenpalais, zu dem Poltiker, Diplomaten, Prominente, Sportler, verdiente Bürger und sonstige Ehrengäste geladen werden – live übertragen auf mehreren Fernsehkanälen.

»Na, herzlichen Glückwunsch!«

Seppo sieht überhaupt nicht erfreut aus. Er kippt im Stehen noch einen Schnaps, dann setzt er sich wieder zu mir.

»Ich geh da aber nicht hin«, knurrt er.

»Was? Natürlich! Du musst. Das ist doch eine große Ehre! So eine Gelegenheit kommt nie wieder.«

»Ich will aber nicht!« Seppo klingt auf einmal so trotzig wie ein Kleinkind, das sich in seinem Spielhäuschen verbarrikadiert hat.

»Aber …«
»Ich weiß auch gar nicht, was ich anziehen sollte.«
»Hast du denn deinen Kindern noch nichts davon erzählt?«, frage ich entgeistert.
»Nein! Ich will auch nicht nach Helsinki. Am Bahnhof lungern nur Einwanderer herum. Ich kann kein Englisch.«
Anscheinend bin ich wirklich der Erste, den Seppo ins Vertrauen zieht. Noch vor den eigenen Kindern, die ihn ins Altenheim abschieben wollen! Mein Blick fällt auf die Datumsangabe im Briefkopf. Die Einladung ist erst wenige Tage alt und liegt seither wohl in Seppos Schublade.
Dem Schreiben liegt außerdem ein Antwortkärtchen bei, das bis spätestens Anfang November zurückgeschickt werden sollte. »Hier steht auch, dass du mitteilen musst, ob du die Einladung annimmst.«
»Ich gehe da nicht hin«, schnappt er. »Ich weiß ja gar nicht, was ich dem Präsidenten sagen soll.«
»Du sagst nur einen kurzen Gruß. Mehr Zeit bleibt für jeden Gast sowieso nicht.«
»Ich kann auch nicht tanzen!«, sagt er trotzig und verschränkt die Arme vor der Brust. »Die hohen Herrschaften tanzen doch alle. Walzer und Fox und Krachmusik.«
»Du brauchst gar nicht zu tanzen, wenn du nicht willst.«
»Und was ist, wenn Jukka und Jenna mich im Fernsehen sehen?« Jukka und Jenna sind Seppos Kinder.
»Die werden sicher stolz auf dich sein! Genau wie deine Enkelkinder und Urenkelkinder! Und alle deine Nachbarn!« Ich gieße uns beiden noch einen Schnaps nach. »So eine Gelegenheit kommt nie wieder. Du bist schließlich nicht mehr der Jüngste!«
Wir stoßen an.

Mehr als eine Stunde später tappe ich durch Seppos dämmrigen Garten zurück zu unserem Grundstück. *Sotaveteraani,* Kriegsveteran, ist zweifelsohne eines der Grundwörter finnischer Befindlichkeiten, denke ich. In Finnland hängt so viel an diesem Wort: Bewunderung, Stolz, Dankbarkeit, Legenden … Völlig anders als in Deutschland aus den bekannten historischen Gründen.

Mit einem Kopf voller Gedanken und Füßen aus Blei stampfe ich durch das herbstliche Welkgrün der Vorstadt-Gartenwelt, und dabei gelingt es mir irgendwie, an dem alten Spielhäuschen vorbeizuschrammen, in dem Seppo sein Brennholz lagert, und mir den Handrücken aufzukratzen. Sogleich schießt mir *leikkimökki* durch den Kopf! Das ist natürlich auch ein Finnenwort allererster Güteklasse! *Leikkimökki*, Spielhäuschen, ist ein wunderschönes Kompositum: Beide Teilwörter enden auf einem süßen -i und beide enthalten ein knackiges Doppel-k. *Leikki-mökki!* Es ist inhaltlich so urfinnisch wie die *sauna*. Es ist ein Wort vollgepumpt mit Emotionen und für Ausländer unbedingt erklärungsbedürftig. Jedes Kind in Finnland, soll es nicht zum emotionalen Krüppel degenerieren, muss mit einem schnuckeligen, hölzernen Spielhäuschen im Garten großwerden. Obendrein ist ein *leikkimökki* alterungsbeständig. Es bleibt ein *leikkimökki* sein Leben lang, selbst wenn die Kinder, die es einst benutzt haben, längst erwachsen sind und wenn man darin Brennholz lagert, Hunde einsperrt oder Schnaps brennt.

Als ich durch die Waschküchentür in unser Haus stolpere, überrasche ich unsere Schmieze in ihrem Katzenklo. Mein Erscheinen ist so polternd, dass sie fauchend Reißaus nimmt und Katzenstreu durch die Gegend wirbelt. Neugierig geworden durch die Geräusche steckt Benni seine Nase in den Raum. »Hallo Vati! Kommst du aus einem Chemielabor?«

»Labor? Wie kommst du denn da drauf?«

»Du riechst nach Ethanol!«

Auf welche verrückten Ideen kleine Jungen doch kommen können.

Meine Frau beendet soeben ihr Telefongespräch. Ihr fachfräuischer Blick erkennt schon beim zweiten Hinsehen, dass mein Handrücken aufgerissen ist. »Hast du dich verletzt?«

»Nicht weiter schlimm ...!«

»Was ist denn passiert?«

»Zweikampf mit einem Spielhäuschen!«

Eila tritt mit prüfendem Blick an mich heran, dabei wechselt ihr Gesichtsausdruck von mitleidvoll zu ungläubig. »Bist du sicher, dass das Spielhäuschen keine Kneipe war?«

Auf die Frage gehe ich gar nicht weiter ein, denn es drängt mich, die große

Neuigkeit loszuwerden: »Ich habe euch etwas mitzuteilen. Ihr werdet es nicht glauben!« Ich lege eine bedeutungsschwere Pause ein. Meine Frau und Benni schauen mich mit Blicken an, die stimmungsmäßig zwischen Zweifel und Langeweile liegen. Immerhin hören sie zu. Auch meine Tochter spitzt aus ihrem Zimmer die Ohren, wie ich aus dem Augenwinkel wahrnehmen kann. Als ich sicher bin, dass mir alle zuhören, verkünde ich mit großer Geste (auf Finnisch): »*Seppo joutuu linnaan!*«

Leider wird mir erst im Nachhinein klar, dass das doppeldeutig ist. Es kann heißen »Seppo kommt ins Schloss« oder »Seppo muss ins Gefängnis.«

Benni macht ein mitleidiges Gesicht. »Der Ärmste! Warum denn? Hat er mit Ethanol gepanscht?«

»Nein, weil er alt ist und im Krieg war.«

Eila schüttelt den Kopf. »Ich finde, du erzählst heute Abend viel Blödsinn.«

12. Aufguss: *löyly*

Zwei Tage später überwinde ich mich dazu. Ich habe zwar anfangs keine große Lust, aber ich gehe trotzdem! Schließlich habe ich einen Gutschein, den ich nicht verfallen lassen kann. An einem lauen Abend begebe ich mich in den Stadtteil Pispala zur legendären Sauna von Rajaportti, *Rajaportin sauna.* Ihren Namen verdankt diese öffentliche Sauna, wörtlich: Sauna der Grenzpforte, dem Umstand, dass hier früher tatsächlich einmal eine Grenze der städtischen Besiedlung lag. Sie ist uralt und fester Bestandteil von Tamperes kulturellen Sehenswürdigkeiten. Alle Reiseführer erwähnen sie, ausländische Redakteure tauchen hier alle paar Jahre auf und berichten über finnische Absonderlichkeiten. Dabei entspricht die *Rajaportin sauna* überhaupt nicht dem Klischeebild finnischer Saunen. Sie ist weder mit Holz ausgekleidet und heimelig, noch liegt sie an einem malerischen See. In ihrer Nähe rauschen nicht die Wälder, sondern der Straßenverkehr. Der eigentliche Saunaraum ist eng und mit seinen kahlen Steinwänden so einladend wie ein Luftschutzbunker. Duschen gibt es keine, stattdessen nur die primitive Möglichkeit, sich in einer Ecke mit niedriger Decke kübelweise mit warmem Wasser zu übergießen. Ganz schmuck ist das Saunagebäude jedoch von außen, und mit den umstehenden Holzhäuschen bildet es einen gemütlichen Innenhof, der durch einen Holzzaun von der Außenwelt abgeschirmt wird. Am Zaun und an den Wänden sprießen Efeu und andere Klettergewächse. Über dem Innenhof wächst sogar wilder Hopfen und macht ihn zu einer Laube, was den Eindruck des Abgeschirmten und Inselhaften noch verstärkt. Mag der Verkehr draußen vorbeirauschen, mögen ringsum auch neue Wohnhäuser gebaut werden – in der *Rajaportin sauna* hat man den Eindruck, dass die Zeit stehengeblieben ist. Das Allerbeste an dieser Sauna aber ist vielleicht ihre Atmosphäre, für die ihre Besucher sorgen. Auf den Holzbänken im Innenhof sitzen die Saunafreunde eingehüllt in Badetücher friedlich beieinander und dampfen wie die Rösser. Es wird sorglos geplaudert und viel gekichert. Bierbüchsen werden zischend geöffnet, einige Herren schmauchen sogar ein Pfeifchen. Die Stimmung ist so unbeschwert, dass die Männer nicht einmal versuchen, ihren Bauch einzuziehen. Es herrscht ein gemächliches Kommen und Gehen, und an den freundlichen Begrüßungen lässt sich erkennen, dass hier viele Stammgäste sind, die sich seit langem kennen. Für die vielen Besucher ist der Saunaraum – zumal der für die Männer – viel zu klein, aber der ständige Wechsel zwischen Sauna, Waschraum, Umkleide, Innenhof und angrenzendem Café gelingt so reibungslos, als würde ein unsichtbarer Saunawichtel wie ein Verkehrspolizist seine lenkende Hand über allem halten.

Das Schöne am Saunieren ist, dass alle irdischen Sorgen von einem abfallen. Männer aller Art, ob alt oder jung, dick oder dünn, reich oder arm, Einheimischer oder nicht, finden sich auf engstem Raume zusammen und verschwitzen zu einer Urgemeinschaft, wie sie vor tausenden von Jahren bei steinzeitlichen Jägersippen bestanden haben muss. So lange man auf der Jagd ist, muss man zusammenhalten, Streitigkeiten vermeiden und alle Unterschiede vergessen, denn nur so lassen sich Riesen-Ur-Elche oder Höhlenbären erlegen. Es gibt keine Berührungsängste, keine Standesdünkel, keine falsche Scham und keine Zurückhaltung. Und jeder, der behauptet, Finnen seien schweigsam oder mundfaul, braucht nur die *Rajaportin sauna* zu besuchen, um sich eines Besseren belehren zu lassen.

Als ich mich das erste Mal auf den groben Steinbänken im Saunaraum niederlasse, nehme ich mit einer Mischung aus Forscherdrang und stillem Vergnügen meine Saunabrüder genauer in Augenschein. Ins Auge fällt mir auf Anhieb, wie viele Männer tätowiert sind, oft an Stellen, die man in Alltagskleidung nicht zu sehen bekommt. Ein älterer Kerl trägt auf seinem Bauch in großen Lettern den Schriftzug Sponsored by *KELA*. Und *KELA* ist nichts anderes als die Abkürzung für die staatliche Sozialversicherungsanstalt. Da sieht man, wie wohlwollend der finnische Sozialstaat für seine Bürger sorgt. Ein anderer Mann mit langem Zausbart hat auf seiner Schulter in Frakturschrift zwei Worte stehen, die sich wie Schlangen umeinander winden: *Löyly perkele!* (Aufguss, zum Teufel!) Hier handelt es sich unzweifelhaft um ein Urgestein von Saunafreund.

All die Männer, die eine »Beschriftung« tragen, sind sogleich für mich entsprechend getauft und heißen *KELA* oder *Löyly*. Für die Übrigen fallen mir Namen ein, die mit ihrem Aussehen in Verbindung stehen: Da ist etwa ein hochgewachsener Mann mit Glatzkopf, der aussieht wie eine Wiedergeburt von Polit-Ikone Urho Kekkonen. Kekkonen war finnischer Staatspräsident für ein volles Vierteljahrhundert und prägende politische Kraft von der

Nachkriegszeit bis in die 1980er. Er war herrisch, gnadenlos und unbeirrbar – und wird von vielen bis heute verehrt. Finnlands Gegenstück zu Adenauer! Mein Sauna-Kekkonen trägt aber trotz der äußeren Ähnlichkeiten zum rabiaten Präsidenten sanfte Gesichtszüge. Ihn taufe ich Urho.
Obendrein ist da ein molliges Männlein, das auch noch im vorgerückten Alter eine rosarote knitterfreie Babyhaut besitzt und mit seinen Rettungsringen an ein süßes Ferkelchen erinnert. Ein verschmitztes Grinsen liegt beständig auf seinen Lippen. Selbst in der Sauna hat er eine runde Brille auf der Nase, obwohl sie hoffnungslos beschlägt. Um den kugeligen Kopf keimt ein spärlicher Kranz aus rötlichen Härchen. Der Mann sieht ein wenig wie ein belesener Gelehrter aus und erhält von mir, ohne dass ich länger überlegen müsste, den Namen Runeberg. Und Johann Ludvig Runeberg ist kein Geringerer als Finnlands Nationaldichter, ein Poet aus dem 19. Jahrhundert, dem die Nachwelt Verse verdankt, mit denen heute Schüler gequält werden.
Etwas abseits sitzt ein junger Mann von asketischem Körperbau, der sicher zur alternativen Szene gehört. Er hat langes dunkles Haupthaar und einen buschigen Vollbart, der in starkem Kontrast zu seiner blassen Haut steht. Mir bleibt keine andere Wahl als ihn »Jesus« zu nennen. Die *Rajaportin sauna* ist sein Tempel.
Bei meinem Kommen unterhalten sich die Männer über Saunagetränke. In Finnland gibt es zwei Schulen, von denen die eine der Auffassung ist, dass man in der Sauna Bier trinken dürfe und einige Tropfen Gerstensaft auch für den Aufguss verwenden könne; die anderen glauben, dass Bier ausschließlich zwischen und nach den Saunagängen genossen werden solle. Sponsored by *KELA* gehört der Sauna-Biertrinker-Schule an, Glatzkopf Urho argumentiert beherzt dagegen. Die anderen Männer werfen gelegentlich Bemerkungen ein und lachen dröhnend, dass es von den Steinwänden widerhallt. Nur Jesus sitzt wortlos dabei und meditiert. Ein Mann erzählt davon, dass er früher als Fernfahrer öfters nach Murmansk gefahren sei, damals als es noch eine Sowjetunion gegeben habe. In Murmansk sei er mit Russen in die Sauna gegangen und man habe dabei sogar Sekt geschlürft. »Guten Sekt«, betont er, »kein billiges Gesöff!« Die Flaschen hätten in großen Bottichen voller Eiswürfel gestanden und der Sekt sei in Mengen geflossen. Das sei guter Stoff gewesen, der zwar beschwipst habe, aber von dem man hinterher keinen *kossukrapula* bekommen habe. *Kossukrapula!*

Das ist ein Wort, das ich mir in der Umkleide sogleich notieren muss. Der Besuch der Sauna hat sich bereits gelohnt! *Kossukrapula* – der Brummschädel vom billigen Fusel.

Das Wortgefecht geht noch eine Weile hin und her, bis irgendwann ein Moment der Stille entsteht, in dem sich niemand zu Wort meldet. Es ist, als wenn sich alle besinnen müssten. Runeberg putzt seine Brille, Sponsored by *KELA* schielt auf seinen Bierbauch und Jesus scheint im Gebet versunken. Im selben Augenblick hört man ein kurz aufbrausendes Gelächter, das aus dem angrenzenden Saunaraum der Frauen herüberschallt. Die Steinwand, die uns voneinander trennt, sorgt dafür, dass es dumpf und unwirklich klingt, als käme das Auflachen aus einer anderen Dimension. Worüber sich das weibliche Geschlecht unterhalten hat und weshalb lauthals gelacht wurde, bleibt uns Männern verschlossen, aber es hat etwas zutiefst Komisches, dass unsere Stille durch ein fast gespenstisches Lachen aus dem toten Gemäuer unterbrochen wird und löst seinerseits eine sanfte Lachbrise bei den Männern aus.

»Ja, ja, die Frauen«, schmunzelt Runeberg.

»Ja, ja!«, falle ich mit ein. Auch die übrigen Männer nicken zustimmend, denn alle sind derselben Meinung, auch wenn keiner weiß, welcher. Aber wenn es um Frauen geht, sind Männer sich einig. In einer gemischten Sauna würden die Gespräche sicherlich ganz anders ausfallen. Vielleicht ist die *Rajaportin sauna* deshalb so beliebt, obwohl sie ja weder heimelig ist noch an einem schönen See liegt.

»Ohne die Frauen gäbe es keine Kunst!«, behauptet Urho, die Präsidentenglatze.

»Ohne finnische Frau würde ich gar nicht hier sitzen!«, gestehe ich und mehrere neugierige Augenpaare richten sich auf mich. Urho will mehr wissen. Nun könnte ich nüchtern erklären, dass ich meiner Frau eine Zehnerkarte für diese öffentliche Sauna verdanke, die ich gar nicht haben wollte. Aber das Halbdunkel der Sauna verleitet mich dazu, wildfremden Männern von meinem Schicksal zu erzählen.

»Ist jemand von euch schon einmal beinah mit dem Flugzeug abgestürzt?«

Alle schweigen.

»Nein, das nicht!«, brummt wer dazwischen, »aber ich war schon einmal in einem russischen Gefängnis!«

Alle nicken.
»Wenn man Angst um sein Leben hat«, sage ich heftig, »dann ... dann kommt der Wunsch, seiner Frau und seinen Kindern zu sagen, dass man sie gern hat.« Wieder entsteht eine kurze Stille. Urho ermuntert mich durch eine Geste weiterzuerzählen. Jesus sieht mich mit verklärten Augen an.
»Das ist aber gar nicht so einfach. Man kann die Worte zwar sagen, aber sie verpuffen im Alltag zu nichts.«
»Ja, so ist das!«, meint Sponsored by KELA und macht eine wegwerfende Handbewegung. »Da nutzt alles nichts!« Und wie um seine Aussage zu unterstreichen, hievt er seinen Bierbauch hoch und verlässt den Saunaraum.
Urho mimt den Feingeist: »Es ist doch gar nicht so schwer, anderen seine Zuneigung zu zeigen. Jemanden glücklich zu machen! Erst recht nicht Frauen! Dazu braucht es nicht viel.«
Der rosige Runeberg kratzt sich am spärlichen Haarkranz. »Das stimmt! Es braucht nicht viel, eine Frau zu beglücken. Das weiß doch jeder! Da gibt's nur eins!«
Jetzt bin ich gespannt. Runeberg lässt sich auch nicht lange bitten und teilt uns allen seinen ultimativen Tipp mit. Er wischt sich mit der Hand den Schweiß aus dem Gesicht, lehnt sich genüsslich zurück und macht eine anzügliche Handbewegung! Dann bricht er in ein meckerndes Kichern aus.
Keiner stimmt in sein Lachen ein, aber das stört Runeberg nicht im Geringsten. Urho hebt zweifelnd die Augenbrauen.
Andere Männer betreten die Sauna. Das Gespräch zerrinnt in neue Richtungen. Mir wird allmählich der Kopf schwer, denn die Hitze liegt deutlich über dem, was ich aus der heimischen Sauna gewohnt bin. Auch ich taumle hinaus.

Einige Minuten später sitze ich in ein Badetuch gehüllt draußen auf einer Bank und versorge meinen Körper mit einem hypotonischen Sportgetränk. In der Ferne rauschen die Autos, über mir qualmt es aus dem Schornstein der Sauna und neben mir dampfen abkühlende Saunafreunde. Ich schließe die Augen, weil mir der Kopf schwirrt. In Gedanken durchlebe ich noch einmal meine Flugreise und den Schockmoment des Beinah-Absturzes. Dabei geht mir Synnöve durch den Kopf und ihre Lebensweisheit: »Frisch verliebt sein kann jeder!« So angestrengt, wie man es mit einem saunaschweren Kopf tun kann, überlege ich, wie es mir gelingen könnte, dass meine Frau so glücklich ist wie am Tage unserer Hochzeit. Mit einem Stimmungsmix aus Weihnachtsfrieden und Mittsommerfröhlichkeit. Dazu ein hingebungsvoller Kuss, der sich so festsaugt, dass ein Unterdruck entsteht und er sich nur mit einem lauten Plopp wieder löst. Mein Sohn muss mit Bewunderung zu mir aufsehen wie die Finnen zu ihrer Eishockey-Nationalmannschaft und meine Tochter sollte mich wieder für den besten Vater der Welt halten. Wenigstens noch einmal! Und die Miezekatze müsste mir dankbar die Hände lecken und ein einziges Mal in ihrem Leben ihren Napf leerfressen.

Mit geschlossenen Augen spüre ich, dass sich jemand zu mir setzt. Ich blinzle durch ein halb geöffnetes Augenlid. Es ist Urho, der sanftmütige Glatzkopf. Er nickt mir zu und nimmt dann unser Gespräch von der Sauna wieder auf, als hätte es erst vor wenigen Sekunden geendet. »Es ist doch so einfach, eine Frau glücklich zu machen. Blumen, Schokolade, Theater, eine Massage, Ohrringe …« Sein Blick schweift hinauf zu dem wilden Hopfen, der über dem Innenhof rankt. »Frauen sind letztlich wie kleine Kinder«, sagt er mit Blick in unendliche Fernen, »die freuen sich über Kleinigkeiten wie Schokoherzen und Luftballons. Sie wollen nur beachtet werden.« Er lacht fröhlich in die Welt hinein. Ich weiß nicht, was ich von seinen Ausführungen halten soll, aber immerhin ist Urho erfrischend anders.

Er rückt so nah an mich heran, dass sich unsere Schultern berühren. Dann sagt er halblaut: »Aber willst du wissen, was mein Geheimtipp ist?«

Als Zeichen des Bejahens öffne ich auch mein zweites Auge.

»Mein Geheimtipp heißt: Sonntagmorgenfrühstück …!«

Als ich am Abend gutgelaunt von der *Rajaportin sauna* nach Hause fahre, bin ich voll der besten Vorsätze. Urho hat mich ausgiebig instruiert. Bevor ich in unsere Einfahrt einbiege, fällt mir in einiger Entfernung ein zitronengelbes Auto auf, ein sportlicher Zweitürer, der verdächtig, halb verdeckt von einer Hecke, am Straßenrand parkt. Hinter beschlagenen Windschutzscheiben sehe ich zwei zwielichtige Gestalten hocken, die nicht weiter zu erkennen sind. Meine gute Laune macht einen zwischenzeitlichen Sturz in den Keller. Ein mulmiges Gefühl befällt mich. Sicher hocken in dem Auto Mitglieder einer osteuropäischen Einbrecherbande, die die Gegend ausspähen. Ich tröste mich mit dem Gedanken, dass wir viel Geld für eine Alarmanlage vom Sicherheitsdienst *Hakkaa päälle* bezahlen.

Als ich unser Haus betrete, kommt mir mein Sohn freudestrahlend entgegen. Er hat heute endlich alle Zutaten zusammenkratzen können, die er für Wunderkerzen benötigt. Mit der Herstellung will er in Kürze beginnen, um zu Weihnachten die Verwandtschaft mit selbstgebastelten Geschenken beglücken zu können.

»Bis Weihnachten sind es noch mehrere Monate!«, versuche ich ihn zu bremsen. Aber die feurige Begeisterung eines verrückten Forschers hat längst von ihm Besitz ergriffen und er faselt von Bariumnitrat und Aluminiumpulver. Mich schaudert vor dem eigenen Nachwuchs.

Noch vor dem Schlafengehen notiere ich in eine Kladde, in die ich mir seit einigen Tagen Notizen zu finnischen Wörtern mache: *KELA, perkele, löyly, kossukrapula …*

13. Herbsttagundnachtgleiche: *syyspäiväntasaus*

In Finnland gibt es den eigentümlichen Ausdruck *intiaanikesä* (Indianersommer), den man wohl vor einigen Jahrzehnten aus dem amerikanischen Englisch übernommen hat. Gerüchten zufolge gibt es finnische Patrioten, die sich bemühen, ihn in *lappalaiskesä* (Lappensommer) umbenennen zu lassen, während fortschrittliche Geister die politisch neutrale Bezeichnung *alkuperäiskansojenkesä* (Urvölkersommer) fordern. In Deutschland streitet man darüber, ob Altweibersommer noch zeitgemäß ist oder ob man zu der Bezeichnung Seniorensommer übergehen sollte. Wie auch immer man das letzte Aufbäumen des Sommers gegen den anrückenden Winter europaweit auch nennen mag, zumindest der kalendarische Sommer endet in Kürze unwiderbringlich mit der Herbsttagundnachtgleiche (*syyspäiväntasaus*), die in diesem Jahr auf einen Sonntag fällt! Stichwort: Sonntagmorgenfrühstück. Der Tipp von Saunafreund Urho! Sein Ratschlag, den es umzusetzen gilt! Tatsächlich stehe ich am nächsten Sonntag frühzeitig auf und stehle mich unbemerkt aus dem Schlafzimmer, während meine Gemahlin noch wie Dornröschen in ihrem hundertjährigen Schlaf liegt. Ich tappe in die Küche, schirre unserer Miezekatze einen Gurt an und entlasse sie an ihrer Laufleine in den Garten. Da die Schmieze nicht das Schicksal ihres Vorgängers ereilen soll, der im Winter fortlief und im Frühling tot unter dem schmelzenden Schnee lag, darf sie nur angeleint herumstreifen. Sie liegt dann unter einem Busch auf der Lauer und killt arglos vorbeihüpfende Meisen, unvorsichtige Mäuse und übermütige Eichhörnchen. Sie beschnuppert dreiste Igel, glotzt furchtlosen Hasen hinterher und versteckt sich vor Hunden, die in der Ferne bellen. Erstaunlich an ihr ist allerdings, dass sie mit der Kampfeslust einer Löwenmutter jeden Nachbarkater attackiert, der sich in den Aktionsradius ihrer Laufleine wagt, obwohl sie ein feingliedriges Tierchen von zartem Körperbau ist. Ihr Lieblingsfeind ist der dickwanstige Kater unserer Nachbarn Veikko und Mirka, der frei herumläuft. Der Kater ist auf den seltsamen Namen Eero getauft, wird von uns aber nur *läskimooses* (etwa: Dickwanst, wörtlich aber: Speckmoses) genannt. Auch diese Bezeichnung ist im Übrigen ein sonderbares finnisches Wort und ich wüsste nur zu gerne, wie man auf die Idee gekommen ist, den biblischen Altvater mit Dickwanstigkeit in Verbindung zu bringen.

Jedenfalls – nachdem ich mich der Schmieze entledigt habe, beginne ich mit der Vorbereitung eines königlichen Überraschungsfrühstücks, das einer schlafenden Prinzessin gerecht werden soll. Der Tisch wird so festlich gedeckt, als würden Weihnachten, Ostern, Hochzeitstag und Geburtstag auf dasselbe Datum fallen. Ich koche Frühstückseier und setze einen Kaffee auf, der Tote zum Leben erwecken könnte. Auf den Tisch stelle ich Kerzen (aus Bienenwachs, in grünlichem Farbton), Servietten (im Finnland-Deko, vom letzten Unabhängigkeitstag) und Blümchen (eigentlich nur unseren vertrockneten Brautstrauß, der schon fast zwei Jahrzehnte alt ist, aber immer noch hält). Aber damit nicht genug. Der Höhepunkt folgt noch: Da meine Frau eine ernährungsbewusste Person ist, habe ich still und heimlich ein neues Mixgerät erstanden, mit dem ich eine Vitaminbombe aus frischem Obst mixen möchte. Den Mixer hole ich vorsichtig aus der Packung und spüle die Aufsatzkanne gründlich ab. Dann schäle ich eine Banane, einen Apfel und eine Birne. Hinzu kommen Erdbeeren aus dem Tiefkühlschrank. Aus Erfahrung weiß ich, dass Erdbeeren jedes finnische Herz höher schlagen lassen, nicht umsonst kosten Kuchen in finnischen Cafés gleich zwei Euro mehr, wenn obenauf eine einzige Erdbeere angebracht ist. Das Obst werfe ich in den Mixer, gieße Jogurt und Wasser hinzu und streue Proteinpulver obenauf. Der perfekte Gesundtrank! Nur noch den Deckel drauf und es könnte losgehen. Ich befürchte, dass das Gerät lautstark sein wird, und klopfe daher erst noch behutsam an die Türen der beiden Kinderzimmer sowie an die Schlafzimmertür, hinter der meine Sleeping Beauty im Dornröschenschlaf ruht, und wispere meinen Lieben zu, dass es bald Frühstück gibt. Erst dann getraue ich mich, den neuen Mixer in Betrieb zu nehmen. Er rattert, summt, zischt, dröhnt und bollert, wie es sich für einen Sonntagmorgen in der Vorstadt gehört. Fasziniert beobachte ich durch das Glas der zylindrischen Kanne, wie Bananen-, Apfel- und Birnenstücke in wenigen Augenblicken zerhäckselt und tiefgefrorene Erdbeeren geradezu pulverisiert werden. Die Masse aus Obst und Jogurt wird im Blitztempo zu einer breiigen Flüssigkeit verwirbelt. Meine rötliche Vitaminbombe rotiert in einer solchen Geschwindigkeit, dass sich in der Mitte ein regelrechter Strudel bildet. Herrlich! Es erwartet uns das ultimative Sonntagmorgenüberraschungsverwöhnfrühstück! Das Geräusch des neuen Mixers lockt zuerst meinen Sohn aus seinem Bett, der mit dem Blick eines wissbegierigen Forschers in die Küche lugt. Neben ihn gesellt sich kurze Zeit später meine Tochter, die empört ihre Augen reibt und sich in ihrem Schönheitsschlaf gestört fühlt. Bald darauf erscheint auch meine Gemahlin und blinzelt unsicher und schlaftrunken in die Küche, um zu sehen, ob hier alles mit rechten Dingen zugeht. Während die drei sich – erst verwundert, dann entzückt – der festlichen Frühstückstafel nähern, greife ich nach den extralangen Streichhölzern, um die schönen Kerzen zu entzünden. Da geht die Vitaminbombe hoch! Das Geräusch des Mixers wechselt binnen Sekundenbruchteilen von einem kraftvollen Brummen zu einem hysterischen Heulen. Im selben Moment schlägt mir etwas Feuchtes in den Nacken, erdbeerrote Masse fliegt mir um die Ohren, ein Wirbel aus Protein-Shake klatscht auf Wände und Fensterscheibe, es zischt bis an die Decke, sprudelt durch das ganze Zimmer, besudelt den festlich gedeckten Tisch und bespritzt Frau und Kinder. Meine Tochter kreischt, meine Frau schreit, mein Sohn quäkt und ich japse wie ein Fisch auf dem Trockenen. Ich drehe mich um und stürze so schnell ich kann auf den Mixer zu, um ihn abzustellen. Der Deckel hat sich gelöst und ist nach oben fortgedrückt worden. Der Mixer verfeuert eine rötliche Fontäne urgesunder Lebenskraft. Eine volle Ladung schießt mir noch ins Gesicht, bevor ich endlich den Stoppknopf drücken kann. Das Heulen des Mixers verstummt, übrig bleibt ein aufgebrachtes Jammern und Schimpfen aller Familienmitglieder in einem finnisch-deutschen Durcheinander!

Schlagartig wird mir klar, dass mein Traumfrühstück unweigerlich gescheitert ist. Die Vitaminbombe hat eingeschlagen. Es tröpfelt von der Zimmerdecke. Nach der ersten Erschütterung kommt eine Phase der Empörung, die gnadenlos auf mich herabprasselt: »Was ist denn hier los?« – »Vati, bist du wahnsinnig!« – »Ist dir nicht klar, dass man den Deckel festhalten muss?« – »Wo kommt denn der neue Mixer her?« – »Hast du nicht die Anleitung gelesen?« Ich schlucke alle Vorwürfe wortlos hinunter. Neben mir brodelt die Kaffeemaschine unbeeindruckt vor sich hin, als wäre nichts gewesen. Vor der Terrassentür miaut die Mieze und will hereingelassen werden. Wahrscheinlich will sie sich nur an meinem Unglück weiden. Meine Frau findet nach wenigen Sekunden zu ihrer Fassung zurück und übernimmt das Kommando. Mit schrillem Ton schickt sie die Kinder in die Waschküche. Die Schlafanzüge sollen auf direktem Wege in die Waschmaschine geworfen werden, anschließend soll es unter die Dusche gehen, um sich den Shake aus den Haaren zu spülen. »Und du machst hier sauber!«, donnert sie mir zu, während sie mit unserer Tochter bereits davondampft. Nur Benni zögert noch eine Weile. Er leckt sich einen Shake-Spritzer aus dem Gesicht und meint versöhnlich: »Eigentlich lecker!« Aber das hilft mir auch nicht mehr weiter.

Außer den Schlafanzügen wandern an diesem Vormittag noch Tischdecke und Gardinen in die Waschmaschine. Die Fensterscheibe, der Kachelboden und die Schranktüren sind bald wieder gereinigt. Die Zimmerdecke ist schon etwas schwieriger. Am beschwerlichsten und langwierigsten aber ist das Sauberputzen von Tapeten und Läufern, es dauert Stunden. Wie durch ein Wunder ist nur unser vertrockneter Brautstrauß unbefleckt geblieben, vielleicht sollte ich das als positives Zeichen nehmen. Benni hilft mir bei den Säuberungen und trägt dazu seine Chemiker-Schutzbrille. Währenddessen frühstücken die Frauen entrüstet im Wohnzimmer finnischen Haferbrei mit Marmeladenklecks, den sie sich in der Mikrowelle eilends herbeigekocht haben. Sie sitzen eingeschnappt in ihren Bademänteln auf dem Sofa, die Haare in hochgetürmte Turbane aus Handtüchern eingewickelt. Ihre stechenden Blicke versprühen ohne Unterlass den stummen Vorwurf: »Wie kann man nur so doof sein!«

»Kannst du uns noch verraten, was das alles zu bedeuten hatte?«, fragt mich Eila stirnrunzelnd, nachdem sich die ersten Wogen gelegt haben.

»Ich wollte das Ende des kalendarischen Sommers begehen …«

»Das ist dir voll gelungen!«

Der Sommer ist vorbei, sang- und klanglos. Und obendrein riecht die gesamte Küche so süßlich, als läge ein verwesender Katzenkadaver hinterm Backofen.

»Was ist das? Kalendarisches Sommerende?«, will Benni wissen, während er mithilfe eines Spatels aus dem Chemiekasten in den Lüftungsritzen des Kühlschranks nach Protein-Shake fischt, den er der Mieze zum Auflecken hinhält.

»Das ist die Herbsttagundnachtgleiche. Dann sind Tag und Nacht gleich lang.«

»Ach so. Ich wusste gar nicht, dass das gefeiert wird.«

»Ich auch nicht ...«
Dabei finden sich im finnischen Kalender genügend andere Gelegenheiten, die wahrscheinlich sehr viel geeigneter für nette Überraschungen wären. Finnische Feiertage gibt es in verschwenderischer, unüberschaubarer Fülle, die kein Normalfinne auseinanderhalten kann und an denen die Hausmeister aller Hütten und Paläste Flaggen hissen müssen: den Tag der finnischen Literatur (10.10.), der finnischen Musik (8.12.), der finnischen Kultur (28.2.), der finnischen Sprache (9.4.), den Tag der finnischen Arbeit (1.5.), den Tag des Finnentums (12.5.), ganz zu schweigen vom finnischen Nationalfeiertag (6.12.). Die Finnen haben einen Tag für die Gleichberechtigung (19.3.), für Gedichte (6.6.) und für die finnische Malerei (10.7.). Ja selbst der finnischen Flagge (24.6.) hat man einen Tag gewidmet, an dem selbige an allen Masten flattert. Obendrein gibt es für Minderheiten den Tag des Schwedentums (6.11.), den Nationaltag der Sami (6.2.) und den der Roma (8.4.). Auch die autonome Inselgruppe Åland hat ihren eigenen Feiertag (9.6.). Zu allem Überfluss gibt es mehrere Kriegsgedenktage, über ein Dutzend großer und kleiner kirchlicher Feiertage sowie international bekannte Festtage von Muttertag bis Neujahr. Warum musste ich mir unbedingt die Herbsttagundnachtgleiche aussuchen? Warum habe ich Erdbeeren in meinen Shake gekippt? Und warum habe ich keine Bedienungsanleitung gelesen?

Im Laufe des Tages legt sich der Groll gegen mich. Man sieht ein, dass ich es ja nur gut gemeint habe. Am Nachmittag wird bereits ausgiebig über meine Dummheit gewitzelt. Senja hat mit ihrem Mobiltelefon ausführlich Flecken und Kleckse an Wänden und auf Möbelstücken fotografiert und postet sie über asoziale Netzwerke in alle Welt, damit es auch jeder weiß. Das Leben ist hart, aber ungerecht.
Grummelnd setze ich mich irgendwann in den Abendstunden des Sonntags vor den Computer und checke missmutig die neuesten Eingänge auf unserem Internet-Portal auf der Suche nach dem finnischsten Wort aller Zeiten und Breiten. Diesmal lese ich auch Beiträge finnischer User und finde Wortmeldungen, die bestens zu meiner heutigen Stimmung passen:
»*Saatana*« und »*perkele*« werden vorgeschlagen, wie nicht anders zu erwarten. Sie gehören zu den meistbenutzten und beliebtesten Schimpfwörtern,

die im Land der 1000 Flüche ausgestoßen werden. Ein Beitrag setzt sich sogar damit auseinander, was der Unterschied zwischen beiden ist. Eine Frau aus einem kleinen Örtchen in Südkarelien meint dazu: »*Saatana* (Satan) und *perkele* (Teufel) verweisen nicht nur beide auf den *paholainen* (den Leibhaftigen oder Höllenfürsten), sie werden auch beide als Fluch benutzt und nach eigenen Einschätzungen gleich oft verwendet. Der große Unterschied zwischen beiden ist der, dass *saatana* verbissen durch die Zähne gezischt und *perkele* laut ausgestoßen wird. Das eine schimpft man allein vor sich hin, das andere schreit man in die Welt hinaus und wirft es seinen Mitmenschen an den Kopf.«

Ich habe keine Ahnung, ob das stimmt, aber spontan klingt die Erklärung für mich einleuchtend. Erstaunlich ist, wie emsig solche Zweitrangigkeiten erörtert werden können – fast so, als hinge das Seelenheil einer Nation davon ab.

Von der Diskussion um *saatana* / *perkele* abgesehen, gibt es einen Eintrag, der mich wieder auf den Boden der Tatsachen zurückholt. Ein junger Mann namens Yrjö schreibt lakonisch: »Für mich ist *yleisvitutus* das beste Wort der finnischen Sprache. Es ist nicht unbedingt das schönste, aber irgendwie das treffendste für viele Lebenslagen.«

Zur Erläuterung: *yleisvitutus* ist ein zusammengesetztes Wort. Der erste Teil, *yleis-*, heißt so viel wie Voll-, General-, Gesamt-, Allgemein-. Der hintere zweite Teil, *-vitutus*, ist eine Ableitung von *vittu*, und bei selbigem handelt es sich um das wahrscheinlich vulgärste Schimpfwort, das finnischen Kehlen je entfahren kann. Ähnlich dem deutschen Arschloch bezeichnet es eine Körperöffnung, allerdings eine weibliche. Aber anders als der deutsche Kraftausdruck wird es nicht als Beschimpfung für eine Person verwendet, sondern ist allgemeines Fluchwort. Dem Fluch *vittu* entspräche in einer nach unten offenen Skala ordinärer Ausdrücke wohl am ehesten ein »elender Scheißdreck« deutscher Provinienz. Was jedoch die wörtliche Bedeutung von *vittu* angeht, fällt mir als indigenem Rheinländer zunächst das mundartlich derbe *Funz* ein. Und während mir das durch den Kopf geht, muss ich unweigerlich an die Binsenweisheit denken, dass vor dem Sprachwissenschaftler alle Wörter gleich sind – egal ob Hermelin und Zepter oder Mist und Fliegendreck.

Yleisvitutus wäre demnach so etwas wie eine »Vollverfunztheit«, und damit beschrieben wird ein Gemütszustand, bei dem man – schonungslos gesagt – so scheiße drauf ist, dass einen alles ankotzt. Stinkig, wütend, sauer, angenervt; von allem und jedem und oft noch ohne besonderen Grund.

Kann es ein Zufall sein, dass dieser Beitrag von einem jungen Mann stammt, der *Yrjö* heißt? Denn der Name *Yrjö* – abstammungsgeschichtlich verwandt mit Georg, Jörg und Jürgen – wird in der finnischen Volkssprache auch für »Kotze« missbraucht, sehr zum Leidwesen aller Namensträger. Ähnliche Schicksale mussten im deutschen Sprachraum ja Namen wie Heini (Blödmann), Minna (Dienstmagd) oder Johannes (»An der Nase eines Mannes ...«) hinnehmen.

Yrjö schreibt noch: »Bei *yleisvitutus* ist man so mies gelaunt, dass man alles an die Wand schmeißen, allen in den Hintern treten und sich selbst ohrfeigen möchte.«

Yleisvitutus ist in der Tat ein Prachtwort, das im Deutschen eines ebenbürtigten Gegenstücks entbehrt. Ganz am Ende seiner Ausführungen bringt Yrjö es noch einmal auf den Punkt, wie sich die allgemeine Befindlichkeit bei *yleisvitutus* zusammenfassen lässt: »Was mir dann am meisten auf den Nerv geht, ist einfach alles!«

14. Die Tasse gratis dazu: *santsikuppi*

Alle Jahre wieder kommen meine Eltern aus dem fernen Deutschland angereist, um uns in Finnland zu besuchen. Sie wollen miterleben, wie ihre feutschen Enkelkinder groß werden, wie sie wachsen und gedeihen. In diesem Jahr haben sie sich für die Herbstferien angekündigt, die diesmal in der Region Tampere auf die zweite Oktoberwoche fallen. Meine Eltern gehen stramm auf die 80 zu und sind der Inbegriff eines rüstigen Rentnerpaares, die ihren Lebensabend genießen und unbekümmert durch die Weltgeschichte reisen. Sie sind rheinische Frohnaturen, die auf die Frage nach ihrem Wohlbefinden ohne viel zu klagen immer mit »Jut!« antworten, die viel lachen und nach dem Mittagessen gerne einen Kaffee trinken, um Neuigkeiten auszutauschen und Altvertrautes noch einmal zu erzählen. Sie sind tierlieb, kinderlieb und finnenlieb.

Einen Tag bevor meine Eltern anrücken, unterläuft mir in Sachen harmonisches Eheleben leider der nächste Fehltritt. Es ist ein Dienstag, ich komme nichtsahnend nach Hause und werde von einer freudestrahlenden Gemahlin empfangen. Sie kommt mir im Flur entgegengeschwebt und sieht mich erwartungsvoll mit großen Augen an. Dabei lächelt sie unentwegt und wirkt auf eine seltsame Weise aufgekratzt. Wie jeder brave Mann freue ich mich über die gute Laune meiner Frau und aller Familienmitglieder, aber schon nach kurzer Zeit habe ich den Eindruck, dass hier irgendetwas nicht stimmt. Eilas Freundlichkeit hat etwas Künstliches und nährt den leisen Verdacht, dass mich eine Hiobsbotschaft erwartet. Was läuft hier heimlich ab? Wir gehen in die Küche, wo Eila alle Lichtschalter anknipst. Es dauert nur kurze Zeit, und ihre unbeschwert heitere Art nimmt merklich ab.
»Rate mal, wo ich heute war!« Ihre Aufforderung hat trotz eines Lächelns auf den Lippen einen bedrohlichen Unterton.
»Keine Ahnung ...«
Eila schüttelt wild den Kopf, mehr als für eine kleine Verneinung nötig wäre.
Ich zucke die Schultern. »Ich weiß nicht ... lass hören!« Dabei trinke ich einen Schluck Wasser und frage beiläufig: »Bin ich heute dran mit Abendessen machen oder du?«

»Du!«, sagt sie und es klingt wie ein Dolchstoß. Dann dreht sie sich auf dem Absatz herum und marschiert in unser Arbeitszimmer. Irgendetwas stimmt hier nicht!

Mein Töchterlein hilft mir beim Zubereiten eines kleinen Abendimbisses. In vielen finnischen Familien herrscht die Unsitte, dass jeder sich am Kühlschrank bedient, wenn es ihm beliebt, und isst, wenn er Hunger hat. Bei uns wird allerdings Wert auf gemeinsame Mahlzeiten gelegt, wobei mir nicht klar ist, ob das eine typisch deutsche Manier ist oder ob das mit dem Ernährungsbewusstsein meiner Frau zusammenhängt. Sie ist der Ansicht, dass Wann, Wie und Wo der Nahrungsaufnahme ebenso auf Verdauungstrakt und Wohlbefinden wirken wie Was und Wieviel. Während ich Vollkornbrot und kalten Fisch auf den Tisch setze, flüstert mir meine Tochter zu: »Hast du nicht bemerkt, dass Mutti beim Friseur war?« Es trifft mich wie ein Schlag! Jetzt wird mir alles klar. »Nein, hab ich nicht!«, wispere ich entsetzt zurück. Ich stelle den Wasserkocher an, damit wir uns, getarnt von seinem Brodeln, besser unterhalten können. »Die Haare sehen doch genauso aus wie gestern!«, versuche ich meine Unaufmerksamkeit zu erklären und befürchte bereits die schlimmsten Konsequenzen.

»Bist du verrückt?!«, zischt Senja halblaut, »Die Haarspitzen sind doch mindesten anderthalb Zentimeter kürzer!«

»Das ist alles? Anderthalb Zentimeter?«

Senja sieht mich ungläubig an. »Außerdem hat sie den Haaransatz färben lassen!«

Das ist mir zu hoch. »Färben? Wie denn?«

»Blond!«

»Aber Mutti ist doch blond!«

Senja verdreht die Augen: »Ja, aber nicht ihr Haaransatz.«

Ich schnaube Luft aus wie ein Ross, das im Winter einen schweren Baumstamm durch den Schnee zieht. Ich kann ja verstehen, wenn schwarzhaarige, braunhaarige, rothaarige oder grauhaarige Frauen sich blond färben lassen. Schon bei den alten Persern, in osmanischen Harems und erst recht seit Gründung der Vereinigten Staaten von Amerika gilt diese Haarfarbe als besonders hübsch. Und in den nächsten Jahrhunderten wird dieser Trend möglicherweise noch zunehmen, denn dank wachsender Bevölkerung in Lateinamerika, Fernasien und Schwarzafrika schrumpft der Anteil naturblonder Frauen an der weltweiten Gesamtbevölkerung. Aber warum, um alles in der Welt, warum muss eine blonde Frau sich ihre Haare blond färben?!

Das Teewasser hat seinen Siedepunkt erreicht, automatisch stellt sich der Kocher aus. Eila kommt aus dem Arbeitszimmer zurück.

»Äh … warst du eigentlich beim Friseur?«, frage ich plump.

Eila funkelt mich an. Sie weiß, was hier gespielt wird. Hier hilft kein Heucheln von Unwissenheit mehr.

Am nächsten Tag treffen meine Eltern ein. Ich hole sie mit den Kindern vom Flughafen ab. Aus Spaß haben Senja und Benni Schilder gebastelt wie Businessleute sie benutzen, um ihre unbekannten Geschäftspartner abzuholen. Benni trägt ein Schild mit der Aufschrift OPA und Senja mit OMA. Mit bemüht ernsthaften Mienen stellen sie sich unter die Wartenden. Schön, dass auch Senja solche Späße mitmacht, sie wird wohl langsam erwachsen und kann sich eine gewisse Verspieltheit wieder erlauben. Wie zum Kontrast stehen unter den Wartenden mehrere Teenager mit umgedrehten Baseballkäppis oder Piercings in der Nase, die »Quatsch-mich-bloß-nicht-an«-Gesichter machen. Sie strahlen Missmut und Verdrießlichkeit aus. Im finnischen gibt es den treffenden Ausdruck *murrosikä* (Umbruchalter), das sich bei einigen zum *mörköikä* (Monsteralter) auswächst.

Der Flieger landet, bald darauf gibt es ein freudiges Wiedersehen.

Trotz der unbestreitbar vielen positiven Seiten weisen meine Eltern auch eine Reihe erzdeutscher Eigenheiten auf, die ihre Umsorgung im Urlaub nicht immer einfach machen. Während meine finnischen Schwiegereltern bei einem Besuch nur wissen möchten, wie die TV-Fernbedienung funktioniert, erwarten meine Eltern ein straff organisiertes touristisches Programm. Dabei stört sie nicht, dass sie schon zig Mal in Tampere gewesen sind und alle Sehenswürdigkeiten längst abgeklappert haben. Im Gegenteil, sie haben eine Reihe von Attraktionen, die jedes Jahr auf der Agenda stehen und abgearbeitet werden müssen. An unangefochten oberster Stelle steht dabei der alte Aussichtsturm im Stadtteil Pyynikki, in dessen Erdgeschoss sich ein Café befindet, wo die besten Zuckerkringel der Stadt feilgeboten werden. Die Kinder freuen sich jedes Mal, wenn die deutschen Großeltern angereist

kommen, denn sie bringen reichlich Geschenke mit und sie erfüllen das Haus mit Ferienstimmung. Meine Eltern mögen Finnland, auch wenn sie sich nie vorstellen könnten, irgendwo anders zu wohnen als in dem Dörfchen im Rheinland, wo Heim und Hof stehen. Ihre Bemerkungen, die sie über Land und Leute machen, sind jedoch manchmal wunderlich. Wenn wir mit den beiden durch die Gegend fahren, sagt mein Vater regelmäßig: »Nee, wat habt ihr schöne Straßen!«
Ich käme wahrscheinlich nie auf die Idee, einen Schweizer Alpenpass oder eine Main Road im australischen Hinterland zu loben, egal wie breit sie sein mögen oder wie gut der Asphalt ist.
Einmal pro Jahr fragt mich mein Vater zudem, ob man an den Nummernschildern der finnischen Autos ablesen könne, in welcher Stadt der Wagen angemeldet sei und wo sein Halter wohne. Alljährlich verneine ich diese Frage und erkläre, dass auf den Nummernschildern nur eine wahllose Buchstaben-/ Zahlenkombination steht, auf die der Wagen zugelassen ist. Für einen älteren deutschen Mann ist das schwer verständlich. Nummernschilder müssen zeigen, ob jemand aus Köln, Koblenz oder Düsseldorf kommt. Alles andere ist Anarchie! Dass Finnlands Nummernschilder keiner Ordnung folgen, ist schwer verdaulich und schmälert geringfügig das Ansehen des Landes. Mein Vater runzelt dann bedenklich seine Stirn, sinniert ein paar Sekunden vor sich hin, schluckt schließlich sein Unverständnis hinunter und meint versöhnlich: »Ihr habt aber schöne Straßen!«
Bemerkenswert an diesen Lobessprüchen ist auch, dass er stets »ihr« sagt; ich werde voll der finnischen Seite zugerechnet und die gut angelegten, ordentlich asphaltierten Straßen für die ich seit vielen Jahren meine Steuergelder zahle, sind quasi auch mein Verdienst.
Auch große Supermärkte mit sauber aufgestellten Päckchen und Schachteln in übersichtlichen Regalen ernten das Lob meines Vaters. Meine Eltern begleiten uns gerne zu Einkäufen und erforschen wissbegierig das Warenangebot. Sie freuen sich über jedes vertraute Produkt, das sie entdecken, und sind jedes Mal entsetzt, wenn sie die finnischen Lebensmittelpreise sehen. Dann wundern sie sich, wie wir über die Runden kommen, und nehmen sich vor, beim nächsten Besuch noch mehr Geschenke mitzubringen.
Meine Mutter hat auf ihre alten Tage den Ehrgeiz entwickelt, jedes Jahr ein paar finnische Wörter zu lernen. Ein paar Phrasen wie »*Minä olen saksalai-*

nen« (Ich bin Deutsche) oder »*En ymmärrä*« (Ich verstehe nicht) gehören schon seit längerem zu ihrem Repertoire. Auch »*Hyvää huomenta*« (Guten Morgen) oder »*Hyvää yötä*« (Gute Nacht) beherrscht sie nahezu fehlerfrei.
Mein Vater ist sprachlich sehr viel weniger begabt als meine Mutter. Er kann nach vielen Finnland-Besuchen nur fünf Wörter, von denen drei mit Essen zu tun haben. Diese Wörter sind *maito* (Milch), *leipä* (Brot), *makkara* (Wurst), *kiitos* (danke) und *hautausmaa* (Friedhof). Die ersten drei Wörter hat er gelernt, um notfalls in Finnland überleben zu können; das letzte Wort kennt er, weil er bei unseren abendlichen Familienspaziergängen ständig dem Schild »*Hautausmaa*« begegnet, da wir unsere Runden gewohnheitsmäßig um einen Friedhof drehen. Das Wort findet er lustig, weil er darin glaubt »Haut« und »aus« wiederzuentdecken. Ganz klar: Ein Friedhof ist für ihn ein Ort, wo einem das Fell über die Ohren gezogen wird.
Manchmal, wenn wir in der Innenstadt von Tampere unterwegs sind und zum Beispiel einen Laden betreten, höre ich, wie meine Mutter meinem Vater zuflüstert: »Sag jetzt ›*Hyvää huomenta*‹ (Guten Morgen)!« Aber das übersteigt bei Weitem seine Kapazitäten. Mein Vater sagt dann »*Hyvää leipää!* (Gutes Brot!)« oder »*Makkara, kiitos*! (Wurst bitte!)« und erntet von meiner Mutter jedes Mal einen Knuff in die Seite. Aber mein Vater hat damit keine Probleme, er wird überall freundlich aufgenommen und bekommt an Supermarkt-Theken oder in der Markthalle allzeit Probierportionen gereicht. Dann verabschiedet er sich freundlich, sagt »*Hautausmaa*« und geht weiter.
Dass sich der Wortschatz meiner Mutter allmählich erweitert, hat sie nicht zuletzt ihren Enkelkindern zu verdanken. Die beiden bringen ihrer lerneifrigen Oma allerlei Sprüche und Redewendungen bei, so wie »*Mua väsyttää*« (Ich bin müde) oder »*Tappara on terästä*« (Schlachtruf eines lokalen Eishockeyvereins). Über den praktischen Nutzen mancher Phrase lässt sich natürlich streiten, und ich bin mir auch nicht ganz sicher, ob meine Mutter wirklich immer weiß, was sie da auswendig lernt. Doch was soll ich jammern, seit Wochen geht mir schließlich kaum ein anderer Gedanke durch den Kopf als der, dass Kommunikation schwierig ist: Worte können wirkungslos verpuffen oder falsch verstanden werden, Taten können scheitern, die besten Absichten in ihr Gegenteil umschlagen.
Umso erstaunlicher ist es, wie meine Mutter und meine Frau sich mitein-

ander unterhalten. Sie verstehen sich immer auf Anhieb und ihre Form der Verständigung erweckt den Eindruck, als könnten sie Gedanken lesen. Wenn beispielsweise Eila mit einer hellblauen Bluse ins Wohnzimmer kommt und meiner Mutter entgegentritt, kann es vorkommen, dass meine Mutter entzückt ausruft: »Oh, Eila, ist das nicht die Bluse, die du …?«
»Ja, genau!«, bestätigt meine Frau.
Die beiden haben sich bereits verstanden, bevor ich weiß, worum es geht. Die zwei können sich auch über mehrere Themen gleichzeitig unterhalten, ohne je durcheinander zu geraten – zum Beispiel über eine neue Hautpflegeserie, über das Essen, das sie gerade zubereiten, und über die Wände in unserer Küche, die seit einiger Zeit eigentümlich süß riechen und vielleicht neu tapeziert werden müssten. Dann fliegen Sätze hin und her wie:
»Teuer ist das nicht!«
»Ich finde, das riecht nicht schlecht!«
»Das ist ja schnell gemacht.«
Als passiver Zuhörer bin ich völlig verloren, welche Äußerung sich nun auf Körperpflege, Essenzubereitung oder Tapezieren bezogen hat. In meinen Ohren reden meine Frau und meine Mutter sprunghaft bis logikfrei, aber vielleicht sind Männer auch nur kommunikationsreduzierte Wesen, die auf einer niedrigeren Entwicklungsstufe stehengeblieben sind. In gewissen Augenblicken schwant mir, dass die Kulturunterschiede zwischen Finnland und Deutschland weitaus geringer sind als die Verständigungsschwierigkeiten zwischen Frau und Mann. Im Zuge wachsender internationaler Verflechtungen nehmen die Kulturunterschiede mit den Jahren beständig ab; innerhalb einer Ehe nehmen die Verständigungsschwierigkeiten im Laufe der Jahre aber leider zu. Düstere Zukunftsaussichten.

Den ersten Tag ihrer Finnland-Besuche widmen meine Eltern immer der Akklimatisierung und Eingewöhnung und lassen es ruhig angehen. Immerhin befindet man sich in einer anderen Zeit- und Klimazone. Doch schon am zweiten Tag ihres diesjährigen Besuchs steht das Kunstmuseum Tampere auf dem Programm. Da die Schulen Herbstferien haben und auch an der Uni eine vorlesungsfreie Woche abgehalten wird (was im Endeffekt dasselbe ist, aber anders genannt wird), sind wir im generationenübergreifenden Familien-Sechser-Pack unterwegs. Mit Zusatzsitz passen alle in unseren

Van (»*Ronkoteus*«). Auf dem Weg zum Museum lobt mein Vater die finnischen Straßen.

Im Kunstmuseum Tampere sind derzeit Werke des Malers Osmo Rauhala zu sehen. Die Bilder gefallen meinen Eltern, weil sie häufig mit Motiven aus der Tierwelt, der finnischen Kulturgeschichte und der christlichen Religion spielen, denn meine Eltern sind nicht nur tierlieb und finnenfreundlich, sondern auch noch katholisch.

Im Anschluss machen wir einen Abstecher zum noblen Dachcafé von Tamperes Hotelturm *Moro*. Das Hotel ragt wie ein schwarzer Monolith aus der Stadtlandschaft heraus. Von dort oben hat man durch die Glaswände einen schönen Rundumblick auf die Stadt, die in einem herbstlich-goldenen Licht glänzt.

Nach einer Stärkung schaut sich meine Mutter nach den Toiletten um, lehnt aber dankend ab, als ich mich anbiete, das Personal nach dem Weg zu fragen. »Das kann ich selbst!«, erklärt sie selbstbewusst und ich staune, was sie von den Enkeln wieder Neues gelernt haben mag. Tatsächlich zupft sie auch einem vorbeihuschenden Kellner am Schürzenzipfel, schaut dem jungen Mann tief in die Augen und sagt voll konzentriert mit ihrem starken deutschen Akzent:

»*Mua kakkattaa!*«

Der Kellner hält kurz inne und meint mit einem süffisanten Grinsen, dass es sich hier wohl um einen Notfall handeln müsse.

Schlagfertig entgegnet meine Mutter: »*Minä olen saksalainen. En ymmärrä!* (Ich bin Deutsche. Ich verstehe nicht.)«

Wieder grient der Kellner, dann zeigt er meiner Mutter freundlich, wo es langgeht. Ihre Finnischkenntnisse haben sich erfolgreich in der Praxis bewährt. Oma entschwindet! Die Kinder prusten vor Lachen und kugeln sich, mein Vater ist beeindruckt von den perfekten Finnischkenntnissen der Oma, meiner Frau und mir stehen vor Erstaunen die Münder offen. *Mua kakkattaa!!* Ich muss mal Kacka machen. Nach der ersten Überraschung lehne ich mich zu meinem Sohn hinüber und ergreife ihn beim Hemdkragen: »Hast du der Oma solche Sprüche beigebracht?«

Benni schüttelt sich theatralisch und schielt zu seiner Schwester hinüber. »Das war Senjas Idee!«

»Ist doch gar nicht wahr!«, wehrt sie sich.

»Wer geht denn dauernd aufs Klo? Du oder ich?«, faucht Benni.
»Was hat das denn damit zu tun?«
»Genug jetzt!«, fahre ich dazwischen, möchte aber noch ausführlich Auskunft darüber, was Oma in den letzten 48 Stunden sonst noch Neues gelernt hat.
Zufrieden mit sich und der Welt kommt meine Mutter Minuten später wieder zurück. Sie sieht sichtlich erleichtert aus und scheint Raum für weiteren Kaffee geschaffen zu haben. Da sie sich längst mit finnischen Cafés, Kantinen, Rast- und Gaststätten aller Art auskennt, fragt sie sachkundig: »Gibt's hier auch eine weitere Tasse Kaffee umsonst, wenn man einmal bestellt hat?«
Santsikuppi, denke ich! Auch dieses Wort gehört in meine Notizen! Wie schön, knapp und treffend man manche Sachverhalte doch im Finnischen ausdrücken kann. Die zweite Tasse gratis dazu. Ich muss bei Gelegenheit unbedingt überprüfen, wo der Ausdruck herstammt!

Als ich am Abend Zeit finde, einige Gedanken schriftlich festzuhalten, wird mir klar, dass es nicht nur viele fesselnde finnische Substantive gibt, die Eigentümliches benennen oder interessante kulturelle Phänomene bezeichnen. Mindestens genauso faszinierend sind gewisse Formen der Wortbildung. Dabei zeigt sich auf imposante Weise, dass die finnische Sprache formbar sein kann wie Schnee bei +30 Grad Celsius. Dank all dieser Formen, die ausdrücken, dass etwas Äußeres auf uns einwirkt:
»*Mua väsyttää*« bedeutet schlicht übersetzt: »Ich bin müde«. Wörtlich und von der grammatischen Form her müsste es eigentlich heißen: »Mich (er)-müdet's«.
»Mua janottaa« ist ein ähnlicher Fall. »Ich hab Durst«, genauer: »Mich dürstet«. Letzteres ist im Deutschen noch geläufig, wenn die Formulierung auch sehr antiquiert und biblisch geprägt klingt.
»*Mua ärsyttää.*« Mit dieser Wendung lässt sich aufkochender Ärger kaum schöner in Worte fassen. Das Deutsche bieter hier eine sehr ähnliche Bildung: »Mich ärgert's!«
»*Mua jännittää.*« Das ist verbale Hochspannung zum Zerreißen. Sinngemäß: »Ich bin gespannt« oder auch »Ich bin nervös«. Die Übersetzung ist jedoch eigentlich ein »Mich spannt's an!«
»*Mua kakkattaa*«, die Phrase, die meine Kinder ihrer Oma beigebracht hat-

ten … Im Kindersprech: »Ich muss mal Kacka machen«. Genauer – wenn derartiges nur bildbar wäre – müsste es lauten: »Mich kackt's«.
Die finnische Sprache ist voll von diesen Bildungen. Sie klingen poetisch oder prosaisch, gestelzt oder banal. Man braucht sie nicht zu mögen, aber sie lassen einen die Welt oft ein wenig anders sehen.

16. Alles hat ein Ende. *Valomerkki*

Die Studenten der Studienrichtung Deutsch an der Uni Tampere müssen im Laufe ihres Studiums ein mindestens zweimonatiges Sprach- und Kulturpraktikum in einem deutschsprachigen Land absolvieren. Anschließend sollen sie ihre Erfahrungen in einem Bericht festhalten. Diese Berichte lese und bewerte ich seit vielen Jahren. Unabhängig davon, ob jemand in Berlin, Hamburg, Salzburg oder Zürich war, ist in diesen Berichten immer wieder zu lesen, dass den jungen Leuten zwar vieles gefallen hat, aber vieles aus dem alltäglichen Leben auch als unpraktisch, ungewohnt und unsinnig erfahren wurde.

»In dem Schweizer Betrieb, wo ich gearbeitet habe, machte man volle anderthalb Stunden Mittagspause. In dieser Zeit fuhren die meisten nach Hause, um zu essen«, schreibt eine finnische Studentin, gefolgt von Beschwörungen, wie abartig diese Gewohnheit sei.

»Es fiel mir schwer, mich daran zu gewöhnen, dass die Läden am Abend so früh schließen«, schreibt eine andere, die drei Monate in einem Kurort in Vorpommern verbracht hat.

»In den Kursen wurde viel mehr diskutiert als bei uns in Finnland. Das war manchmal anstrengend, denn alle hatten immer eine Meinung«, schreibt eine, die an der Uni Essen-Duisburg war. Natürlich habe ich vollstes Verständnis dafür, dass lange Mittagspausen, geregelte Ladenöffnungszeiten und persönliche Meinungen störend sein können. Leider sind wir Menschen so gepolt: Wir sind Gewohnheitstiere, die am liebsten dieselben Pfade abtrampeln und am Wegesrand die gewohnten Gräser fressen und wiederkäuen. Daher lohnt es sich, ab und zu auf andere Weidegründe getrieben zu werden.

Bei meinen Eltern ist es im Grunde nicht anders. Sie lieben vieles am Lande der Finnen, aber es gibt auch so manches, das ihr kopfschüttelndes Unverständnis weckt. Sie schwärmen für die finnische Natur, sie mögen die netten Leute, sie schätzen die Sehenswürdigkeiten; meine Mutter mag Salmiak und mein Vater finnische Straßen. Aber es fällt ihnen schwer zu verstehen, dass es nicht an jeder dritten Straßenecke eine Bäckerei gibt, bei der man morgens frische Weizenbrötchen holen kann. Sie bedauern die Finnen, weil sie bei US-Filmen immer Untertitel mitlesen müssen; in ihren Augen ist das eine umständliche Notlösung, auf die Fernsehzuschauer kleiner Sprachräume gezwungenermaßen zurückgreifen müssen. Von ihrem Mitleid lassen sie sich auch nicht abbringen, obwohl ihnen die finnische Schwiegertochter und die feutschen Enkelkinder ein ums andere Mal versichern, dass keinerlei Anlass zur inneren Anteilnahme bestehe – ganz im Gegenteil! Film-Synchronisation hält man in Finnland für die Umsorgung von Analphabeten.

Geradezu entrüstet war mein Vater als guter Katholik, als er erfuhr, dass die Finnen ihren Nationalfeiertag auf den altehrwürdigen Nikolaustag (6.12.) gelegt haben. Ein Unding! Ja, und wenn meine Eltern zu Besuch in Finnland sind, kann es vorkommen, dass der eine den anderen nach der Uhrzeit fragt und nach Erhalt einer Antwort (»Viertel nach drei.«) nachfragt: »Also wie jetzt? Viertel nach drei in Finnland oder richtig?«

So schleppt ein jeder seine Denkmuster und seinen inneren Kalender mit sich herum. Rentner genauso wie Studenten!

Ein paar Tage nach der Besteigung des Hotelturms Moro unternehmen wir einen Familienausflug zur Burg *Häme* in der (beinah) gleichnamigen Stadt Hämeenlinna. Meine Eltern kommen aus dem Rheinland, der ältesten Kulturlandschaft Deutschlands, in der man bereits in Städten aus Stein lebte, während man im übrigen Germanien noch in Holzhütten hauste. Im Rheinland wurde bereits Wein angebaut, während man sich anderswo noch mit vergorener Ziegenmilch besoff. Meine Eltern sind es gewohnt, dass an jeder Flussbiegung ein Schlösschen steht, auf jedem Hügel eine Burg ihre Zinnen in den Himmel reckt und Klöster und Dome mindestens tausend Jahre alt sein müssen. Dass es in ganz Finnland weniger Burgen und Festungen gibt als in einem Radius von 50 Kilometern in der Nordeifel, finden sie niedlich. Das macht das Leben übersichtlich.

Auf der Autofahrt nach Hämeenlinna erzähle ich meinen Eltern beiläufig von unserem Nachbarn Seppo, dem alten Kriegsveteranen, der eine Einladung zum Empfang am Unabhängigkeitstag erhalten hat. Meine Mutter und mein Vater kennen den Alten von flüchtigen Begegnungen. Seppo hat sich immer noch nicht entschlossen, ob er seine Einladung annehmen will. »Aber zu so einem Fest muss man doch hingehen!«, meint meine Mutter mit Nachdruck. »Wenn man schon mal eine Einladung ins

Präsidentenpalais bekommt, kann man das doch nicht ausschlagen!« Und nach einer Pause setzt sie hinzu: »Wo es doch hier so wenig Schlösser gibt!« Meine Eltern wollen wissen, weshalb der alte Herr sich so bitten lässt, und ich erkläre ihnen, dass er leider so schrecklich unsicher ist und befürchtet, auf dem glatten Parkettboden der hohen Gesellschaft von einem Fettnäpfchen ins andere zu treten. »Das lässt sich doch üben!«, sagt meine Mutter, und ich grinse in mich hinein.

In Hämeenlinna werden wir von einem bedächtig sprechenden Führer durch die Burg geführt. Die Bewohner der historischen Provinz Häme gelten als bedächtig und langsam. Sie sind die Berner des hohen Nordens. Unser Fremdenführer ist dafür ein mustergültiges Beispiel. Während er von früheren Jahrhunderten erzählt, rieselt der Kalk aus den Fugen der Mauern. Ein paar Stunden später, auf unserer Rückfahrt, kommt mir die Idee, Seppo einmal zu uns zum Kaffee einzuladen, solange meine Eltern noch zu Besuch sind. So ein Empfang im Präsidentenpalast lässt sich doch üben! Diesen Vorsatz setze ich gleich am nächsten Tag in die Tat um. Seppo ist bereit, einmal vorbeizuschauen, aber nur, wenn wir uns keine großen Umstände machen. Meine Mutter backt trotzdem kurzerhand einen deutschen Streuselkuchen mit Sauerkirschen und Eila stellt ihre Festtagskerzen auf den Tisch. Seppo kommt auf die Minute pünktlich von seinem Nachbargrundstück zu uns hinüber. Er reicht meinen Eltern freundlich die Hand und sagt »Guten Tag!« Ich bin bass erstaunt. »Ich wusste gar nicht, dass du auch Deutsch kannst!«, sage ich anerkennend zu Seppo, der verschämt grinst. Während er sich am Kaffeetisch setzt, nimmt mich meine Mutter beiseite und flüstert wild entschlossen: »Den trimmen wir auf Präsidentenpalais!«
Es muss am deutschen Streuselkuchen liegen, aber Seppo taut nach drei Tassen Kaffee wahrhaftig auf. Meine Mutter unterhält sich überaus angeregt mit ihm, wobei sie etwa die Hälfte seiner Sätzchen, die er in rostigem Deutsch zustande bringt, antizipierend zu Ende führt, auch wenn mein Vater mehrmals mahnt, den armen Mann doch endlich mal ausreden zu lassen. Es tut dem fast 100-Jährigen anscheinend wohl, sich mit einer Frau zu unterhalten, die rund zwanzig Jahre jünger ist als er. In allen übrigen Fällen helfen meine Frau und ich als Gelegenheitsdolmetscher, konsekutiv, intuitiv und instinktiv. Es ist aber letztlich Senjas Verdienst, dass sich Seppo

irgendwann dazu durchringt, die Annahme der Einladung ernsthaft zu erwägen. Sie erklärt unserem alten Nachbarn, dass sie so eine Einladung ganz cool finden und auf jeden Fall annehmen würde. Und als sie Seppo fragt, ob sie ein Selfie mit ihm machen dürfe, um vor ihren Freundinnen damit angeben zu können, ist das Eis fast schon gebrochen.

Zwei Stunden später hat sich unser Wohnzimmer in das Präsidentenpalais verwandelt. Wir proben Anstehen und Händeschütteln! Zuvor haben wir uns auf YouTube TV-Aufnahmen vom letztjährigen Empfang angesehen. Einer der Höhepunkte des Empfangs ist die Begrüßung der Gäste durch den Präsidenten, der jeden Einzelnen mit Händedruck empfängt, hunderte Personen, die in langen Schlangen durch verschiedene Türen eintreten. Nun steht Benni mit würdevollem Blick auf einem Stuhl und hat sich als Umhang eine Wolldecke umgehängt. Neben ihm steht Senja in graziöser Körperhaltung, die sich ein altes Disney-Diadem aus Glitzerzeugs in die Haare gesteckt hat. Die beiden sind das Präsidentenpaar und reichen allen Anstehenden die Hand. Eila und ich, mein Vater und meine Mutter stehen Schlange, Seppo bildet das Schlusslicht.
»*Hyvää itsenäisyyspäivää!*«, sagt Eila zu Benni und schüttelt ihm die Hand. Das ist die Grußformel, mit der man sich einen schönen Unabhängigkeitstag wünscht.
»*Hyvää itsenäisyyspäivää!*«, erwidert Benni ehrerbietig. Dann wendet sich meine Frau der Präsidentengattin zu, während ich in der Schlange nachrücke. Nach vollbrachter Tat stellen wir uns hinten wieder an. Alle sagen so gut sie es können »*Hyvää itsenäisyyspäivää!*«, nur mein Vater sagt »*Hyvää leipää!*« (»Gutes Brot!«), aber das fällt nicht weiter ins Gewicht.
Seppo rückt allmählich auf. Er blickt ernst in die Runde und setzt würdevoll einen Fuß vor den anderen. Als er schließlich sowohl dem Präsidenten als auch seiner Gattin erfolgreich alles Gute zum Unabhängigkeitstag gewünscht hat, klopft meine Mutter ihm jauchzend auf die Schulter. »Na bitte, das war doch gar nicht so schwer!« Das Lob bedarf keiner Übersetzung! Seppo grinst verlegen. Wir wiederholen die Übung, bis sich unser Veteran eine gewisse Routine angeeignet hat. Senja gibt ihm noch den Rat, bei der Präsidentengattin nicht zu fest zu drücken.
Die nächsten Tage stehen ganz im Zeichen des großen Empfangs, auf den

unser lieber Kriegsveteran nun tatsächlich vorbereitet werden will. Überraschend bereitwillig lässt Seppo sich nach dem ersten Probehändeschütteln immer wieder von uns zum Kaffee einladen, um dabei die seltsamsten Ratschläge einzuholen. Er will alles ganz genau wissen: Ist es geziem, sich drei Löffel Zucker in den Kaffee zu kippen? Darf man bei einem Empfang zum Unabhängigkeitstag Karelische Piroggen mit der Hand essen? Wie sagt man auf Englisch, Französisch oder Russisch ›Nein, danke!‹, wenn man von jungen Frauen zum Tanz aufgefordert wird? Was sollte man antworten, wenn Fernsehreporter eine Frage stellen? Gibt es irgendwann ein erkennbares *valomerkki*, wenn das Fest zu Ende geht? Bei Letzterem handelt es sich um ein Lichtzeichen, ein Aus- und Anknipsen der Lampen in den Kneipen, kurz vor Zapfenstreich. Auf die meisten Fragen haben wir auch keine Antwort, aber das spielt keine Rolle, für Seppo scheint die Hauptsache zu sein, regelmäßig unter Leute zu kommen und mit fremden Herrschaften – als solche scheint er meine Eltern anzusehen – intensiven Kontakt zu pflegen. Mit einem gewissen Eifer nutzt er zudem jede Gelegenheit, seine alten Deutschkenntnisse aufzufrischen. Meine Mutter stellt sich mit Freuden als Konversationspartnerin zur Verfügung.

Am Freitag fahren Eila, Senja und meine Mutter zusammen mit Seppo sogar in die Stadt, um ihm einen Anzug zu kaufen. Geballte Frauenpower für einen Hundertjährigen! Vorher waren die drei in Seppos Haus eingedrungen, um gründlich seine Kleiderschränke zu inspizieren und die Bekleidungslage zu sondieren. Ihr Einkauf dauert mehrere Stunden, Seppo wirkt frisch und munter, als sie endlich zurückkehren. Ein stattlicher schwarzer Anzug ist ihre Ausbeute. »Neue Schuhe und eine schöne Krawatte brauchen wir aber auch noch!«, verkündet meine Mutter. Es ist interessant, dass sie ›wir‹ sagt!

War es nicht meine Idee, mit Seppo Unabhängigkeitstag zu proben? Ich muss hinnehmen, dass die Frauen das Ruder in die Hand genommen haben, aber immerhin weiß ich unseren Veteranen ja in guten Händen. Ungleich schlimmer hat es hingegen meinen Vater getroffen. Er fühlt sich bald regelrecht ausgebootet. Kleidereinkäufe mag er überhaupt nicht, erst recht nicht für andere Männer. Er vermisst das straff organisierte touristische Programm und kämpft mit aufkeimender Langeweile. Er ist ein alter Handwerksmeister, dem es nicht gefällt, untätig auf dem Sofa zu sitzen.

Kurzfristig kann ich ihn damit ruhigstellen, ihn zum Blätterrechen in unseren Garten zu schicken, aber schon nach wenigen Stunden quillt der Komposter über und unser natureigener Vorrat an Blättern geht bedrohlich zur Neige. Schweren Herzens ringe ich mich schließlich dazu durch, ihm einen lang gehegten Wunsch zu erfüllen. Ich gewähre ihm endlich, was ihn schon seit vielen Jahren in den Fingern juckt. Es fällt mir schwer, aber ich tue es nach reichlicher Überlegung dennoch: Mit einem Seufzer überlasse ich meinem Vater den Schlüssel zu unserem Schuppen, den er nach Herzenslust aufräumen darf. Damit ist er über anderthalb Tage voll beschäftigt. Der Schuppen wird komplett ausgeräumt, ausgekehrt und wieder eingeräumt. Dabei entdeckt er alte Skier, von deren Existenz niemand etwas geahnt hat, und findet insgesamt dreiundzwanzig Eishockeypucks. (Niemand aus unserer Familie spielt Eishockey, aber ich sammle die Pucks, die Nachbarskinder durch die Hecke in unseren Garten herüberschießen, um sie ihnen bei ihrer Volljährigkeit als Präsent zu überreichen.) Die längste Zeit verbringt mein Vater damit, unser Brennholz neu zu stapeln. Am schlimmsten ist jedoch, dass mein Vater alles beschriftet: Er klebt Zettelchen auf Dosen und Kisten, hängt Anhänger an alte Koffer oder beschriftet Pappkartons mit einem dicken Filzschreiber. Beschriftungen wie:

Schrauben (teils verrostet)
Schulbücher auf Finnisch
Blumendünger
Eishockeypucks
Sommerkleider / Lumpen (?)
Puzzle (Teile vollzählig)
Sandkastenspielsachen (Sieb unbrauchbar)
Puppenhaus mit Zubehör
Lichterketten (zwei Birnchen kaputt).

Oberhalb der säuberlich gestapelten Holzscheite schreibt er mit dem dicken Filzstift in großen blauen Buchstaben an die Wand:

Brennholz.

Ich werde mich für den Rest meines Lebens im eigenen Schuppen nie wieder verirren.

16. Die finnischen Löwen: *leijonat*

Nach zehn Tagen reisen meine Eltern wieder ab. Mein Vater ist froh, dass er uns einen ordentlich aufgeräumten Schuppen hinterlässt, und meine Mutter ist glücklich, weil sie für Seppo die schönste Krawatte aus ganz Tampere entdeckt hat. Leider ist Seppo traurig, weil er vorläufig seine Konversationspartnerin verliert. Auch Senja und Benni blasen Trübsal, weil nicht nur die deutschen Großeltern wieder abreisen, sondern auch die Herbstferien zu Ende sind.

»In ein paar Monaten sehen wir uns ja wieder«, hat der Opa zum Trost erklärt mit Blick auf Bennis Konfirmation, die Anfang des nächsten Sommers ansteht. Das ist zwar kein katholisches Fest, aber kommen wollen sie trotzdem. Bei ihrem Trost vom baldigen Wiedersehen vergessen meine Eltern, dass ein Dreivierteljahr für Achtzigjährige wie im Flug vergeht, für Jugendliche aber eine halbe Ewigkeit ist.

Auf dem Flughafen treffe ich zufällig einen alten Arbeitskollegen wieder, der mir längere Zeit nicht über den Weg gelaufen ist. Er heißt Bob, ein US-Amerikaner, der ungefähr in meinem Alter ist und am Sprachenzentrum der Universität Englisch unterrichtet. Wir schütteln uns die Hand und fragen nach dem Befinden. Bob ist ein netter Kerl, der immer einen kecken Spruch auf den Lippen hat. Auf allen Weihnachtsfeiern ist er der Stimmungsmacher. Ich erzähle ihm dies und das: von meinen Eltern und von Bennis bevorstehender Feier. Drei Sätze zu Eila, zwei zur Arbeit, einen Satz zum eigenen Wohlergehen ... Wir unterhalten uns übrigens immer auf Englisch, weil Bob auch nach vielen Jahren im hohen Norden nur sehr bruchstückhaft Finnisch spricht. Nachdem er mir eine Weile zugehört hat, hebt er die Augenbrauen und meint ohne jede Ironie: »Life's been good to you!«

Bobs Eltern sind seit Jahren tot, zu seinem Bruder in Denver hat er kaum noch Kontakt. Er ist hierzulande zum zweiten Mal geschieden und hat es sich daher zum Hobby gemacht, über finnische Frauen zu schimpfen.

Mir wird schlagartig klar, dass ein aufgeräumter Schuppen mit unnötigen Beschriftungen ein vergleichsweise leicht zu tragendes Schicksal darstellt. Ich erwähne noch kurz das Projekt, an dem ich zurzeit mitwirke und bei dem das finnischste Wort der Wörter gesucht wird. Bob runzelt die Stirn und hat sogleich einen Vorschlag. Ein finnisches Wort hat sich unauslöschlich in sein Hirn eingebrannt: »*Akkavalta*« meint er zu mir! Weiberherrschaft. Rechtzeitig, bevor er damit beginnen kann, über finnische Frauen herzuziehen, empfehle ich ihm die Sauna von Rajaportti, die sei gut für Körper und Geist. Aber dann hat Bob es plötzlich eilig und verschwindet, noch bevor er mir verraten hat, was er am Flughafen zu suchen hatte.

Am Abend desselben Tages bekomme ich von Bob noch eine Nachricht geschickt. Er schreibt, dass er sich korrigieren müsse, das schönste finnische Wort sei doch eigentlich *passi.* Das habe damit zu tun, dass er das früher öfters mit dem Wort *pässi* verwechselt habe. Das eine bedeutet Pass, das andere Bock. Einer englischsprachigen Person kann das durchaus passieren. Er beendet seine Nachricht mit folgenden vier kryptichen Emojis: eine Mondsichel, eine finnische Flagge, eine Unterhose und eine Flasche Bier.
Ich texte ihm ein Fragezeichen.
Es folgt die Erläuterung: «Tonight I'm gonna have myself a good old traditional Finnish *kalsarikännit!*«
Was für ein Wort! *Kalsarikännit!* Wörtlich soviel wie Unterhosenbesäufnis. So nennt man in Finnland, wenn man sich in schlabbriger Unterwäsche daheim ein paar Flaschen Bier zuviel gönnt. Ich muss Bob dankbar sein, dass er mich auf ein solches Prachtexemplar von Wort gebracht hat.

Es macht mir bei jeder Gelegenheit Spaß zu lesen, welche Wortmeldungen auf unserem Internet-Forum zu finden sind. Mit einer gewissen Regelmäßigkeit durchforste ich neue Einträge. Nach der Abreise meiner Eltern komme ich wieder verstärkt dazu. Sehr viele Einträge verraten, dass die Finnen nicht nur fluchen können, sondern in manch einer Brust ein gefühlvolles Herz schlägt.
Eine Anja aus dem nordfinnischen Kajaani postet:
»*Revontuli* ist für mich das schönste und poetischste Wort der finnischen Sprache. Wie viel schöner klingt es als das sachliche Aurora borealis.«
Revontuli ist eine märchenhaft anmutende Bezeichnung für Polarlichter, wörtlich ist vom Licht des Reineke Fuchs die Rede.
Und weiter schreibt sie: »Einer Sage der Sami zufolge wird dieses Natur-

schauspiel aus grünlich-buntem Licht von einem Fuchs ausgelöst, der mit seinem Schwanz die feurige Lichterscheinung an den Himmel malt. In Finnland ist diese märchenhafte Erklärung den meisten noch bekannt, meine ausländischen Freunde in Ungarn und Polen kennen sie aber nicht. Daher halte ich es auch für wichtig, dieses wunderbare Wort und die Sage außerhalb Finnlands bekannt zu machen.«

Auch *revontuli* schafft es in meine Kladde mit Wörtern für die engere Auswahl. Mit jedem Wort, das hinzukommt, erscheint mir die Aufgabe schwerer, die schönsten herauszusuchen.

Auch im Alltag halte ich Augen und Ohren offen, um weitere Wort-Kandidaten auszumachen. Dabei ist mir auch die tägliche Zeitungslektüre eine große Hilfe. Eines Morgens lese ich im Sportteil wieder einmal von den Allzeit-Bemühungen der finnischen Fußball-Nationalmannschaft, auch international Boden gutzumachen. Da Mannschaften aus Zwergländern wie Island oder Nordirland mit deutlich weniger Einwohnern erfolgreich mitmischen, hat sich auch die Ausrede früherer Jahre verschlissen, nur ein kleines Land zu sein. Der Trainer der finnischen Nationalmannschaft hat nun auf einer Pressekonferenz die Marschrichtung für die kommenden Spiele vorgegeben. Eine große Schlagzeile zitiert seine vollmundige Devise: »Wir müssen Tore schießen!«. Na endlich einmal ein Trainer, der verstanden hat, worum es beim Fußball geht! Ab jetzt kann es nur noch steil nach oben gehen.

Persönlich bin ich fest davon überzeugt, dass der einzig wahre Grund für das jahrelange schlechte internationale Abschneiden der finnischen Kicker die tierische Bezeichnung ist, die der Volksmund ihnen mitgegeben hat. Die Sache liegt auf der Hand: Die finnischen Eishockeyspieler werden in Anlehnung an das finnische Wappentier leijonat (Löwen) genannt. Sie sind stark und kampfesmutig, streiten mit Eishockey-Großmächten wie Kanada und Russland auf Augenhöhe und bringen ab und zu eine Weltmeisterschaft mit nach Hause.

Die finnischen Basketballspieler werden *susijengi* genannt, die Wolfsbande. Sie sind eine eingeschworene Gemeinschaft und sie fallen zuweilen wie ein Rudel Raubtiere über ihre Gegner her. Bei großen Turnieren schlagen sie sich ganz achtbar, zur Freude aller Sportsfreunde.

Und die Fußballspieler? Wie wird die finnische Nationalmannschaft im

Volksmund, in der Presse und selbst vom verantwortlichen Sportverband genannt? *Huuhkajat!* Die Uhus! Ist es da ein Wunder, dass der finnische Fußball keine Erfolge zeitigt? Uhus fangen ab und zu eine Maus, ansonsten sitzen sie stumm herum und sind tagblind. Solange man die finnischen Fußballspieler nicht wenigstens *haukat* (Falken) oder *hauet* (Hechte) nennt, habe ich keine Hoffnung, dass sie jemals eine Schnitte kriegen. Es ist die Magie der Worte, die sie dazu zwingt. Nomen est omen!

Zwei Abende später besuche ich ein weiteres Mal die Sauna von Rajaportti. Ich freue mich, viele bekannte Gesichter wiederzusehen, als wären sie bereits gute Bekannte. Dabei weiß ich nicht einmal ihre Namen, außer natürlich denen, die ich ihnen selbst verliehen habe: der speckige Nationaldichter Runeberg mit seinem meckernden Lachen, der ätherische Jesus mit seinem verzückten Blick und all die anderen. Nicht zu vergessen der Präsident Kekkonen-Verschnitt Urho, der mir den Tipp mit dem Verwöhnfrühstück gegeben hatte. Das Wetter ist mittlerweile deutlich kühler geworden und die Saunafreunde sitzen zwischen den Saunagängen nicht mehr ganz so lange auf den Bänken im Innenhof. Dafür sind die Aufgüsse umso drastischer geworden. Auch im Halbdunkel der Sauna unterhält man sich zunächst angeregt über die finnische Fußball-Nationalmannschaft. Aber während andere Männer über das lederne Rund sprechen, verwickelt mich Urho nach einer Weile halblaut flüsternd in ein persönliches Gespräch. »Hast du es versucht mit einem Sonntagmorgenfrühstück?«, fragt er mit beiläufigem Ton.
»Ja, habe ich!« Und ebenso halblaut berichte ich ihm von meinem Missgeschick mit dem Mixer. Urho sieht mich betroffen an und nickt. Irgendwann fällt mir auf, dass auch der dickbäuchige Runeberg unserem Gespräch gespannt zuhört. Etwas aufdringlich schaltet er sich ein und will mehr wissen von meinen Bemühungen. Sein Ton schwankt zwischen freundlichem Interesse und spitzer Ironie.
»Kein Wunder, dass so ein Verwöhnfrühstück schiefgeht«, dröhnt er, »ich kann meinen Tipp nur noch einmal wiederholen!« Er rollt mit den Augen und wackelt theatralisch mit dem Kopf. Nach einer Kunstpause macht er erneut seine anzüglichen Handbewegungen und pumpt wie ein Frosch in der Brunst Luft durch seine Backen. Anschließend bricht er ein weiteres

Mal in ein quiekendes Ferkelgelächter aus. Erfreulicherweise wendet sich Runeberg nur zwei Sekunden später anderen Saunafreunden zu, die er mit seinen Lebensweisheiten beglücken möchte.
Dafür nimmt Sponsored by *KELA* mit seinem Bierbauch aus Sozialhilfe mit erstaunlich ernstem Ton den Gesprächsfaden auf. Er sitzt uns schräg gegenüber. »Wenn ein Frühstück nicht hilft, dann versuch es doch mit dem Gegenteil.«
»Und das wäre?«
»Na ja … ein romantisches Gläschen Wein am Abend!« Sponsored by *KELA* scheint das ernst zu meinen.
Er seufzt. »Früher haben meine Frau und ich öfters ein Gläschen Wein zusammen getrunken. Roten. Richtig zivilisiert. Ohne Vollrausch und so.«
Ein unausgesprochenes »Und dann?« hängt in der Luft. Eine Weile sagt niemand etwas. Einige Männer verlassen die Sauna, andere kommen herein. Irgendwann fährt Sponsored by *KELA* in seinem unaufdringlichen Ton fort: »Leider bin ich eines Tages auf Bier umgestiegen. Allerdings ohne Frau. Alleine trinken ist ja nie gut. Dann wurde ich arbeitslos. Nach zwölf Jahren im selben Betrieb! Und hab noch mehr getrunken.« Er klopft sich auf seinen Bauch mit der Tätowierung. »Das Bier ist jetzt hier gelagert. Und die Frau ist weg. Kann ich sogar verstehen …«
Es beschleicht mich das Gefühl, dass es zu viele einsame Herzen in diesem Land gibt. Oder zu viel Bier.
»Aber zum Glück gibt's ja diese Sauna«, lacht Sponsored by *KELA* versöhnlich.

17. Schlangenpack: *kyypakkaus*

Am nächsten Morgen erwache ich durch einen gellenden Schrei. Er ertönt in höchsten Tonlagen und hallt schauerlich von den Wänden wider. Er fährt mir durch Mark und Bein und reißt mich unsanft aus süßen Morgenträumen, die immer am schönsten sind, kurz bevor der Wecker klingelt. Der Schrei dringt aus dem Badezimmer nebenan zu mir herüber. Ganz klar: Das ist meine Tochter, die heute wieder einen Bad Hair Day haben muss. Ohne es zu sehen, weiß ich genau, welche Dramen sich derzeit vor dem Spiegel im Badezimmer abspielen: Mit Bürste, Föhn, Lockenstab und Spraydose wird Senja herumhantieren, um irgendwelche Haarsträhnen in genau die Position zu bringen, die ihr vorschwebt. Aber zwei oder drei Härchen haben sich mit konsequenter Bosheit vorgenommen, schräg abzustehen oder schiefzuliegen. Sie kämmt und bürstet und schreit und könnte unschuldige Passanten erwürgen. Dazu bietet sich idealerweise ihr kleiner Bruder an, der in schadenfrohen gnomähnlichen Sprüngen um sie herumhampelt und im Hintergrund Grimassen schneidet, die Senja im Spiegel sieht.

»Grrr … hau ab, du Blödmann!«, keift sie ihn (auf Deutsch) an. Es ist erstaunlich zu bemerken, dass unsere zweisprachigen Kinder ihre Streitereien oft auf Deutsch beginnen, aber bei den schlimmsten Flüchen und hitzigsten Verwünschungen ins Finnische überwechseln, um sich dann meist auf Deutsch wieder zu vertragen. Für dieses Phänomen fehlt mir jede Erklärung. Interessant ist auch, dass Senjas Stimme auf Finnisch mindestens eine Oktave tiefer liegt.

Ich kämpfe mich hoch, schleppe mich in die Küche und blättere erst einmal benebelt durch die Morgenzeitung. Die Kinder lasse ich streiten in der Hoffnung, dass sie dadurch geistig reifen und lernen, ihre Konflikte zivilisiert auszutragen. Plötzlich bin ich hellwach, denn unverhofft und vierfarbig sehe ich ihn vor mir. Großformatig und einen doppelseitigen Artikel ausfüllend. Unverkennbar und ohne Zweifel: Das ist mein Sauna-Urho! Zwar nicht im Saunakostüm, sondern gesittet und bekleidet, aber er ist es! Sein Glatzkopf erstrahlt im Zusammenhang mit der Berichterstattung über die Veröffentlichung eines neuen Kochbuchs.

»Den Typen hier kenn ich!«, rufe ich aus.

»Wen denn?«, fragt Eila, während sie zähneputzend zu mir herüberkommt. Irgendwie schafft sie es jeden Morgen, mit Zahnbürste im Mund durchs ganze Haus zu laufen, ohne zu tropfen. Sie kann sogar dabei sprechen.
»Na, den hier!« Mit dem Zeigefinger poche ich auf das Bild. »Den mit der Glatze! Der sitzt immer in der Sauna von Rajaportti herum!« Ich konnte nicht ahnen, dass sein Leben auch noch andere Dimensionen hat.
»Aha!« Eila überfliegt mit einem neugierigen Blick den Artikel, erfasst die Lage, nickt zufrieden und verschwindet ins Arbeitszimmer, um ihre Tasche zu packen. Mit Zahnbürste im Mund. Ohne zu sabbern und ohne zu spritzen. Frauen können vieles, was Männer nicht können.
Mein Urho heißt – wie ich feststellen muss – in Wirklichkeit ganz anders. Aber seinen wirklichen Namen lasse ich nicht gelten! Er ist Vorstandsmitglied im städtischen Heimatverein und hat zusammen mit einem Star-Koch ein Werk über lokale Spezialitäten vergangener Tage geschrieben. Es trägt den Titel »Schlemmen wie die hohen Herren« und enthält die Rezepte historischer Gerichte, die man im 19. Jahrhundert im Hause der baltendeutschen Adelsfamilie *von Nottbeck* zu speisen pflegte. In besagtem Buch gibt es überdies Wissenswertes und Anekdotisches aus der Familiengeschichte der von Nottbecks, die in der zweiten Hälfte des 19. Jahrhunderts die Textilfabrik *Finlayson* in Tampere übernahmen und sie zu einem Industrie-Imperium ausbauten. Die von Nottbecks wurden dabei zu wohlhabenden Großindustriellen und Tampere zu einer Stadt der Malocher. Das Buch ist reichhaltig bebildert und, wie zu erfahren ist, thematisch gegliedert in Abschnitte wie Fleischgerichte (zum Beispiel mit Fohlenschnitzel), Fisch (Lachspiroggen), Geflügel (Martinsgans), Wild (Rehrücken in Wacholdersud), Suppen (Sauerkrautsuppe mit Schinken), Nachspeisen (Schmand mit Himbeeren) oder Gebäck (Mandeltorte). Allein die Namen der aufgezählten Speisen lassen mir den Protein-Shake im Munde zusammenlaufen. Jeder Buchabschnitt ist einem Mitglied der von Nottbeck-Sippschaft zugeordnet: Wilhelm von Nottbeck, Constance, Carl, Eduard, Alexander, Peter und wie sie alle hießen.
In einer Infobox am Rande des Artikels ist zu lesen, dass das Buch noch einen besonderen Gag bereithält: Ganz am Ende gibt es ein Kapitel mit Leckerli für Pferde, Hunde und Katzen! Zum Beispiel Hafer-Müsli für Kutschpferde mit Möhren und Apfelstücken, vorzugsweise versetzt mit

einer Prise Fenchel. Letzteres soll bei alten Gäulen vor offenen Gespannen unangenehme Blähungen verhindern. Dieser tierische Buchabschnitt steht nicht unter dem Patronat eines feinen von Nottbecks, sondern dem eines gewissen »Hermanni« – so der Name eines kauzigen Stallknechts, der angeblich in den 1870er Jahren bei den von Nottbecks in Lohn und Brot stand und bei den reichen Herrschaften hohes Ansehen genoss. Den Quellen zufolge war Hermanni krummbeinig und auf einem Auge blind, hatte aber ein gutes Händchen für Vierbeiner aller Art. Er soll ein wahrer Pferdeflüsterer gewesen sein und es heißt, dass Hermanni freiwillig im Stroh des Pferdestalls geschlafen habe, obwohl ihm eine ordentliche Wohnung bei der Dienerschaft zustand. Krummbeinig, halbblind, Stallschläfer, Pferdeflüsterer. So viel zu meinem finnischen Namensvetter. Es wird Zeit, zur Arbeit zu fahren.

Auf der späteren Autofahrt in die Innenstadt fragt Benni irgendwann in einem Moment des Schweigens: »Warum sammelst du eigentlich all die komischen finnischen Wörter?«
In kurzen Sätzen erkläre ich ihm noch einmal das Projekt, an dem ich mitarbeite. Benni rümpft die Nase. »Und wieso bist ausgerechnet du dabei?«
Gute Frage. Wahrscheinlich weil für Einwanderer wie mich, die ständig sprachliche Fehler machen, das Richtige keine Selbstverständlichkeit ist.
Nach kurzem Besinnen kommen Benni und Senja ins Erzählen, denn Kinder machen ja bekanntlich auch viele Fehler: »Ich wollte als kleiner Junge in der Apotheke immer ein *kyypakkaus* kaufen!«, verrät Benni mit breitem Grinsen im Gesicht. So nennt man handelsübliche Packungen mit Erste-Hilfe-Tabletten gegen die Bisse von Schlangen, sozusagen der Schlangenpack.
»Wieso?«
»Weil ich dachte, in der Packung wäre eine Schlange drin!«
Diese Annahme erscheint mir absolut verständlich.
In dem Zusammenhang fällt auch mir noch eine schräge Anekdote ein: »Vor einigen Jahren wollte ich an einem Sonntagmorgen mit euch beiden ins Schwimmbad. Vielleicht erinnert ihr euch noch daran: Am Eingang hing ein Schild, auf dem stand, dass die Schwimmhalle leider geschlossen sei, wegen irgendwelcher Hygieneprobleme durch Schimmel (*home*). Als

wir enttäuscht zum Auto zurückgegangen sind, kam uns auf dem Parkplatz ein älterer Mann entgegen, der auch zum Schwimmen wollte, und ich habe ihn darauf hingewiesen: *Uimahalli on suljettu homon takia!*«

Senja und Benni kringeln sich vor Lachen wie die Vorschulkinder. Ein kleiner falscher Laut und aus Schimmel *(home)* wird ein Schwuler *(homo)*. Dem älteren Herrn hatte ich mitgeteilt: »Die Schwimmhalle ist wegen eines Schwulen geschlossen.«

»Vati, du bist ein Depp!«, lachen meine über alles erhabenen zweisprachigen Kinder. In diesem Urteil sind sie sich endlich einmal einig.

Ich erinnere mich, dass der ältere Mann ein ganz komisches Gesicht aufsetzte, und erst als wir im Auto saßen und schon auf dem Rückweg waren, ging mir auf, dass ich da wohl etwas durcheinander geworfen hatte.

Nachdem sich die Kinder wieder etwas beruhigt haben, meint Senja nachdenklich: »Ich glaube, dein Fehler war gar nicht, dass du zwei ähnliche Wörter durcheinandergeworfen hast.«

»Sondern?«

»Dein Fehler war, dass du überhaupt etwas gesagt hast.«

»Wieso?«

Senja greift nach ihrem Rucksack und macht sich bereit, gleich auszusteigen. »Ich glaub, die meisten Finnen würden überhaupt nichts sagen und jeden bis zum Eingang laufen lassen, um das Schild selbst zu lesen.«

Meine Tochter ist in Finnland geboren. Sie ist hier aufgewachsen und zum Kindergarten gegangen und sie besucht hier die Schule. All ihre Freundinnen, die nächsten Verwandten, Vereinskameradinnen und Nachbarn sind Finnen. Sie ist halbwegs erwachsen und kennt ihre Landsleute. Sie sollte es wissen! Trotzdem frage ich mich, ob es stimmt, was sie sagt. Und als die Kinder aussteigen und wir uns verabschieden, kommt mir der Gedanke, dass das finnischste Wort von allen auch das Schweigen *(vaikeneminen)* sein könnte.

18. Heidnisches Herbstfest. *Kekri*

Die letzten Tage des Monats Oktober stehen an. Für das Wochenende zum Ausklang des Monats haben sich Kulturschaffende und Spaßfreunde in Tampere eine ganze Palette von Veranstaltungen und Aktionen einfallen lassen. Den Höhepunkt stellt die feierliche Eröffnung der diesjährigen Lichterwochen dar. Seit vielen Jahrzehnten illuminiert die Stadt Tampere die Straßen der City mit Lampen, Lichtfiguren und raffinierten Beleuchtungen, um die Bürger möglichst depressionsfrei durch die dunkle Jahreszeit zu lotsen. Die Lichterwochen dauern etwa von Ende Oktober bis weit ins neue Jahr hinein und wollen von den Verantwortlichen keinesfalls als Weihnachtsbeleuchtung missverstanden werden.

Zudem laden an diesem Wochenende viele Kneipen zu monstermäßigen Kostümpartys ein und feiern Halloween. Bei alten Stallungen im Zentrum, die heutzutage unter Denkmalschutz stehen, begehen Heimatfreunde das *Kekri*-Fest mit Mummenschanz und Tiermaskeraden. Mit der Wiederbelebung dieses altfinnischen heidnischen Herbstfests versuchen die Traditionalisten, der Amerikanisierung der Gesellschaft entgegenzuwirken. Aber gegen Halloween ist kein Kraut gewachsen.

Damit nicht genug: Neben *Kekri* und Kneipenfesten hat eine Underground-Gruppe schon für den Freitagabend zu einem Zombie-Walk aufgerufen, einem schaurig-schönen Aufmarsch der taumelnden Untoten, der beim Stadtpark Näsipuisto lostorkeln und sich bis zum Zentralplatz schleppen will. Auf dem zentralen Platz soll wiederum vor dem historischen Rathaus nach Eintreffen der Untoten eine ›Thrill the World‹-Tanzperformance stattfinden. Weltweit werden an diesem Tag abertausende von Michael-Jackson-Fans den legendären Thriller-Tanz aufführen, bei dem sich totenbleich aussehende Tänzer unter zuckenden Bewegungen zum Hit des toten Megastars abstrampeln wollen. Senja ist von Thrill the World völlig angethrillt, denn sie wird mit ihrer Tanzgruppe *Tamperazzi* vor dem alten Rathaus für die Tanzeinlage sorgen.

Ich selbst habe die Musik eines Michael Jackson zu seinen Glanzzeiten kennengelernt und eine Aktion wie Thrill the World begeistert daher nicht nur meine Tochter und die gleichaltrigen Mädchen vom Tanzverein, sondern auch gereifte Männer wie mich. Senja beargwöhnt meine Einstellung mit

großem Vorbehalt, sie hält Thriller für ein Ding ihrer Generation. Dagegen muss ich mich strikt verwehren: »Ich fand das Thriller-Video schon gut, da warst du noch gar nicht geboren!«
Der weltweite Thriller-Tanzreigen wird sich von L.A. bis Tokio über Hunderte Städte auf dem gesamten Erdball ziehen und ist so getaktet, dass volle 24 Stunden nonstop immer irgendwo Thriller getanzt wird. Es lebe die Globalisierung!
Im Vorfeld des anstehenden ereignisreichen Wochenendes ist in den Tamperer Zeitungen und in den sozialen Medien heftig darüber diskutiert worden, ob all die makabren Gruselspäße und Halloween-Partys zu gutbürgerlichen Festen wie der Eröffnung der Lichterwochen oder gar zum Allerheiligentag passen würden.
Senja sind all die öffentlichen Diskussionen gleichgültig. Sie probt bereits seit längerem mit ihren Vereinskameradinnen die wilden Thriller-Tanzschritte und näht an einem Kostüm aus zerfetzten Lumpen. Sie freut sich wie eine Schneeprinzessin. Der Tanz ist allerdings nicht das Einzige, worauf sie sich freut. Nach erfolgreicher Tanz-Show wollen die Vereinsmädels irgendwo zusammen übernachten und eine thrillige Pyjama-Fete feiern.
Auch Benni ist seit geraumer Zeit aus dem Häuschen. Er will zwar nicht auf dem Zentralplatz mittanzen, dafür aber mit zwei Freunden aus seiner Klasse, die Carl und Kalle heißen, beim Zombie-Walk mitschlurfen. Die Mutter von Carl hat sich dazu bereit erklärt, die Jungs in die Stadt zu fahren, beim Walk zu begleiten, Fotos zu machen und die drei hinterher wieder einzusammeln. Später möchte das infernalische Trio bei besagtem Carl übernachten. Benni hat zum Behufe des Zombie-Aufmarschs in seinem kleinen Hobby-Labor fluoreszierende Substanzen herbeigemixt, die sich die drei Schulfreunde auf alte Klamotten schmieren wollen, um wie frisch der Unterwelt entsprungen auszusehen. Außerdem hat er mithilfe von Babycreme, Mehl und Make-up kalkweiße Theaterschminke hergestellt, aus Kakaopulver, Lebensmittelfarben, Stärke und Wasser literweise Theaterblut zusammengebraut. Platzwunden und ein paar Pestbeulen sollen auch noch auf die Haut gezaubert werden. Ob das pädagogisch sinnvoll ist, wage ich zu bezweifeln. Wie auch immer: Bei einem ersten Probeschminken sah Benni eher wie eine wandelnde Pizza Salami aus. Und seine Schwester wie ein tanzender Staubwedel.

Senja will tanzen, Benni will torkeln – Eila und ich wollen keins von beiden! Wir wollen auch nicht zur Eröffnung der Lichterwochen. Stattdessen haben wir beschlossen, vor dem Kamin ein romantisches Gläschen Wein zu trinken. Roten, versteht sich. Das haben wir für den heutigen Abend so abgemacht. Denn beide Kinder planen an diesem Abend unterwegs und anschließend bei Freunden über Nacht zu sein. Letzteres wird *yökylä* genannt – ein finnischer Ausdruck, den ich irgendwie schnuckelig finde, denn wörtlich heißt das »Nachtdorf«.

Als ich am späten Nachmittag dieses von allen Seiten lang erwarteten und termingefüllten Freitags von der Arbeit nach Hause komme und das Haus betrete, höre ich eigenartige jämmerliche Geräusche. Zuerst glaube ich, dass die Katze irgendwo kläglich miaut, weil sie sich in einer Schranktüre den Schwanz eingeklemmt hat. Dann aber wird mir klar, dass das Lamentieren menschlichen Ursprungs sein muss und aus einem der Kinderzimmer kommt. Ich schlüpfe aus meinen schmutzigen Schuhen und folge dem wehleidigen Geräusch. Das Wimmern dringt aus Bennis Refugium. Kein Zweifel! Ich klopfe behutsam an seine Tür und öffne sie vorsichtig einen Spalt breit. Mir offenbart sich ein Bild des Jammers. Oben auf dem Hochbett hockt eine zusammengekrümmte und schluchzende Pizza Salami: Benni im Zombie-Look, verweint und niedergeschlagen. Was gibt es Schlimmeres für einen liebenden Vater, als seinen Sohn als heulenden Zombie zu sehen?
»Was ist denn mit dir los?«, frage ich teilnahmsvoll.
Benni wirft mir einen feuchttrüben Blick zu. Durch sein horrorhaft geschminktes Gesicht sind Tränen gekullert. Er schluchzt und sagt kein Wort.
»Hast du etwa Klümpchen im Theaterblut?«
Benni schüttelt zaghaft den Kopf.
»Sind dir deine Pestbeulen abgefallen?«
»Neeeiiin«, entfährt ihm ein langgezogener heulender Klagelaut.
»Na, was denn dann?«
»Keiner will mit mir zum Zombie-Walk gehen!«
»Wieso nicht? Was ist denn mit Carl und Kalle?«
Benni schnieft. »Carl ist krank. Der kann nicht. Und Kalle darf plötzlich nicht mehr.«

»Wieso nicht?«
»Seine Eltern haben was dagegen. Die sagen, das wäre alles gar nicht erlaubt. Der ganze Zombie-Walk.«
Im weiteren Verlauf des Gesprächs wird mir klar, dass die Zombie-Walk-Nummer nur die Idee irgendeiner Facebook-Gruppe ist, aber keinesfalls eine offiziell genehmigte Veranstaltung.
»Und ich hab mich so gefreut …«. Benni schnieft herzerweichend. Ich überlege, wie ich ihn trösten könnte, mir fällt aber nur die oberlehrerhafte Frage ein: »Was ist an Halloween und diesem ganzen Gruselzirkus eigentlich schön?«
Benni wischt sich durchs Gesicht: »Das ist das einzige Fest im Jahr, an dem man sich nicht freuen muss!« Ich muss mir ein Lachen verkneifen. Aber in der Logik meines Jungen steckt ein Fünkchen Wahrheit: Neujahr, Ostern, Muttertag, Mittsommer, Unabhängigkeitstag, Weihnachten … Lauter Feste, an denen man feierlich gestimmt und gut gelaunt sein sollte. Feste, an denen man sich beschenkt, sich Glück wünscht, eine besinnliche Zeit verlebt, gut isst oder Spaß hat. Und dann gibt es diese eine Ausnahme, Ende Oktober, wo man als sabbernder Untoter herumlaufen könnte. Wenn Feste und Rituale wie *Kekri* dank Verstädterung und Fortschritt aussterben, braucht es hierzulande scheinbar andere Ventile. Zumal Finnland keinen Karneval feiert! Als Rheinländer weiß ich, wovon ich rede. Während ich noch überlege, hält Benni plötzlich inne, seine Augen hellen sich überraschend auf und mit aufkeimender neuer Hoffnung fragt er unvermittelt: »Könntest du nicht mit mir auf den Zombie-Walk gehen?«
»Ich?«
»Ja, du! Du wärst ein super Zombie!«
Ich weiß nicht, ob ich das als Kompliment nehmen soll.
Benni rutscht von seinem Hochbett herunter. »Bitte, bitte!«
»Aber ich hab doch gar kein Kostüm. Und mit Theaterblut will ich mich auch nicht beschmieren.«
Benni blickt auf einmal hoffnungsfroh. »Wir finden schon ein Kostüm für dich.«
»Aber …«
Er öffnet einen Schrank, in dem wir für Kindergeburtstage, Silvesterbälle und sonstige Gelegenheiten allerlei Utensilien aufbewahren: Partyhütchen,

Wichtelmützen, alte Klamotten im 60er-Jahre-Stil, eine Volkstracht aus Österbotten, ein Prinzessinnenkostüm. Benni beginnt auszupacken. Ich wehre mich mit allen Mitteln und führe die besten Gegenargumente an, die mir nur einfallen. Benni lässt nicht locker:
»Und wenn wir dich so verkleiden, dass du gar nicht mehr zu erkennen bist?!«
»Na ja, vielleicht …«
»Wirklich? Das wäre riesig!«
»Na gut.«
»Jetzt echt? Du kommst mit? Als Zombie?«
Normalerweise unterhalte ich mich mit meinem Sohn auf Deutsch, aber diesmal antworte ich gönnerhaft auf Finnisch: »*Totta kai!*« (Klar doch!)

Eine Dreiviertelstunde später sitzen wir im Auto und sind auf dem Weg in die Innenstadt. Neben mir auf dem Beifahrersitz hockt eine freudestrahlende Pizza Salami mit extra Käse, die sich des Lebens freut. Mir selbst ist etwas mulmig zumute, aber immerhin bin ich bis zur Unkenntlichkeit verkleidet, wenn auch ohne Pestbeulen und aufgemalte Narben. Ich trage alte lederne Stulpenstiefel, darüber eine zerschlissene Hose aus grobem Leinen, dazu ein kragenloses grau-weißes Hemd mit weiten Ärmeln, das an mehreren Stellen geflickt und voller zweifelhafter Flecken ist. Mein Gesicht ist halbwegs versteckt hinter einem zerzausten und ausrangierten Weihnachtsmannbart. Mit einem Kajalstift habe ich mir Ränder unter die Augen und Falten ins ganze Gesicht gemalt. Auf meinem Schädel prangt ein Käppi, das Benni einmal als Ritterknappe bei einem Schultheater getragen hat. Hervorstehende Haarsträhnen habe ich mir mit einem Farbspray lila gesprüht. Ich muss wahnsinnig sein, aber was tut man nicht alles für seine Kinder. Wir parken in unmittelbarer Nähe des Parks, von wo der Walk losgehen soll. Wir sind tatsächlich nicht die einzigen suspekten Gestalten, die am vereinbarten Treffpunkt, dem Becken eines Springbrunnens, zusammenkommen, der für den Winter stillgelegt und leergepumpt ist. Etwa dreißig Zombies haben sich hier eingefunden und brummen sich an. Benni schimmelt vor Freude. Auf was habe ich mich eingelassen?
Da gibt mir Benni einen Knuff in die Seite: »Du darfst nicht so aufrecht gehen!«

»Wieso nicht?«
»Zombies tun das nicht. Du musst gekrümmt gehen.«
Benni hat recht. Ich muss in der Menge untertauchen und gucke mir eine artgerechte Körperhaltung bei meinen Mit-Zombies ab: Die Arme lasse ich nach vorne baumeln, den Rücken krümme ich zu einem Buckel, das linke Bein ziehe ich bei jedem Schritt nach, ein Augenlid flagge ich auf Halbmast. Die meisten anderen Zombies sind augenscheinlich deutlich jünger als ich, aber auch älter als Benni. Irgendwann stemmt sich ein Oberzombie auf die Springbrunnen-Umrandung und schwenkt einen bandagierten Unterarm. Das Signal zum Aufbruch, völlig ohne Worte! Der Zombie-Zug setzt sich zögerlich in Bewegung und schwankt Richtung Zentralplatz, knurrend und fauchend und unkoordiniert mit den Armen rudernd. Anfangs plagen mich noch moralische Bedenken. Die ganze Veranstaltung hier ist überhaupt nicht angemeldet und findet ohne Segen des städtischen Ordnungsamts statt. Was tun wir, wenn uns plötzlich eine Hundertschaft der finnischen Polizei umzingelt und wegen Erregung öffentlichen Ärgernisses gefangen nimmt? Benni ist zum Glück noch nicht rechtsmündig. Ich selbst könnte im Zweifelsfalle den dummen Ausländer spielen und versuchen mich damit herauszureden, diesen Aufmarsch für eine Demonstration unterdrückter Pizzas gehalten zu haben.
Die Zombies ziehen zunächst die Allee Hämeenpuisto hinunter. Nach den ersten hundert Schritten habe ich mich daran gewöhnt, zu hinken und mich wie ein hirnloser Volltrottel zu bewegen. Ich bemerke, dass es etwas Befreiendes hat, sich öffentlich auf Tamperes Straßen wie ein Wesen zu benehmen, dem jegliche Etikette fremd ist. Neben mir geht Benni, der versucht, schauderhaft zu grunzen, aber man hört deutlich heraus, dass es eigentlich blubbernde Glückslaute sind. Endlich mal ein Fest, bei dem man sich nicht zu freuen braucht!
Es ist interessant, wie vorbeikommende Passanten auf uns reagieren. Eine Rentnerin mit Rehpinscher wechselt konsterniert die Straßenseite, obwohl ihr Hündchen nervös an einen Baum pinkeln möchte. Erbarmungslos wird der Pinscher fortgezogen und besudelt sich.
Wenig später trifft unser Zug auf eine Gruppe asiatischer Touristen, wahrscheinlich Japaner. Sie machen das, was jedes japanische Kind lernt, bevor es sprechen kann: Sie zücken ihre Kameras, umkreisen uns wie Insekten die

Kirschblüten und machen mit fröhlich grinsenden Gesichtern zirka 5000 Fotos. Eine junge Frau aus ihrer Runde fragt Benni und mich auf Englisch, ob wir mit ihr für ein Gruppenfoto posieren würden. Ich schnaufe zustimmend. Blitzlichter flackern. Ich sei sicherlich ein typisch finnischer Zombie mit meinem weißen Bart und dem Käppi, fragt sie und lächelt selig. Ich nicke bestätigend.

Der Weg führt uns schließlich vorbei an der Stripbar *Big Tits*, wo wir von mehreren stiernackigen Männern mit Stoppelhaarschnitt beäugt werden, die zum Rauchen an der Straßenecke stehen. Gedrungende Burschen in Lederjacken mit aufgedunsener Schlägervisage. Sie saugen aggressiv an ihren Glimmstängeln und schnippen ihre Kippen in unsere Richtung. Für solche Typen bin ich gerne Zombie, denen ich mit Freuden Theaterblut ins Gesicht kotzen würde.

Bevor wir in eine Seitenstraße abbiegen, erkenne ich unter den glotzenden Fußgängern zufällig einen älteren Kollegen. Er ist Professor für finnische Literatur und hält sich für einen der letzten hehren Wahrer nordisch-abendländischer Hochkultur. Den Zug der Untoten besieht er mit einem Gesichtsausdruck tiefster Verachtung. Es bereitet mir daher einen Heidenspaß, an ihm vorbeizuhumpeln und bedrohlich mit den Augen zu rollen. Ich bin sicher, dass mich der werte Herr Literaturprofessor nicht erkannt hat. Meine Tarnung ist stoßfest und wasserdicht. Ich erlaube mir daher auch noch einen abgrundtiefen Rülpser.

»He, Vati!«, zischt Benjamin mir zu, »Zombies rülpsen nicht!«

»Und du sei still!«, zische ich zurück, »Zombies sprechen kein Deutsch!«

Für diese Ermahnung hat mein Sohn tiefstes Verständnis.

Unser makabrer Zug strebt dem Zentralplatz von Tampere entgegen. Die Fußgänger, denen wir begegnen, starren uns ungläubig an. Viele tun aber auch bewusst gleichgültig und laufen mit stoischem Blick an uns vorbei. Manche Passanten lachen amüsiert und machen Fotos mit ihren Mobiltelefonen. An der nächsten Straßenecke stehen zwei Zeugen Jehovas, die ihr Heft »Erwachet« (*Herätkää!*) feilbieten. Bei unserem Anblick schlagen sie ein Kreuzzeichen. Wir Zombies sind der Beweis dafür, dass das Ende nah ist.

Schließlich erreichen wir den Zentralplatz. Hier stehen Dutzende von Grüppchen Schaulustiger vor dem historischen Rathaus und warten auf die

Tanzvorführung Thrill the World. Einige von ihnen halten uns sicher schon für die Tänzer und blicken uns erwartungsvoll an. Aber unser Zombie-Zug gesellt sich nur zu den Wartenden. Nun könnte sich unsere Truppe allmählich auflösen, jedoch die allermeisten verbleiben im Pulk in unmittelbarer Nähe zueinander. Auch Zombies sind soziale Wesen, die gerne unter Ihresgleichen sind. Aber in der großen Menge fallen wir weniger auf als während unseres Marsches, zumal auch der ein oder andere kostümierte Halloween-Partybesucher oder Michael-Jackson-Fan auf dem Platz herumsteht.

Vor dem Rathaus ist eine Art großflächiger einfacher Tanzboden verlegt worden, der einer dicken Gummimatte gleicht. Er wird von mehreren Scheinwerfern in wechselnden Farben angestrahlt. Links und rechts stehen Lautsprecherboxen, aufgebockt auf massiven dreifüßigen Stativen. Durch die Menge huscht ein Kamera-Team, wahrscheinlich vom Lokalfernsehen. Schräg neben der Tanzfläche sind zwei wetterfeste Großbildschirme angebracht: Auf dem einen ist eine Weltkarte zu sehen, auf der Leuchtpunkte anzeigen, in welchen Städten der Welt derzeit Thriller getanzt wird. Auf dem anderen Bildschirm läuft ein Countdown ab, der verrät, wann auch in Tampere die Welt gethrillt wird.

Senja und ihre Freundinnen vom Tanzverein *Tamperazzi* müssen irgendwo im alten Rathaus stecken und sich in ihre Tanzkostüme zwängen. Ich kann mir ausmalen, wie sie mit Ungeduld ihres großen Auftritts harren. Wahrscheinlich toupieren sie schon seit Stunden ihre Haare und zupfen an ihren Lumpenkostümen. Benni und mir bleiben nur noch mehrere Minuten, bis es mit dem Tanz losgehen soll.

»Na, bist du zufrieden?«, frage ich Benni nach vollendetem Zombie-Walk. Er sieht mich an wie jemand, der vor Glück in der siebten Hölle schmort. »Ja!«, sagt er und nickt. Benni ist selbstverständlich damit einverstanden, dass wir – wo wir einmal an Ort und Stelle sind – uns auch den Tanz seiner Schwester ansehen. Während wir noch warten, erreicht mich (mit dem Miauen unserer Katze) eine Textnachricht. Es ist Eila. »Wo steckst du?«, fragt sie. Neben dem Text gibt es mehrere Smileys mit steilen Falten auf der Stirn. Eila muss zwischenzeitlich von ihrem Yoga nach Hause gekommen sein und sich darüber wundern, wo ich bleibe. Schließlich wollten wir ein romantisches Gläschen Rotwein vor dem Kamin trinken. Ich simse in Eile zurück: »Ich komme bald! Max. 30 Min. Erkläre alles später! Der Rotwein steht schon bereit!«

Auf dem Großbildschirm nähert sich die runterlaufende Uhr der Null. Die Vorstellung kann beginnen. Ein Maxi-Single-Remix zu Michael Jacksons Megahit Thriller setzt ein. Die Zuschauer rücken näher an die Tanzfläche heran. Endlich geht es los! Zu Beginn sind atmosphärische Geräusche aus den Lautsprechern zu hören: das unheilvolle Quietschen einer sich öffnenden Tür, gespenstische Schritte auf einem hallenden Steinboden, Gewittergrollen, das unheilvolle Heulen eines Wolfes, dann wieder Schritte. In diesem Augenblick öffnet sich die mittlere Flügeltüre des historischen Rathauses und die Tänzerinnen in ihren Fetzenkostümen treten hinaus. Sie haben den überheblichen Gesichtsausdruck von Models auf dem Laufsteg und blicken kalt in unendliche Fernen. Das Publikum strafen sie mit Nichtachtung. Die Tänzerinnen – es sind etwa ein Dutzend – stolzieren im Gänsemarsch die Stufen des Rathauses hinunter und nehmen auf der Tanzfläche Aufstellung. Ich suche nach Senja, kann sie auf Anhieb aber nicht ausmachen. Benni entdeckt sie als Erster. »Da ist sie!« Sein Finger weist auf eine Tänzerin irgendwo mittig rechts. Ihre Blicke treffen sich. Fröhlich winkt Benni seiner Schwester zu, sie antwortet, indem sie unmerklich eine Hand hebt und ihm zublinzelt. Ich bin bass erstaunt: Meine Kinder leben seit Monaten im Dauerstreit, aber als Untote begegnen sie sich mit freundlicher Geste.
Die Tänzerinnen verharren einen Augenblick in eingefrorener Pose. Der Beat von Thriller beginnt und übertönt allmählich den Geräuschteppich. Wie auf ein unsichtbares Zeichen beginnen sich die Tänzerinnen zu bewegen. Sie recken und strecken sich, erst zögerlich, langsam und unkoordiniert, dann immer schneller. Nach einer Art Fanfarenstoß finden sie schließlich in eine einheitliche Choreographie. Michael Jackson Stimme beginnt zu fiepen. Die Tänzerinnen zucken mit den Beinen, klatschen gleichzeitig über ihren Köpfen die Hände zusammen und bewegen sich dann in Seitwärtsschritten, bevor sie eine etappenweise ruckartige Rundumdrehung vollziehen. Der Refrain erklingt: »'cause this is thriller, thriller night ...«
Begleitet wird die Darbietung von einem Blitzlichtgewitter. Wer nicht fotografiert, klatscht mit. Das Publikum geht gut gelaunt mit!

Auf dem Bildschirm mit der Weltkarte leuchtet ein Punkt auf der Höhe von Tampere. Was sind schon L.A., London oder Berlin? Hier in Tampere geht die Post ab! So gut wir es als Zombies können, klatschen und swingen Benni und ich mit. Die Tanz-Performance ist perfekt!

19. Lappenschlappen: *lapintossut*

Putten sind kleine Engelchen, die sich auf vielen Gemälden in katholischen Kirchen finden. Sie sind meistens nackig, wohlgenährt, blondgelockt und sie tragen kleine Flügelchen auf ihrem Rücken. Sie sind der größte Kitsch, den das Zeitalter des Barock hervorgebracht hat. Sie dienen der Verzierung biblischer Darstellungen und strahlen über alle vier Backen unendliches Glück und himmlische Verzückung aus.

Auch Benni gleicht einer kleinen Putte, als wir rund zwanzig Minuten später im Auto sitzen und uns auf dem Rückweg nach Hause befinden. Benni ist zwar kein Engelchen mit Flügeln, sondern ein Zombie mit Pizzabelag, aber sein Gesichtsausdruck ist ähnlich holdselig. Obwohl ich die Antwort schon kenne, frage ich trotzdem: »Und? Hat's dir gefallen?«

Benni nickt. Ganz kräftig. Ich bin mir sicher, dass in der Geschichte der Menschheit nie ein Junge zufriedener ausgesehen hat als an diesem Abend Ende Oktober auf einer dunklen Ausfallstraße bei Tampere. So einfach ist das also: Einmal mit Zottelbart durch die Innenstadt hampeln – und in den Augen des eigenen Nachwuchses ist man der beste Vater der Welt! Benni schaut so bewundernd zu mir auf wie Finnen zu ihren Speerwerfern. Vergnügt darf ich für mich festhalten, dass mir heute bei meinem Sohn gelungen ist, was mir mit Ehefrau, Tochter und Mieze wesentlich schwieriger vorkommt. Nämlich einen Blick zu bekommen, der sagt: einhundert Prozent.

»Wusstest du eigentlich, dass Michael Jackson ein Zeuge Jehovas war?«, frage ich Benni.

»Nö! Nie gehört. Wer sind denn die Zeugen Jehovas?«

»Das sind strenggläubige Leute, die häufig in den Innenstädten stehen.«

»Und warum stehen die da?«

Gute Frage! »Sie vertreiben eine Zeitung mit Namen »Erwachet«.«

»Wer soll denn erwachen? Etwa die Zombies?«

»Wahrscheinlich ja!«, lache ich, »all die, die wie ferngesteuert und willenlos durch die Welt tappen.«

Mein Mobiltelefon miaut, eine Textnachricht geht ein. Vor der nächsten roten Ampel schaue ich nach. Wieder ist es eine Mitteilung von Eila: »Wann kommst du denn endlich?« Neben dem Text befinden sich drei

Emoticons: Ein pulsierendes Herz, ein Glas Rotwein und ein gebrochenes Herz. Ja, unser Abend vor dem Kamin. Leider weiß Eila noch nicht, dass Bennis Zombie-Walk nur mit mir als Ersatz stattgefunden hat und er gar nicht bei einem Freund übernachten wird. Aber ein Gläschen trinken kann man ja trotzdem.

Schließlich erreichen wir unseren Hof, ich stelle das Auto im Carport ab.

»Ist Mutti eigentlich zu Hause?«, fragt Benni.

»Ja. Wieso?«

Mein Sohn sieht mich wild-entschlossen an. »Komm mit, die erschrecken wir!« Mit schelmischem Grinsen springt er aus dem Auto und schleicht sich an das Küchenfenster heran. Ich folge ihm in einigem Abstand.

»Da ist sie!«, flüstert Benni wie ein russischer Spion in Lauerstellung und winkt mich an seine Seite. Dabei berührt er mit seiner Nasenspitze fast die Fensterscheibe. Es ist leicht, vom Dunklen in ein hell erleuchtetes Zimmer zu lugen, aber relativ schwer, von drinnen hinauszuschauen. Eila steht in der Küche. Sie trägt ein schwarzes Nachthemd mit Spaghetti-Trägern. Sie scheint eine Melodie zu summen, sie tänzelt durch die Küche. Etwas unpassend zu ihrem schwarzen Seidennachthemd trägt sie klobige pelzverbrämte Lappenschlappen mit Bommeln und gebogenen Schuhspitzen. Benni dreht sich mit einem hämischen Grinsen zu mir um. »Wenn die wüsste, dass wandelnde Tote sie beobachten!« Ja, was dann? Wir sehen Eila, wie sie nach der Flasche Rotwein greift, die ich auf den Tisch gestellt hatte.

»Hi, hi, hi!«, kichert Benni, »die bemerkt uns überhaupt nicht.« Er ergreift mich beim Ärmel und zieht mich noch näher an sich heran. So stehen wir wie die Salzsäulen vor unserem Küchenfenster und spannen in die gute Stube. Dabei können wir nicht nur Eila unbemerkt observieren, wie sie damit beginnt, die Flasche zu entkorken, sondern auch unser eigenes Spiegelbild in Augenschein nehmen: Benni mit Narben und blauen Flecken im Gesicht; ich mit altem Weihnachtsmannbart, lila Haarsträhnen und Käppi.

»Komm jetzt!«, sage ich leise, »lass uns endlich reingehen!«

»Nein, noch nicht!«, beharrt Benni.

Wir linsen weiter in die Küche.

Benni drückt nun seine Nase an der Fensterscheibe platt und hechelt wie ein Hund. Ich stehe unmittelbar hinter ihm.

In diesem Moment fällt Eilas Blick in unsere Richtung. Sie erstarrt! Hätte ich die übernatürlichen Fähigkeiten eines Nachtgespenstes, würde ich mit Sicherheit wahrnehmen können, wie ihre Pupillen binnen Sekundenbruchteilen auf das Dreifache ihrer Größe anwachsen und sich ihre Nackenhaare aufstellen. Aber auch als Normalsterblicher kann ich durch die Fensterscheibe den kurzen Schrei des Erschreckens hören, den sie ausstößt. Zombieähnliche Typen glotzen zu ihr herein! Die Flasche Rotwein entgleitet ihren Fingern! »Nein!«

Die Flasche stürzt zu Boden. Wäre ich ein Nachtgespenst, das durch Wände dringen kann, würde ich nun vorspringen und die Flasche auffangen. Doch als Normalsterblicher kann ich nur tatenlos zusehen. Die Erdanziehungskraft kennt keine Gnade! Die Flasche zerbricht in tausend Scherben auf dem steinharten Kachelboden unserer Küche, der Rotwein ergießt sich in alle Richtungen. Aus dem Augenwinkel kann ich erkennen, wie Fiona davonspringt und im Wohnzimmer unter das Sofa flüchtet. Eila macht einen Satz zurück. Ihre Beine sind rotweinbespritzt, die Lappenschlappen voller Rotweinflecken. Mit einer Mischung aus Entsetzen und Groll starrt sie in unsere Richtung. Ihre schreckgeweiteten Augen verengen sich zu unheilvollen schmalen Schlitzen. Nach dem ersten Entsetzen hat sie erkannt, wer da hinter dem Fenster steht und ihr einen Schrecken eingejagt hat.

»Ich glaube, wir müssten jetzt doch langsam reingehen …«, sage ich.

»Boah … die hat sich vielleicht erschreckt!«, freut sich Benni.

Die nächste Nacht verbringe ich unfreiwillig im oberen, leer stehenden Teil von Bennis Kinder-Hochbett. Dabei kann ich mich davon überzeugen, dass dieses Bett viel zu schmal und zu kurz für halbwegs ausgewachsene Personen ist und dass Benni demnächst unweigerlich ein neues bracht.

Am nächsten Morgen fühle ich mich wie gerädert. Ich schleppe mich in die Küche. Schade, dass heute Samstag ist. Es wäre besser für mich, ich müsste jetzt zur Arbeit an die Uni fahren, statt meine Zeit zu Hause zu verbringen. Der anbrechende Tag könnte voller Vorwürfe und lästiger Nachfragen sein. Oder schiefer Blicke. Ein Leben unter dem Lappenschlappen. Wobei ich mir meiner Schuld durchaus bewusst bin. Zu meiner Verteidigung habe ich leider nichts vorzubringen, was mir als mildernder Umstand angerechnet werden könnte. Meine nackten Füße machen schmatzende Geräusche auf

dem Kachelboden. Ich müsste wohl noch ein weiteres Mal den Küchenboden feucht wischen, um die letzten klebrigen Rotweinreste zu entfernen. Kraftlos lasse ich mich auf einen Küchenstuhl fallen und schaue hinaus. Der Morgen dämmert und mir graut. Als ich Richtung Straße schiele, durch entlaubte Hecken und an kümmerlichen Tannenbäumchen vorbei, fährt dort im Schritttempo ein zitronengelbes Auto vorbei. Ein sportlicher Zweisitzer. Dasselbe Auto, das mir vor einiger Zeit schon einmal aufgefallen ist und verdächtig auf unserer Straße herumstand. Was ist das für ein Vogel? Ein Stalker? Ein neuer Anwohner? Ein Zombie auf vier Rädern? Oder doch ein Späher der Einbruchmafia? Ich sollte hinausgehen, die Zeitung holen und einmal nach dem Rechten sehen. Aber irgendwie fehlt mir dazu die Energie. Besser wäre es, erst einmal Kaffee zu kochen. Fiona schnurrt an meinen Beinen vorbei, sie heuchelt Verschmustheit, nur weil sie Futter haben will. Von mir kriegst du nix, Mieze! Ich koch mir Kaffee! Als ich mich endlich dazu aufraffen will, sehe ich, dass Senja die Auffahrt hochmarschiert kommt, eine Sporttasche über der Schulter. Die Zeitung hat sie gleich mitgebracht. Bevor sie gegen die Tür bollert oder Sturm klingelt, weil es ihr zu lästig ist, den eigenen Hausschüssel hervorzukramen, gehe ich ihr öffnen. Damit verhindere ich immerhin, dass der Rest der Familie vorzeitig aufgeweckt wird.
»Morgen! Bist du schon da?«
»Nein, ich tu nur so!«
Jugendliche haben in Finnland das verbriefte Recht, auf unnötige Fragen unsachgemäße Antworten zu geben.
»Wie war's denn auf eurer Pyjama-Fete?«
»Ganz okay.«
»Ich hätte gar nicht gedacht, dass du schon so früh zurückkommst. Ist dir vielleicht irgendein gelbes Auto auf unserer Straße aufgefallen?«
Senja schleudert schwungvoll ihre Sporttasche auf das alte Holzsofa in unserem Flur, streift ihren dicken Mantel ab und wirft ihn hinterher. Ohne auf meine Frage einzugehen, zieht sie ihr Mobiltelefon hervor: »Hier, guck mal. Bilder von unserem Tanzauftritt.« Mit wenigen Knopfdrücken ruft sie Bilddateien aus dem Internet auf und reicht mir ihr Telefon. »Hier! Auf einem Foto seid ihr auch zu sehen im Hintergrund, du und Benni!«
Sie zeigt mir eine Fotostrecke mit Bildern von Thrill the World-Auftritten

aus der ganzen Welt: L.A., Dallas, New York City. Glasgow, Paris, Hamburg, Amsterdam … und irgendwann kommen zwei, drei Bilder aus Tampere. Senja und ihre Tanzgruppe sind klar zu erkennen.
»Diese Fotostrecke ist schon mehrere Millionen Mal aufgerufen worden!«, verkündet Senja stolz.
Während wir uns unterhalten, läuft die Bilderfolge weiter und zeigt spukhafte Tanzende in Fledderkostümen vom Rest der Welt: Tallinn, Petersburg, Bangkok, Jakarta, Peking, Wladiwostok, Wellington ...
Beim Anblick der Bilder rund um den Globus wird mir klar, dass die Verschwisterung der Menschheit möglich ist. Man muss nur wie ein Zombie sein Hirn abschalten und sich dem Rhythmus der Pop-Musik hingeben. Schon will ich ausrufen: »Zombies aller Länder: Vereinigt euch!«
Ich skippe noch einmal zurück zu den Tampere-Bildern. Tatsächlich sind auf einem Foto Benni und ich im Publikum zu sehen. »Zum Glück bin ich hier nicht zu erkennen!«, sage ich erleichtert.
»Du sahst auch ziemlich dämlich aus. Wie so eine Art Grusel-*Väinämöinen!*« So heißt die zentrale Gestalt des finnischen Nationaleopos, ein Kämpe mit Rauschebart, der nach mythischer Überlieferung schon alt geboren wurde.
»Du bist ziemlich frech, Tochter!«
Bevor wir uns einen handfesten Streit leisten können, steht plötzlich Eila mit verschränkten Armen in der Küche. Noch ehe sie weiß, worum es geht, ist sie mit Senja einer Meinung. Das spüre ich sofort.

20. Schmusetier: *lemmikki*

Eine Zugfahrt von Tampere, dem ungekrönten Mittelpunkt des Landes, nach Oulu an der Küste, weit im Norden an den Ausläufern des Bottnischen Meerbusens, dauert rund fünf Stunden. Auf einer solchen Fahrt hat man ausreichend Gelegenheit, sich die finnische Landschaft anzuschauen, auch wenn das im kalten Herbst nicht unbedingt ein Augenschmaus ist.

In Oulu weht meistens ein schneidiger Wind, der mitverantwortlich dafür sein muss, dass man im hohen Norden so selten den Mund aufmacht. Bei meiner Ankunft an einem Freitagmittag im November ist das, wie zu erwarten, nicht anders.

Das Bahnhofsgebäude von Oulu ist – so wie viele in Finnland – ein altehrwürdiges prächtiges Holzhaus mit schwerem Gebälk, das an die Zeiten denken lässt, als man noch mit Dampflokomotiven durchs Land fuhr. Der große Rest der Stadt ist nicht ganz so schnuckelig, aber insgesamt ist Oulu ganz ansehnlich. Wenn nur der kalte Wind nicht wäre …

Am Bahnhof werde ich von Perttu abgeholt, einem Mitglied unserer Jurorengruppe auf der Suche nach dem finnischsten aller Worte.

Perttu ist Fachmann für Sprach-Software und Computerlinguistik und arbeitet in Oulu an einem Forschungszentrum. Er ist ein intelligenter Mensch, der an der Entwicklung verschiedener Sprachprogramme mitgewirkt hat, unter anderem an einer App für Navigatoren, die Audio-Hinweise automatisch in der regionalen Mundart ausspricht. Das Beste an Perttu aber ist, dass er mit vollem Namen Perttu Poika Penttilä heißt. Meiner Meinung nach qualifiziert ihn bereits sein blumiger Name für unser Projekt. Dieser Name wäre schon ein potenzieller Preisträger.

Perttu ist allzeit hilfsbereit, verlässlich, solide. Nur hat er leider den Nachteil, dass er überhaupt keinen Humor versteht. Das liegt sicher nicht daran, dass er verknöchert oder prüde wäre. Sein Problem ist, dass man bei Humor um die Ecke denken muss. Und dazu ist Perttu nicht in der Lage. Spaßige Sprüche, Übertreibungen, Ironie oder Zweideutigkeiten kann sein Hirn einfach nicht prozessieren, es arbeitet so binär wie ein Computer.

»Hallo, wie geht es dir?«, begrüßt er mich vor dem Bahnhofsgebäude und reicht mir eine behandschuhte Hand. Ein eisiger Küstenwind bläst uns ins Gesicht.

»Gut, danke«, antworte ich, »warm und gemütlich habt ihr's hier in Oulu.« Perttu sieht mich ungläubig an. »Ich finde, es ist windig.« Dann führt er mich zu seinem Wagen. Eindeutig ein binäres Hirn: Es gibt nur schwarz oder weiß, richtig oder falsch, tot oder lebendig. Perttu gehört sicher nicht zu den Leuten, die auf der Arbeit Witze erzählen. Aber möglicherweise braucht die Computerlinguistik solche Leute, die ihr Denken dem von Computern anpassen.

Am Nachmittag desselben Tages setzt sich unsere Arbeitsgruppe im kleinen Versammlungsraum des Hotels Arina in der Innenstadt von Oulu zusammen. Außer Perttu und mir als integriertem Fenno-Germanen gehören dazu ein Sprachhistoriker von der Uni Ostfinnland (Jussi), eine preisgekrönte literarische Übersetzerin (Heljä), die Chefredakteurin eines Kulturmagazins (Marina) und eine Pädagogin für Spracherwerb und Mehrsprachigkeit (Sirkka).
Es gilt, für unser Projekt eine erste kleine Zwischenbilanz zu ziehen.
Den Vorsitz führt Jussi. Er ist der Älteste und als Wissenschaftler von internationalem Ansehen der Renommierteste in unserer Runde. Wir alle sind davon überwältigt, wie hoch die Beteiligung bisher gewesen ist und dass es allmählich eine Unmöglichkeit darstellt, alle Einsendungen zu sichten. Wir besprechen, wie wir uns in Zukunft die Arbeit aufteilen wollen und der Flut an Vorschlägen Herr werden können, in welchen Kategorien wir eine Nummer-1-Platzierung vergeben und wie die Auswahl für die Buchveröffentlichung zustande kommen wird.
Ein besonderes Problem sind Hassparolen und Stellungnahmen von Wutbürgern, die in der vermeintlichen Anonymität des Internets ihrem Unmut freien Lauf lassen. Zum Beispiel schimpfte jemand: »Das finnischste Wort? Eindeutig *ählām sählām!*« (Mit diesem lautmalerischen Ausdruck wird verächtlich der Klang der arabischen Sprache nachgeäfft.) Von der finnischen Sprache wird in zwei Generationen sowieso nichts mehr übriggeblieben sein. Wir werden überrollt von islamistischen Kameltreibern!«
»So ein Mist hat zwischen Buchdeckeln nichts verloren!«, entscheidet Jussi und spricht damit allen aus dem Herzen. Aber ähnliche Wortmeldungen, wenn auch weniger drastische, gibt es relativ viele. Wie zum Beispiel die folgenden:

»Die finnischen Jugendlichen von heute sprechen doch nur noch ein Kauderwelsch aus Großstadt-Slang und Englisch. Ständig hört man sie ausrufen: »*Oh my God!*« oder »*What the fuck?!*«. Statt Gefühle haben sie ein *fiilis* (Feeling) und statt Freunden haben sie *frendit* (friends). Das ist nicht nur *random*, sondern richtig *awkward!*«

Es wird entschieden, dass der Ausgewogenheit halber auch einige kritische Stimmen für die Buchveröffentlichung aufgenommen werden sollen, solange sie niemanden verletzten oder Hetze betreiben.

Auch Fragen der Aufmachung des Buches werden kurz angesprochen und wie unsere Abschluss-Statements aussehen könnten. Jeder von uns hat für das heutige Zusammenkommen auch schon ein paar Favoriten im Gepäck, die zum Besten gegeben werden. Marina, die Kulturredakteurin, ruft auf ihrem Laptop einen der vielen Texte auf, die ihr gefallen haben:

»Hier schreibt eine Diana, ihr Lieblingswort sei *lemmikki* (Haustier, Schmusetier, Liebling). Die Begründung: ›Ich habe einen kleinen Hund und einen alten, dicken Kater. Die beiden verstehen sich sehr gut und zeigen, dass Katz und Hund miteinander auskommen können. Beide Tiere sind gleichermaßen mein Liebling, mein *lemmikki*. Schon das Wort *lemmikki* klingt nach Wärme und Nähe, nach zwei Wollknäueln auf Beinen, die sich vor dem Kamin aneinanderkuscheln.‹«

Alle sind der Ansicht, dass das irgendwie süß ist. Außer Perttu mit seinem binären Gehirn. »Süß« ist für ihn eine nicht fassbare Kategorie, die sich einer objektiven Wertung entzieht.

Unser Vorsitzender Jussi, der Sprachhistoriker, zitiert den Beitrag eines Mannes, der die Meinung vertritt, dass »*wanha*« (alt) das schönste finnische Wort sei. Genau in dieser Schreibung! Denn nur in altertümlicher Schreibung verwendet man im Finnischen überhaupt noch ein »w«, nach zeitgenössischen Regeln schreibt sich das Wort »*vanha*«. Aber »*wanha*« wirkt sofort zwei Jahrhunderte älter. Dieser Ansicht können sich alle Mitglieder unserer Jury anschließen, außer Perttu Poika Penttilä. Er findet, dass Worte im Schriftbild nur Buchstabenkombinationen seien, ohne alt, jung, neu, gebraucht, schön oder hässlich zu sein.

Sirkka, die Pädagogin, hat für die Kategorie ›Beiträge von Kindern‹ bereits einen ersten persönlichen Vorab-Liebling auserkoren. Sie liest die Einsendung eines siebenjährigen Mädchens namens Eveliina vor: »Mein Lieblingswort ist *äiti* (Mutter, Mutti, Mama). Denn *äiti* ist genau das, was meine Mutter ist. Wenn *äiti* nicht *äiti* wäre, dann ginge doch die ganze Welt kaputt.« Wir müssen alle schmunzeln, Sirkka kämpft sogar mit einem Rührungstränchen. Nur Perttu schüttelt den Kopf und wendet ein, man hätte Kinder grundsätzlich von der Möglichkeit der Teilnahme ausschließen sollen. Während er das sagt, sitzt er kerzengerade auf seinem Stuhl und scheint es ernst zu meinen. Glücklicherweise steht er mit seiner Meinung allein da. Nach einem kräftigen Durchatmen setzen wir anderen unbeirrt unsere Leserunde fort.

Heljä, die Literaturübersetzerin, ist ganz angetan von einigen Einsendungen mit nur lokal verbreiteten, seltenen Verwandtschaftsbezeichnungen, so wie *tummu* für »Oma«. Alle im Team sind sich einig, dass wir auch ein paar eigentümliche, vom Aussterben bedrohte Worte in unsere Sammlung aufnehmen sollten. Alle außer Perttu, der seltene Worte für irrelevant hält.

Schließlich werde ich danach befragt, ob es bereits Publikumseinsendungen gibt, die mir besonders gut gefallen hätten. Mir fällt es schwer, mich zu entscheiden. Schließlich krame ich die ausgedruckte Mail eines Mannes hervor, der wie ich Einwanderer ist und den ich sogar flüchtig kenne. Er ist türkischer Kurde, lebt seit rund zehn Jahren in Helsinki und arbeitet als Behördendolmetscher. Ihm gefallen all die Wörter, die häufig oder ausschließlich im Plural auftreten und auf -it enden: *kekkerit, penkkarit, synttärit, päättärit, tanssit, kestit, pullakahvit, polttarit* … In allen Fällen handelt es sich dabei um Bezeichnungen für fröhlich-festliche Anlässe, von denen man vielleicht mehr hat, wenn man sie im Plural nennt. Ein gewisser Nachteil dieses Beitrags ist die Ausführlichkeit. Die Liste meines Bekannten zieht sich ins Unendliche. Der Einzige, der beim Vorlesen endlich Ansätze eines zufriedenen Gesichtsausdrucks zeigt, ist Perttu. Er mag Listen! Sie haben etwas Analytisches und sie wirken weniger wie wahllose Einzelerscheinungen.

Nachdem ich geendet habe, fragt Jussi, der Vorsitzende, den übrig bleibenden Perttu: »Und was denkst du?«.

Perttu blickt zur Decke, als müsse er nachdenken. Sein linkes Augenlid zittert leicht.

Jussi wiederholt seine Frage: »Hast du auch schon Einsendungen, die dir besonders gefallen?«

»Nein!«, sagt Perttu langsam. »Das ist alles nicht wissenschaftlich.« Da hat er natürlich Recht, denn es war auch nie davon die Rede, dass wir ein Forschungsprojekt betreiben. Trotz allem wirkt Perttus Bemerkung wie ein lähmender Schlag in den Schwung unserer fröhlichen Sichtungsarbeit. Stumm und verwundert blicken alle zu ihm herüber.

»Und?«, hakt Jussi nach.

Perttu beginnt, mehrere Stifte auf dem Sitzungstisch so zu ordnen, dass sie genau parallel zueinander liegen. »Ich arbeite an einem Versuchsaufbau. Mithilfe empirischer Erhebungen ließe sich das finnischste Wort ermitteln. Oder man kann sich ihm zumindest nähern!«

Und wie soll das gehen? Ist so etwas überhaupt möglich? Lässt sich das finanzieren? Wie viele Personen müsste man dafür befragen? Es prasselt Fragen! Perttu lässt sich aber nicht aus der Ruhe bringen, räuspert sich und hält dann aus dem Stegreif einen Kurzvortrag.

An dem Forschungszentrum, wo er arbeitet, liefe zurzeit sowieso eine Erhebung, die das Leseverhalten der Abonnenten von Online-Zeitungen teste, berichtet er in trockenem Tonfall. Das finnischste Wort ließe sich quasi als Nebenprodukt gleich mit eruieren. Man hätte knapp 500 repräsentativ ausgewählte Versuchspersonen aus ganz Finnland, die täglich mehrere Online-Zeitungen lesen. Und beim Lesen würden die Probanden Spezialbrillen tragen, die nicht nur Augenbewegungen aufzeichneten, sondern die über die Brillenbügel sogar den Puls der Leser messen könnten. Bei Wörtern, die besondere Aufmerksamkeit auf sich ziehen würden oder die starke Gefühle hervorriefen, ließen sich minimale Vergrößerungen der Pupillen messen und ein geringfügig erhöhter Herzschlag feststellen. Perttu erläutert mit der Höchststufe an Eifer, zu der er fähig ist – er flackert mit beiden Augenlidern – dass diesen empirischen Erhebungen zudem korpuslinguistische Untersuchungen vorausgingen, bei denen gigantische maschinenlesbare Textmengen des Finnischen mit Textkorpora anderer Sprachen abgeglichen würden. Dadurch ließe sich computergestützt statistisch herausfiltern, was für die finnische Sprache besonders typisch sei.

»Moment, Moment!«, unterbricht ihn Jussi irgendwann. »Das hört sich ja alles ganz schön und gut an. Aber irgendwie hat das nur noch bedingt mit unserer Buchidee zu tun!«

»Außerdem«, wendet Sirkka ein, »wird damit nur die aktuelle Zeitungssprache erfasst, das Mündliche bleibt völlig unberücksichtigt.«
Bei dieser Kritik macht Perttu zunächst ein langes Gesicht. Aber nach längerer Diskussion einigen wir uns darauf, dass Perttu seine eigene ›wissenschaftliche‹ Erhebung zum finnischsten aller Worte als Nebenprojekt weiterführen und das Ergebnis in seinem Schluss-Statement Aufnahme finden könne.
Ich muss zugeben, dass Perttu mich immerhin sehr neugierig gemacht hat!

21. Guten Tag, wie geht's? *Moro*

Was wünschst du dir denn zum Vatertag?«, will meine Tochter wissen. Ihre Frage trifft mich vollkommen unvorbereitet.

»Frieden auf Erden!«, antworte ich spontan.

»Nein, jetzt im Ernst!«

»Das ist mein Ernst.«

»Also ich meine etwas, was man dir schenken kann!«

Senja hat so manche Macke, wie sie für Mädchen ihres Alters typisch sein mögen. Aber man kann ihr nicht nachsagen, dass sie unaufmerksam wäre. Sie mag Familienfeste aller Art! Sie mag es, andere zu überraschen. Sie mag es, Glückwunschkarten zu basteln, Geschenke einzukaufen und Kuchen zu backen. Sie liebt es, Luftballons an die Zimmerdecke zu kleben, Luftschlangen durch den Raum zu blasen und Konfetti zu werfen, die meistens ich hinterher wegkehren muss.

»Etwas, das man mir schenken kann …?!«, wiederhole ich und würde mir zum Überlegen durch den langen Bart kraulen, wenn ich einen hätte. »Ich weiß! Wie wäre es mit einem Gutschein, ein Jahr lang morgens keine Klodeckel mehr scheppern zu lassen!«

Senja zieht eine Grimasse. »Nein, etwas, das man dir kaufen kann!«

»Ich würde mich aber freuen, wenn es ein Jahr lang nicht scheppern würde. Es wäre auch billiger für dich!«

»Ich will dir aber lieber etwas kaufen!«, insistiert sie.

»Na gut, wenn es unbedingt sein muss … Aber bitte keine Socken!«

Sowohl in Finnland wie in Deutschland wird Vatertag gefeiert, aber es gibt dabei mindestens drei bedeutsame Unterschiede! Erstens: In Deutschland feiert man den Vatertag im Wonnemonat Mai statt im düsteren November. Zweitens: In Finnland werden die Väter im kleinen Kreise der Familie verwöhnt, während sich Väter in Deutschland zu Horden zusammenrotten und wandern gehen, um unterwegs wacker dem goldenen Gerstensaft zuzusprechen. Vielleicht hat dieser Unterschied damit zu tun, dass man in diesem Lande eher Katzenmensch ist und in jenem eher Hundemensch. Drittens: In Finnland zeigt man sich am Vatertag vaterländisch und hisst die Flaggen. Aber in beiden Ländern werden Socken verschenkt.

Eine finnische Universität ist wie ein stolzes Schiff auf der Ostsee, das seinen Heimathafen verlassen hat und durch die Schärenwelt schippert. Leider herrscht Uneinigkeit darüber, wozu die Reise unternommen wird. Unerschrockene Kadetten sind in See gestochen, um fremde Inseln zu entdecken. Der Reederei wäre aber am liebsten, das Schiff würde immer nur bekannte Häfen anlaufen, um profitablen Handel zu treiben. Viele junge Fahrgäste glauben, sie seien auf einer Kreuzfahrt, auf der ihnen herrliche Aussichten präsentiert werden. Die einfache Besatzung kommt sich zuweilen vor wie Rudersklaven. Die Uferbewohner, die das Schiff vorbeifahren sehen und ihm nachwinken, glauben, es würde ihre Küsten bewachen. Manche Binnenbewohner, die noch nie am Meer waren, halten das Schiff für einen Eisbrecher und werfen ihm vor, dass die See nur noch selten zufriert.

An Bord des Schiffes Universitas gibt es stürmische und windstille Tage, abenteuerliche und langweilige. An manchen Tagen ist kein Land zu sehen und den Seeleuten spritzt die Gischt ungestüm ins Gesicht; dann trösten sie sich unter Deck mit starkem Bier. (Diese Funktion übernimmt in unserer Fakultät der Kaffeeautomat.) Und wenn die Heuer nicht ausreicht, werden einige über Bord geworfen.

Die Steuermänner sorgen dafür, dass das Schiff auf Kurs bleibt und sicher durch Meerengen manövriert. Die Luft ist herb, kühl, aber gesund. In lauen Mondnächten sieht man Meerjungfrauen auf den Felsklippen sitzen. Es gibt Tage, an denen die Bohlen geschrubbt werden müssen, und es gibt Tage, an denen ein Kapitän seinen Geburtstag feiert.

Unser Kapitän, Professor Hannu Raita, wird in dieser Woche 65 und hat zu diesem Anlass alle Kollegen der Studienrichtung Deutsch zum Ausklang des Arbeitstages in das Tamperer Edelcafé *Milavida* eingeladen. Dieses Café befindet sich im Prachtbau der Villa *Näsilinna*, die überdies ein sehenswertes Museum über besagte baltendeutsche Familie von Nottbeck sowie ein nobles Feinschmecker-Restaurant beherbergt.

Gegen 16.30 Uhr trifft unser Kollegium im Café ein. Ein Tischchen beim Fenster mit Blick auf den kleinen Park an der Nordseite der Villa ist für uns vorbestellt. Es gibt zunächst herzhafte Lachspiroggen, bevor wir zur Schokoladentorte übergehen. Zwischendurch hält mein griesgrämiger Kollege Albert als der Dienstälteste eine langatmige Laudatio auf unseren Chef.

Albert hat selbst zu diesem festlichen Anlass seinen abgewetzten Pullover für das Herbstsemester an. Während er spricht, lächelt das Geburtstagskind geduldig, Ruhrpott-Lea verdreht die Augen, die Übrigen hören aus Höflichkeit zu. Dann überreicht Albert mit großer Geste ein gemeinsames Geschenk. Die Stimmung ist gut, das Café ist gemütlich und der Kuchen vorzüglich.

Nach gut einem Stündchen, als sich unsere Runde bereits in der Auflösung befindet, fällt mein Blick im Vorbeigehen auf einen Stand mit Geschenkartikeln, Tampere-Andenken und Büchern, der neben der Kasse steht. Dort liegt auch das Kochbuch »Schlemmen wie die hohen Herren« aus, von dem ich in der Zeitung gelesen habe. Kochrezepte aus den vermeintlich guten alten Zeiten der reichen Nottbecks! Ich nehme ein Buchexemplar in die Hand und blättere es neugierig durch: Fohlenschnitzel, Rehrücken in Wacholdersud, Sauerkrautsuppe mit Schinken, Mandeltorte …und auf den letzten Seiten Leckerli für kräftige Droschkenpferde und wackere Wachhunde.

Da tippt mir jemand von hinten auf die Schulter. Ich blicke mich um und schaue in ein bekanntes Gesicht aus der Sauna von Rajaportti: Urho!

»Du?«

Das ist keine sonderlich freundliche Begrüßung, muss ich zugeben, aber ich bin schlichtweg überrascht.

»*Moro*«, sagt er zur Begrüßung, »wie ich sehe, blätterst du gerade durch mein Buch.«

»Ja … sieht interessant aus.«

Jetzt, wo wir uns gegenüberstehen, wird mir erst in vollem Maße deutlich, wie groß Urho ist. Seine Vollglatze überragt mich deutlich. Ihm fehlt eigentlich nur die dicke Hornbrille zum perfekten Präsident-Kekkonen-Ebenbild.

Einige Uni-Kollegen stehen noch in der Tür und sehen fragend zu mir herüber. Ich gebe ihnen durch Gesten zu verstehen, dass ich noch etwas bleiben werde und sie gerne schon gehen können. Sie verschwinden mit kurzem Winken.

Urho und ich wechseln ein paar Sätze, bis er mich fragt, ob ich Lust hätte, einen Kaffee zu trinken. Da ich das eben erst getan habe, einigen wir uns kurzerhand auf einen türkischen Apfeltee.

Wir setzen uns.

»Ich habe mit Interesse den Zeitungsartikel über dein Kochbuch gelesen«, verrate ich, »vor allem den Part über den krummbeinigen Stallknecht.«
»Du meinst Hermanni, den Pferdeflüsterer!«
»Genau den! Ich heiße übrigens auch so. Hermann. Nur ohne -i am Ende.«
Urho berichtet mir mit Begeisterung von der Entstehung des Buchs. Irgendwann erzähle ich ihm im Gegenzug von dem Projekt, an dem ich mitarbeite.
Urho lehnt sich zurück. »Von dem Projekt hatte ich schon gehört. Ich habe mich sogar schon beteiligt!«
»Wirklich?«
»Ja, mit einem Eintrag in eurem Webportal. Mein Lieblingswort ist *Moro*!«
»Du bist ein Lokalpatriot, oder?«
»Ein bisschen jedenfalls.«

Zum guten Schluss kaufe ich ein Kochbuch »Schlemmen wie die hohen Herren« und lasse es mir von Urho signieren. Natürlich unterschreibt er mit seinem richtigen Namen; ich kann nur bedauern, dass er nicht wirklich Urho heißt. Aber in meiner Fantasie wird er diesen Namen nicht mehr los.

22. Ein finnischer Troll. *Mumin*

Jetzt habe ich dich, du Halunke! Diesmal entgehst du mir nicht! Auf dem Parkplatz eines Baumarkts entdecke ich am folgenden Abend das zitronengelbe Auto, das schon mehrfach in unserer Nachbarschaft verdächtige Patrouillen gefahren ist. Es steht da, von seinem Wagenhalter verlassen, und tut so, als wäre es unschuldig. Ein sportlicher Zweisitzer, fast mit Museumswert. Ich bin eher zufällig beim Baumarkt, weil ich für die Umluftanlage in unserem Haus neue Filter kaufen muss. Ein Austausch der Filter gehört wie der Wechsel der Autoreifen und das Wegräumen der Gartenmöbel zu den wiederkehrenden Routinen beim Übergang vom Sommer- auf das Winterhalbjahr. Im Vorbeigehen begutachte ich das gelbe Gefährt genauestens. Es ist ein Ford Mustang Coupé, vermutlich ein Modell vom Ende der 70er Jahre. Mit Heckspoiler. Welche Typen fahren solch ein Auto? Alle erdenklichen Vorurteile kochen in mir hoch: protzige Typen mit Minderwertigkeitskomplex? Auto-Freaks, die ihr Geld lieber für Ersatzteile ausgeben statt für das Porto von Weihnachtskarten? Osteuropäische Bandenmitglieder? Denkbar wäre auch ein gepflegter Autoliebhaber, der sich sonntags im Sommer mit gleichgesinnten Oldtimer-Freunden zum Kaffee trifft und dazu sein Zweit-Autochen ausfährt. Aber solche Leute parken ihren Wagen nicht im November vor dem Baumarkt M-Metalli! Na warte, Bürschchen, dich werde ich schon ausfindig machen. Umzingeln, aufreiben, in die Zange nehmen… Ich stelle mir unweigerlich einen Typen mit Lederjacke vor, mittelgroß, bullig, gedrungen. Eine Frau kommt für mein Täterprofil nicht in Frage.

Wild entschlossen stapfe ich in den Baumarkt und beginne unverzüglich damit, systematisch die Gänge zu durchforsten und mit kritischen Blicken die Kunden zu scannen. Dort steht ein älterer Herr, der Lichterketten kauft: kommt nicht in Frage! Drüben ist ein junges Paar, das Tapeten fürs Kinderzimmer aussucht: ausgeschlossen! Da vorne läuft ein Jüngelchen unentschlossen hin und her und scheint vergessen zu haben, was er vorhat. Wahrscheinlich ist er nicht einmal sechzehn und schon deshalb passt auch er nicht in mein Täterprofil. Genauso wenig wie all die Frauen, die dekorative Laternen kaufen oder struppige, lilafarbene Heidekrautgewächse, die man auch im finnischen Winter in die Blumenkästen stecken kann. Irgend-

wo zwischen Schrauben und Kacheln bleibe ich plötzlich wie angewurzelt stehen. Es kann nicht wahr sein! Wie aus dem Boden geschossen taucht plötzlich niemand anderes vor mir auch als – meine Tochter!
»Was machst du denn hier?«, frage ich verdattert.
Senja macht ein betretenes Gesicht, als hätte ich sie bei etwas Verbotenem erwischt!
»Und was machst du hier?«
»Ich hab zuerst gefragt! Außerdem bin ich dein Erziehungsberechtigter!«
»Ja, aber nicht mehr lange.«
»Wie kommst du überhaupt hierher? Bist du mit dem Bus gefahren?«
Streng genommen ist es ja nichts Schlimmes, seiner Tochter in einem Baumarkt in einem abgelegenen Gewerbegebiet zu begegnen. Schlimmer wäre es, sie im *Alko*, einem der staatlich kontrollierten Alkoholläden, anzutreffen oder in einer Bar.
Senja macht ein trotziges Gesicht. »Warum musst du unbedingt hier auftauchen! Du verdirbst alles!«
»Was verderbe ich!?«
Sie zögert einen Moment. Dann blafft sie verärgert: »Ich wollte dir was zum Vatertag kaufen!«
Jetzt bin ich es, der ein betretenes Gesicht macht. Den Frieden auf Erden kann man zwar nicht in einem finnischen Baumarkt kaufen, aber den Gedanken, dass Senja sich die Mühe macht, abseits der Einkaufszentren in der Innenstadt für mich ein Geschenk zu suchen, finde ich rührend.
»Oh, tut mir leid! Stürz dich aber bitte nicht in Unkosten. Du weißt ja, ich bin auch mit kleinen Dingen zufrieden, zum Beispiel wenn du morgens nicht mehr den Klodeckel scheppern lässt.«
»Ja, ja …« Senja zieht eine beleidigte Schnute.
»Na gut, ich lass dich dann mal in Ruhe weitersuchen!«
Ich wende mich ab und setze meinen inneren Kompass auf Umluftfilter. Aber kaum will ich davonstampfen, ruft Senja mir noch hinterher: »Du magst doch die finnische Natur, oder?!«
»Natürlich!«
Schmunzelnd ziehe ich von dannen und male mir aus, dass ich am Sonntag Heidekrautgewächse in Lila bekommen werde.
Nach erledigtem Einkauf verschwinde ich schnellstmöglich, ohne Senja

noch einmal über den Weg gelaufen zu sein. Sie wird schon nach Hause finden – mit dem Bus, zu Fuß oder sonstwie. Erst als ich den Parkplatz von M-Metalli hinter mir gelassen habe, fällt mir wieder ein, dass ich nach dem Fahrer des gelben Ford-Mustang Ausschau halten wollte. Aber die gute Laune will ich mir jetzt nicht verderben lassen.

Als ich wenig später zu Hause eintreffe, wird diese meine gute Laune allerdings doch noch auf eine harte Probe gestellt. Es herrscht Drama! Ich höre meine Frau schreien, meinen Sohn jammern und die Mieze fauchen. »Was ist denn hier schon wieder los?«, denke ich beim Betreten der Waschküche. Hat Benni vielleicht die Katze mit Chemikalien verätzt? Ich betrete das Wohnzimmer. Dort hängt Benni quer über unserem alten roten Sofa und klammert sich an die Polster. Meine Frau steht neben ihm und redet beschwörend auf ihn ein. Die Miezekatze sitzt verschreckt in einer Ecke und wünscht sich, sie könnte sich die Ohren zuhalten, aber Mutter Natur hat sie mit den falschen Gelenken ausgestattet.
Kaum dass Benni mich gewahr wird, streckt er hilfesuchend seine Arme nach mir aus und ruft melodramatisch: »Vati! Vati, hilf mir!« Eila wirft mir einen kurzen Blick zu, ihr Gesicht ist rot vor Zorn.
Ich versuche es zunächst mit einer deeskalierenden Begrüßung: »Guten Abend, meine Lieben! Ratet mal, was der liebe Vater euch mitgebracht hat?« Und geheimnisvoll schwenke ich die Pappschachtel mit den Umluftfiltern. Aber für die will sich niemand recht interessieren.
»Jetzt stell dich nicht so dämlich an!«, schimpft Eila Richtung Sohnemann. Benni heftet weiterhin flehende Blicke auf mich. »Vati, Vati! Mutti will unser gutes altes Sofa wegwerfen!« Und er krallt sich erneut an die Polster wie ein Umweltschützer an einen hundertjährigen Baum im Naturreservat, während profitgierige Baumfäller mit ihren Kettensägen anrücken. Eila knurrt wie ein Hund an der Kette. Dann lässt sie von Benni ab, stampft auf mich zu, fasst mich bei der Hand und zieht mich resolut in einen Nebenraum.
»Sprich du mal mit ihm! Auf dich hört er!«
Die letzte Bemerkung klingt nicht wie ein Kompliment, sondern eher wie die indirekte Feststellung, dass zwei Verrückte besser miteinander kommunizieren, weil sie geistig auf derselben Wellenlänge sind.

»Was ist denn überhaupt los?«, will ich wissen.
»Das alte Sofa muss raus! Das stört mich schon seit langem. Wenn demnächst Bennis Konfirmation ist und die Gäste kommen, brauchen wir ein neues!«
»Demnächst? Bis zur Konfirmation ist es doch noch ein halbes Jahr!«
Auf das Zeitargument geht Eila gar nicht ein. »Das alte Sofa sieht grauenhaft aus. Ich will ein neues! Ein schönes helles!«
»Aber als Senja Konfirmation hatte …«
»…hat mich das alte Ding auch schon gestört! Das hätten wir schon vor Jahren wegschmeißen sollen! Ich hab jetzt endlich ein neues bestellt!«
»Du hast was?«
»Ein neues Sofa bestellt!«
»Ohne mich zu fragen?«
Wenn man genau hinsieht, bemerkt man, dass aus Eilas Ohren kleine Dampfwölkchen entweichen. »Ich habe dich schon ein Dutzend Mal gefragt! Aber du schiebst solche Entscheidungen ja immer vor dir her. Wenn es nach dir ginge, stünden in diesem Haus wahrscheinlich noch ein Bildröhrenfernseher und ein Plattenspieler. Und Bennis Kinderhochbett ist als nächstes dran!«
»Schallplattenspieler sind jetzt aber wieder in!«
Nach weiteren verbalen Würgegriffen schickt Eila mich zurück ins Wohnzimmer.
Benni hat sich mittlerweile etwas beruhigt. Hoffnungsvoll sieht er mir entgegen. In seinen Augen bin ich ein Supermann, der alles kann: Autofahren, Umluftfilter wechseln, Formulare ausfüllen, die Auslandsnachrichten verstehen …
Ich setze mich neben ihn auf das Sofa, ziehe ihn zu mir heran und lege ihm einen Arm auf die Schulter.
»Wir behalten unser altes Sofa doch, oder?«, fragt er leise.
Ich antworte mit einer Gegenfrage: »Siehst du diesen Fleck hier auf dem Polster?«
»Ja. Aber den sieht man doch kaum.«
»Weißt du noch, wo der Fleck herkommt?«
Benni nickt schuldbewusst. »Da war ich aber noch vier oder fünf …«
»Richtig! Da hast du hier auf diesem Sofa in die Hosen gemacht!«

»Ja, ich weiß noch. Wir haben *›Die Mumins‹* geguckt.« Die harmlosen Zeichentrickabenteuer um eine Troll-Familie können für einen Vierjährigen starker Tobak sein.

»Ja!« Bennis Augen glänzen. Welch herrliche Zeiten!

»Und siehst du diesen Riss hier?«

»Den hat Mutti doch zugenäht …«

»Ja, aber man sieht ihn trotzdem. Weißt du noch, wo der Riss herstammt?«

Benni gerät ins Schwärmen: »Ja, da haben Senja und ich Piraten gespielt. Das Sofa war unser Schiff. Und da, wo der Riss ist, da hatten wir einen Besenstiel stecken. Als Schiffsmast.«

»Genau! Piraten. Du und Senja! – Und siehst du hier die Kratzer, hier oben auf der Rückenlehne?«

»Na klar!« Mit Stolz in der Stimme erklärt Benni: »Da schärft Fiona immer ihre Krallen! Sie mag das Sofa auch!«

Zur Bestätigung miaut Fiona leise aus dem Hintergrund.

Während Benni und ich uns unterhalten, lugt Eila um die Ecke der Trennwand, die das Wohnzimmer von der Küche teilt. Sie hat sich angepirscht und lauscht unserem Gespräch. Ich müsste allmählich zur Sache kommen.

»Ja, Benni«, beginne ich wie ein Pastor, der nach einer langen Predigt mit vielen Gleichnissen endlich zum Lehrsatz kommt. »All diese Dinge – die Flecken, der Riss, die Kratzspuren – das alles wird für immer da sein: in deinem Herzen, in deinen Erinnerungen!«

Benni sieht mich skeptisch an. »Aber das Sofa doch auch, oder?!«

Das ist der kritische Moment. Wenn ich »Nein!« sage, bricht für Benni eine Welt zusammen. Wenn ich mit »Ja!« antworte, wird Eila mir einen Kessel an den Kopf werfen. In was habe ich mich da hineinmanövriert?

»Du magst das alte Sofa doch auch?!«, fragt Benni kleinlaut und macht so große Kulleraugen wie ein *Mumin*-Troll.

»Ja, sicher. Ich mag das alte Sofa auch. Wenn es nach mir ginge …«

Weiter komme ich nicht. Eila schnellt hervor wie eine Eule, die sich auf eine wehrlose finnische Feldmaus stürzt. »Du machst ja alles nur noch schlimmer!«, geht sie mich an. »Musst du unbedingt all diese Erinnerungen hochkochen? Das alte Sofa muss weg!«

»Aber doch nicht gleich heute!?«, wage ich einzuwenden.

»Innerhalb der nächsten Woche! Das neue Sofa wird demnächst geliefert!« Gegen Eilas Groll ist kein Kraut gewachsen. Im Grunde hat sie ja recht. Das Sofa ist genauso unzeitgemäß wie Bennis Kinder-Hochbett. Nur brauchen Männer immer ein bisschen länger, um das einzusehen.

23. Moos & Flechte: *sammal & jäkälä*

»Mein Lieblingswort ist *halla*«, schreibt eine Hannele L. aus Järvenpää bei Helsinki. »*Halla* bezeichnet nichts Schönes, aber es ist ein praktisches Wort, ein zutreffendes. Ein ähnliches Wort gibt es meines Wissens nicht in anderen Sprachen. *Halla* wird der Nachtfrost im Frühjahr genannt in den Wochen, in denen es tagsüber schon warm ist, nachts jedoch noch winterlich kalt. Die Natur beginnt zu erwachen, die Pflanzen sprießen, doch der Frost kann alles wieder zunichte machen. *Halla* kann daher auch allgemein für Schaden stehen, den der Frost oder auch andere Wetterphänomene in der Natur anrichten.

Halla hat für mich aber auch eine ganz persönliche Bedeutung. Ich denke dabei auch an ruhige Momente am frühen Morgen, wenn im Frühling die Sonne aufgeht. Es ist noch ruhig und alles schläft. Die Welt sieht noch weiß und unschuldig aus. Weiß vom Reif und weiß vom Morgendunst. All das ist *halla*!«

Ich mag solche Einträge! Hinter jedem persönlichen Lieblingswort steckt eine ganze Lebensphilosophie. Vor meinem Computer hockend verbringe ich Stunden damit, Zuschriften auf unserem Webportal zu lesen, von *paliskunta* (Bezeichnung für das Weidegebiet vereinigter Rentierzüchter) bis *nirskujuusto* (wörtlich »Knirschkäse«, wie volkstümlich gebratener Labkäse genannt wird, eine lokale Spezialität aus Österbotten, die beim Verzehr lustvoll zwischen den Zähnen knirscht).

In Sachen rotes Sofa hat es in unserer Familie einen generationen- und geschlechterübergreifenden Kompromiss gegeben. Das alte Möbelstück mit dem hohen Erinnerungswert ist noch nicht in den Müll gewandert, steht aber auch nicht mehr in unserem Wohnzimmer, sondern hat vorläufig einen neuen Standort hinter unserem Haus gefunden. Eila war anfangs überhaupt nicht begeistert: »Hinterm Haus? Draußen?«, hatte sie ungläubig gefragt.

»Es geht ja nur darum, Benni stufenweise daran zu gewöhnen, dass das alte Sofa durch ein neues ersetzt wird.«

»Wie soll das denn aussehen? Ein Polstersofa im Garten?«

Aber auch diese Sorge konnte ich zerstreuen: »Zwischen Hauswand und

Hecke ist es kaum zu sehen, von der Straße aus sowieso nicht! Und dann – was steht denn in vielen Nachbargärten rum?! Stapel mit Autoreifen, Holzpaletten, Autowracks und kaputte Kühlschränke! Wir sind ja nicht in Deutschland, wo nur Zierpflanzen und Gartenzwerge stehen dürfen!«
Das Anti-Deutschland-Argument war geschickt platziert!
Ein allerletzter Einwand drehte sich um Wind, Wetter und Verwesung: »Wenn erst mal der Winter kommt … Spätestens im nächsten Frühjahr ist das Sofa doch völlig verrottet!«
»Genau das willst du doch! Dann taugt es nur noch zum Wegschmeißen! Ich verspreche dir, es im nächsten Frühjahr zur Müllhalde zu bringen!« Nach diesem Versprechen war Eila zufrieden.
Auch bei Benni musste ich all meine Überzeugungskünste anwenden. Es gelang mir ihm einzureden, das Sofa bekäme auf seine alten Tage einen Ehrenplatz unter freiem Himmel. Das hätte auch den Vorteil, dass man damit eine Sitzgelegenheit für ein Garten-Picknick haben würde.

Dann ist Vatertag! Und zwar am zweiten Sonntag im November, wie es sich in Finnland gehört – wo auch immer diese Tradition herkommen mag. Am frühen Morgen, als ich noch schlaftrunken in den Federn liege, kann ich noch nicht ahnen, dass an diesem holden Tage das schönste Vatertagsgeschenk aller Zeiten auf mich wartet! Im Halbschlaf höre ich nur, wie in der Küche geklappert wird, um ein Festtagsfrühstück auf den Tisch zu zaubern. Hoffentlich spritzt kein Shake an die Decke und hoffentlich fällt keine Weinflasche zu Boden. Trotz ihres vorgerückten Teenager-Alters nehmen Senja und Benni den Vatertag noch ziemlich ernst. Das beruhigt mich und lässt mich ahnen, dass ich als Vater nicht völlig versagt habe. Ich höre die beiden miteinander tuscheln und Eila, die sich auch schon aus dem Schlafzimmer geschlichen hat, vermerke ich hin und wieder ordnende Anweisungen geben. Es wird halblaut darum gestritten, ob Rührei oder Spiegelei gemacht werden soll. Hart oder weich, das ist hier die Frage! Hauptsache ich kann vorerst weiterdösen, denn Vorfreude ist ja bekanntlich die schönste Freude.
Mitten im bemüht leisen Frühstücksgeklapper höre ich, wie zwischenzeitlich die Stimme meiner Frau einmal deutlich lauter wird: »Nein, Benni, zur Feier des Tages essen wir nicht draußen auf dem alten Sofa!« Ich drehe mich

im Bett noch einmal herum und grinse in mich hinein. Dabei werde ich ein pelziges Knäuel neben mir gewahr. Unsere Mieze! »Was machst du denn hier?« Statt mir wie jeder zivilisierte Mensch eine vernünftige Antwort zu geben, tapst sie mit vorsichtigen Schrittchen auf meine Brust, dreht sich zweimal um die eigene Achse und macht es sich auf mir bequem. Wie ein Nachtmahr bleibt sie auf mir hocken und schnurrt wie eine Nähmaschine. Glaubt so eine Miezekatze eigentlich, ich wäre ein altes Sofa? Wahrscheinlich ja! Zur Feier des Tages will ich sie gewähren lassen.
In rund anderthalb Jahrzehnten habe ich zum Vatertag schon alles Mögliche geschenkt bekommen: T-Shirts mit den farbigen Handaufdrucken meiner Kinder, eine selbstgebaute Sonnenuhr, einen selbstgelöteten Wetterhahn, eine selbstgestrickte Mütze, ein selbstgezimmertes Vogelhäuschen sowie viele selbstgebackene Kuchen. Ein Dank an all die Erzieherinnen im Kindergarten sowie an all die Grundschullehrer, die Handarbeit, Werken und Hauswirtschaft unterrichten! Aber mir ist völlig egal, was gleich kommt, ich nehme mir fest vor, mich zu freuen.
Endlich ist es soweit! Ich werde standesgemäß besungen mit »*Paljon onnea vaan*«, dargebracht zur Melodie von »Happy birthday«, wobei der finnische Text ein Meisterwerk der Liedübersetzung ist, denn er ist quasi bei jedem erdenklichen Fest einsetzbar. Von »birthday« ist im Finnischen keine Rede mehr, nur vom Glückwunsch. Dann werde ich zum Tisch in der Küche geleitet, auf dem nicht nur allerlei Frühstücksspeisen prangen, sondern mehrere Geschenkpakete, eine (selbstgekritzelte) Karte und meine finnische Lieblingsschokolade, die verführerische Haselnuss-Geisha aus dem Hause Fazer.
»Womit soll ich denn anfangen?«
»Mit den großen Geschenken!«
Das müssen die Sachen sein, die Senja im Baumarkt besorgt hat. Die beiden Pakete sind eher flach und ungefähr so groß wie ein Küchentablett. Ohne zu zaudern reiße ich das Geschenkpapier in Fetzen und schmeiße es auf den Boden, damit auch die Mieze etwas zum Spielen hat. Unter dem Papier kommt eine weiße Pappschachtel zum Vorschein, auf der *sammal* (Moos) steht.
»Was soll das denn sein?«
Bevor ich auch die Schachtel öffnen darf, werde ich dazu aufgefordert, noch

das zweite Paket der gleichen Größe auszupacken. Wieder fliegen die Fetzen! Auch hier steckt unter dem Geschenkpapier eine Pappschachtel, diesmal mit der Aufschrift *jäkälät* (Flechte). Die Sache wird immer rätselhafter. Was soll ich mit Moosen und Flechten? Schließlich darf ich die erste Schachtel aufmachen. Zu meiner Überraschung befindet sich darin ein farbiger Klodeckel mit Brille. Das Dekor zeigt in poppig kräftigen Farben finnische Moose, wie sie nördlich des Polarkreises auf jedem Fels wachsen.
»Was denn? Klodeckel? Und dann gleich zwei?«
»Wir haben ja auch zwei Toiletten im Haus!«, meint Senja.
Das zweite Set Deckel und Brille ist ganz in Flechte gehalten.
»Weißt du, was das Besondere an den Klodeckeln ist?«, werde ich von Senja mit freudigem Zittern in der Stimme gefragt.
»Dass sie fotobedruckt sind?«
»Das auch. Aber guck mal genauer hin!«
Nach einem Blick auf die beiliegende Montageanleitung begreife ich, dass es sich hier um WC-Deckel mit sogenannter Absenkautomatik handelt! Das sind Klodeckel, die beim Zuwerfen nicht scheppern, sondern sich mit sanfter Verzögerung geräuschlos schließen.
»Toll! Wer ist denn auf die Idee gekommen?!«
»Das hast du dir doch gewünscht!«
Ich bin begeistert! Verdauen im Einklang mit der finnischen Natur, mit *sammal* und *jäkälät*, und dazu nie wieder Klodeckelscheppern! Mir stehen die Tränen der Rührung in den Augen. Neben dem Weltfrieden, der sich leider nicht mit Geld erkaufen lässt, ist dies das Schönste, was sich ein Familienvater wünschen kann.
»Aber ich habe die Glückwunschkarte gemalt!«, meldet sich Benni mit Nachdruck zu Wort.
»Ja, ja!«, winkt Senja ab.
Die Karte zeigt eine glückliche vierköpfige Familie mit Katze, die auf einem Sofa im Freien sitzt.
»Danke euch allen!«, seufze ich, und das schließt Eila mit ein, die höchstwahrscheinlich das nötige Kleingeld beigesteuert hat. Mein Vatertagsglück ist perfekt.

24. Rrrrrusssse: *ryssä*

Ich muss zugeben, dass ich mich daran gewöhnen könnte, etwa einmal wöchentlich die *Rajaportin sauna* zu besuchen. Es ist wohl jene Atmosphäre des Andersartigen, die diese primitive Sauna so auszeichnet. (Senja meinte kürzlich zu mir, sie könne sich unter *Rajaportin sauna* nur eine Ansammlung alter Ärsche vorstellen. Allerdings ist für Sechszehnjährige alles alt, was über fünfundzwanzig ist.)

Bei meinem heutigen Besuch sind wieder einige altbekannte Gesichter unter den Saunagästen, nur Urho nicht, nach dem ich klammheimlich Ausschau halte. In der Sauna sitzt auch der schmale Kerl mit dem dunklen Vollbart, der für mich wie ein Jesus aus Tampere aussieht. Er lächelt mich zur Begrüßung an wie es Priester tun, die zur Sonntagmorgenmesse die Kirchenbesucher mit Handschlag willkommen heißen. Ich nicke ihm zu und wir sitzen eine Zeitlang schweigend auf den steinernen Bänken. Leider wird die himmlische Ruhe bald darauf gestört: Der speckig glänzende Runeberg schiebt schelmisch grinsend sein Bäuchlein zur Sauna hinein und macht schon die ersten dummen Bemerkungen, bevor er Platz genommen hat. »Scheußliches Wetter!« Er schüttelt sich angewidert. »Ideal, um in die Sauna zu gehen!«, grient er im nächsten Atemzug und hüpft auf seinen krummen Beinen zu den Sitzbänken. »Ziemlich kühl hier drinnen, macht ihr keine Aufgüsse?«

Dann wirft er mir einen Blick zu: »Was machen die finnischen Frauen?«

»Ich habe nur eine!«, antworte ich und bin bemüht, nicht allzu abweisend zu klingen.

Eine Frau reiche auch vollkommen, lacht er und erzählt im selben Atemzug, dass er selbst die beste Frau die Welt habe. Sie sei zwar keine Schönheit, aber er selbst wäre ja auch kein Mister Finland. Seine Frau heiße Riikka und sie würde ihm jeden Sonntag Törtchen backen.

Runeberg wischt sich die Schweißperlen von der Stirn. Sein Redefluss ist ansonsten durch nichts zu bremsen. Außerdem will er allerlei über mich und Eila wissen und wie denn eine deutsch-finnische Ehe aussähe. Ich bin dumm genug zu erwähnen, dass Eila und ich demnächst nach Joensuu fahren, weil wir auf eine Hochzeit eingeladen sind. Für knapp drei Tage, von Freitag bis Sonntag. Bei diesen Worten scheint auch Jesus, der schweigsam dabeigesessen hat, aufzuhorchen. Runeberg gerät nun erst recht in Fahrt, er bequatscht mich noch geschlagene fünf Minuten mit Tipps und Hinweisen für ein romantisches Wochenende zu zweit. Ich höre ihm mit einem Ohr zu und mustere gleichzeitig Jesus aus dem Augenwinkel. Er sieht verzückt zu mir herüber und murmelt »Freitag bis Sonntag«, als ob in dieser Zeit Wunder geschehen könnten.

Etwa eine Stunde später passiert mir in der Umkleide ein ärgerliches Missgeschick. Als ich meine schwarze Daunenjacke vom Haken nehme, bleibe ich an einer vorstehenden Schraube der Garderobe hängen und reiße mir die Jacke etwa auf Schulterhöhe ein. Der Riss ist etwa fingerlang. Weiße Daunen kommen zum Vorschein, die wie Watte hervorquellen. »*Voi paska*«! fluche ich. Die Jacke ist kaum ein halbes Jahr alt! Eila und ich hatten sie im letzten Frühjahr im Ausverkauf erstanden. Meine Frau besitzt die gleiche zwei Nummern kleiner. Das war ihre Idee! Nun hat der Partnerlook einen Riss.

Nur drei Sekunden nach meinem Verzweiflungsruf kommt mir meine eigene Reaktion schon lächerlich vor. Ein leises Knurren oder ein Tritt gegen die Holzbank hätten es auch getan. Stattdessen werde ich nun von einem halben Dutzend Augenpaare angestarrt.

Neben mir schlüpft Jesus in seine Straßenkluft, auch er ist Zeuge des Vorfalls geworden. Sein Blick ist der einzige mit einem Anflug von Mitleid. Nach kurzem Zögern langt er in seine Sporttasche und zieht ein schwarzes Etwas daraus hervor. »Hier!«, sagt er. In seiner Hand hält er eine Rolle mit schwarzem Tape. Er reißt mir einen Streifen ab und klebt ihn, ohne weiter zu fragen, über den Riss.

»Das hält für eine Weile«, sagt er, »und es fällt nicht auf.«

»Dankeschön!«

Der Abend ist gerettet. Es sind oft die Kleinigkeiten des Alltags, die unsere Laune bestimmen.

Auf dem Nachhauseweg frage ich mich, ob das Leben nur eine beliebige Aneinanderreihung von Zufällen ist oder ob alles einem großen Masterplan folgt. Einem Plan, den nur ein Gott durchschaut, der mit zehn Milliarden Menschen gleichzeitig Schach spielt und seine Züge auf tausend Jahre im Voraus durchdenkt. Wie auch immer, als ich im Auto sitze, läuft im Radio ein alter Erfolgstitel von Depeche Mode: »*Your own personal Jesus, someone to hear your prayers, someone who cares* …« Es fällt mir schwer zu glauben, dass das ein Zufall sein soll.

Der Winter kommt früh in diesem Jahr. Das ist ganz nach meinem Geschmack! In den letzten Jahren gab es leider viel zu oft labbrige Euro-Winter mit Schneeregen, grau-dunklem Weihnachten, häufigen Tauwetterphasen, schlechten Ski-Bedingungen und einem viel zu frühen thermischen Frühling. Der nun beginnende Winter verspricht endlich wieder anders zu werden. Eines Morgens ist die Welt mit erstem Pulverschnee pittoresk überzuckert und die Wettervorhersage verspricht auf lange Sicht kalte Tage. Erste Vorfreude auf Weihnachten macht sich breit. Der Weihnachtsmann steht schon in den Startlöchern.

Ich halte es für bemerkenswert, dass es in einem Land wie Finnland außer einem Weihnachtsmann auch eine Weihnachtsfrau (*joulumuori*) gibt. In vielen Ländern der Welt ist Santa Claus ein eingefleischter Junggeselle, der in Symbiose mit seinen Wichteln lebt. In Finnland steht ihm ein Weib zur Seite, das ähnlich übergewichtig ist wie der alte Rauschebart und ihm sagt, was Sache ist.

Ende des Monats fahren Eila und ich nach Joensuu. Dort feiert in der fernen Landschaft Karelien ein Patenkind meiner Frau seine Hochzeit. Genauer gesagt ist die junge Braut ein Kind von einer von Eilas unzähligen Kusinen aus der weitverzweigten Sippschaft im rauen Österbotten. Freitagmittag fahren wir los. Uns stehen zirka fünf furztrockene und ermüdende Stunden Autofahrt durch die finnische Pampa bevor, davon die längste Zeit in Dämmerung und Dunkelheit. Aber was tut man nichts alles, um familiäre Bande zu pflegen.

Unsere Kinder wissen wir für das Wochenende in mehr oder weniger sicherer Obhut: Benni ist für zweieinhalb Tage bei seinem Freund Carl einquartiert. Er freut sich schon seit längerem auf dieses »nächtliche Dorf«. Senja hingegen hat unser Zuhause ganz für sich, freut sich über die sturmfreie Bude und bekommt für zwei Nächte Besuch von einer Freundin namens Liisa. Zu allem, was sie so fürs Wochenende planen, haben sie unseren Segen, nur dürfen sie niemanden einladen! Finnische Eltern kennen zuhauf

Horrorstorys von Jugendlichen, die allein im Haus waren, über Facebook ein paar Schulkameraden herbeigetrommelt haben, und deren trautes Heim plötzlich von dreihundert Gästen überrollt wurde. Unsere Nachbarin Mirka hat versprochen, ein wachsames Auge auf Haus und Garten zu haben.

Längere Autofahrten bestehen bei uns leider meistens daraus, dass ich hinter dem Steuer sitze und meine Frau sich via Smartphone mit dem Rest der Welt austauscht. Das kann auf die Dauer langweilig werden – jedenfalls für den Autofahrer. Ein wenig Kommunikation live und in Farbe kann doch im Grunde nicht schaden.

»Wieso feiert dein Patenkind Emmi eigentlich in Karelien ihre Hochzeit?«, frage ich.

»Sie heißt nicht Emmi, sondern Elli!«

Mein Namensgedächtnis ist leider nicht das beste.

»Na gut, meinetwegen Elli. Aber warum feiert sie nicht in Österbotten? Das wäre doch für die gesamte Verwandtschaft einfacher gewesen!«

»Stimmt! Hast du auch den roten Koffer eingeladen?«

»Hab ich.«

Nach diesem Wortwechsel weiß ich leider immer noch nicht, weshalb in Karelien gefeiert wird. Wahrscheinlich ist meine Frage nur zu simpel. Ich mutmaße, dass der Bräutigam, den ich noch nicht kennengelernt habe, aus dieser Ecke Finnlands stammt.

Ich wage es, nachzuhaken: »Kommt der … der Dings aus Karelien? Also der Bräutigam, mein ich!«

»Er heißt Aleksi.«

»Ach so. Aleksi! Kommt er aus …?«

»Hab ich eigentlich erzählt, dass die Trauung orthodox sein wird?«

Ich schließe aus diesem Hinweis, dass der Bräutigam der finnisch-orthodoxen Gemeinde angehören muss, und meine Frage, ob er Karelier ist, könnte quasi als mit Ja beantwortet angesehen werden. Aber als Mann will ich die Dinge genau wissen.

»Oh, orthodox«, stöhne ich, »schade.«

»Was hast du gegen orthodoxe Trauungen?«

»Nichts. Ich vertrage nur keinen Weihrauch.« Und im selben Atemzug frage ich erneut: »Ist der Bräutigam Karelier?«

Statt zu antworten, kramt Eila in ihrer Handtasche. »Leider habe ich keine Kopfschmerztabletten dabei.«
»Ist dir schlecht?«
»Mir nicht, aber dir.«
»Mir ist gar nicht schlecht.«
»Ja, aber vielleicht morgen beim Weihrauch.«
»Warum wird eigentlich in Karelien gefeiert?«
In diesem Moment piepst Eilas Telefon, weil eine Nachricht eingeht.
Ich bezähme meinen Drang, die Zähne zu fletschen und zu rufen: »Verdammt! Könntest du mir jetzt endlich klipp und klar verraten, warum wir Hunderte Kilometer nach Ostfinnland fahren?!« Aber besser ist es, nicht schon auf der Hinfahrt die Stimmung zu vermiesen! Schließlich stehen uns fast drei Tage Wochenendtour zu zweit bevor. In drei Tagen können Wunder geschehen.
Die eingehende Nachricht stammt von unserer Tochter.
»Stell dir vor«, sagt Eila, »Senja schreibt, sie habe Halsschmerzen und sie fragt, ob sie ein bisschen von dem Jägermeister im Kühlschrank trinken darf, weil das wie Halsmedizin sei.«
Ich muss Senja zugestehen, dass sie kreative Ausreden entwickelt. »Meinetwegen!«, schmunzle ich. Eila simst Senja zurück, dass sie ein kleines Gläschen nehmen dürfe.
Kurze Zeit später kommt eine weitere Nachricht. Eila liest vor: »Senja schreibt, ihre Freundin Liisa habe auch Halsschmerzen!«

Nach mehreren Stunden Autofahrt wird es Zeit für eine Rast. Wir halten irgendwo in der Nähe von Pieksämäki, einem Nest in der Landschaft Savo. Im trüben Licht der früh untergehenden Sonne ist zu erkennen, dass vor der Raststätte zwei originelle Vogelscheuchen auf einem verschneiten Acker stehen. Die eine Vogelscheuche trägt das Eishockey-Trikot der schwedischen Nationalmannschaft, die andere das der finnischen. Eila macht umgehend Fotos von den seltsamen Gestalten, die ein wenig unheimlich in der Gegend herumstehen, und postet ihre Bilder auf allen möglichen Chat-Foren. Bildbeschriftung: »Grüße aus Savo: Schweden-Finnland 1:6.«
Im kleinen Café der Tankstelle steht eine Frau mittleren Alters mit gutmütigem Lächeln hinter dem Tresen.

»Nette Vogelscheuchen haben Sie da draußen!«, sage ich gut gelaunt.
»Das ist nur eine Vogelscheuche!«, antwortet sie im schönsten Savo-Dialekt.
»Nur eine? Wieso?«
»Die mit dem schwedischen Trikot ist eine Vogelscheuche!«
Die Chose bleibt mir rätselhaft. »Und was ist die im finnischen Trikot?«
Sie grinst: »Das ist eine Russenscheuche!«
Statt der neutralen Bezeichnung *venäläinen* (Russe) benutzt sie das Schimpfwort *ryssä*. Kein Zweifel, wir sind in Ostfinnland. Auf den großen Nachbarn ist man nicht überall gut zu sprechen.

25. Karelische Pirogge

Als wir endlich die Innenstadt von Joensuu, Hauptstadt der Landschaft Nord-Karelien, erreichen, ist es längst stockfinster. Für den ersten Eindruck von der Stadt sorgen vier junge Männer, die in einem uralten Volvo hocken und an einer Ampel neben uns halten. Aus ihrem Auto dröhnt laute Rockmusik (»*Pitkä kuuma kesä …!*«), die einen langen, heißen Sommer beschwört. Der Beifahrer dreht seine Scheibe herunter und wirft mir einen glasigen Blick zu, der bierschwanger durch mich hindurchgeht wie Sonnenstrahlen durch einen Morgennebel. Er steckt seinen Kopf nach draußen und rülpst lautstark gen Abendhimmel. Anschließend lässt er eine leere Bierflasche auf die Straße fallen, die klirrend auf dem Pflaster zerbricht. Dieses Verhalten geht auf eine alte osteuropäische Sitte aus Adelskreisen zurück, der zufolge kostbare Kristallgläser zerbrochen werden müssen, nachdem feierliche Trinksprüche ausgesprochen wurden. Es ist schön zu sehen, dass diese ehrwürdige Tradition in Karelien noch gepflegt wird, wenn auch in gewissen lokalen Modifikationen.

»*Ääliö!* (Trottel!)«, höre ich Eila neben mir ausstoßen.

Mein Blick fällt auf die zerbrochene Flasche, es handelt sich um die Biermarke Karjala. Was Kölsch den Kölnern, das ist Karjala den Kareliern.

»Das sind Lokalpatrioten!«, nehme ich die jungen Männer in Schutz, »Sie zelebrieren den Beginn des Wochenendes«.

Schließlich beziehen wir unser Hotel beim Zentralplatz von Joensuu. Unser Zimmer befindet sich im fünften Stock. Da ich das Gefühl habe, den ganzen Tag nur gesessen zu haben, verzichte ich auf die Benutzung des Aufzugs und schleppe unsere Koffer die Treppen hinauf, sozusagen zur körperlichen Ertüchtigung. Allerdings bereue ich bereits nach der Hälfte der Strecke meinen sportlichen Vorsatz. Vor allem der rote Koffer ist sauschwer. Endlich erreiche ich japsend unser Zimmer. Eila, die mit dem Aufzug vorausgefahren ist, hat die Tür weit geöffnet.

»Meine Güte, was ist nur in dem roten Koffer drin?«

»Unsere Kleider für morgen.«

»Was denn? Mein Anzug und dein Kleid?«

»Meine Kleider!«, betont Eila.

Ich wuchte den Koffer auf das Bett.
»Was denkst du«, fragt sie mich mit einem Anflug von Begeisterung in der Stimme, »sollte ich das Kleid anziehen, das ich letztes Jahr auf der Silberhochzeit von Hilkka und Joonas anhatte oder das vom Lehrerball?«
Ich zögere mit der Antwort. Glauben Frauen allen Ernstes, Männer könnten sich daran erinnern, welches Kleid sie bei welcher Gelegenheit angehabt haben?
»Beide sind schön!«
»Oder wie wär's mit dem, das ich mir vorletztes Jahr neu gekauft habe? Weißt du, das mit dem …« Eila macht Handbewegungen, die wohl ein Muster oder einen Schnitt andeuten sollen. Solche Handbewegungen würde ich machen, wenn ich zwei Rentiere, deren Geweihe sich verfangen haben, voneinander trennen wollte.
»Ach, das!« Ich bemühe mich um Festigkeit in der Stimme. »Ja, das ist auch schön.«
»Also welches jetzt? Das grüne oder lieber eines von den anderen?«
Jetzt nur nichts Falsches sagen. Aber auch nicht zu unverbindlich klingen.
»Das grüne ist sehr schön. Das blaue ist aber auch nicht schlecht …«
Ich komme mir vor wie in einem Sketch von Loriot.
Eilas Augen verengen sich zu Schlitzen. »Welches blaue? Ich hab überhaupt kein blaues Kleid!«
»Na, dann das vom Lehrerball«, sage ich hastig.
»Ich denke, das magst du nicht?!«
Mir ist nicht erinnerlich, je behauptet zu haben, dass mir irgendeines von Eilas Kleidern nicht gefallen würde.
Ich zucke mit den Schultern. »Wieso sollte mir das nicht gefallen?«
»Das hast du gesagt! Oder jedenfalls hattest du keine passende Krawatte zu diesem Kleid.«
Das sind zwar in meinen Augen zwei völlig verschiedene Dinge, aber es lohnt nicht, wegen Kleinigkeiten zu streiten. »Na dann lieber das von der Silberhochzeit!«
Eila öffnet nun den Koffer und holt alsbald rund ein halbes Dutzend Kleider daraus hervor, die sie an Bügeln im Zimmer aufhängt. Binnen Kurzem komme ich mir vor wie in einer Modegalerie. Zu fast jedem Kleid befinden sich passende Schuhe sowie mehrere Handtaschen im Koffer, außer-

dem jede Menge Gürtel und verschiedenfarbige Strumpfhosen. Hinzu kommen zwei paar Stiefel, um Schritte durch den ersten Schnee des Winters tun zu können.

»Wir besuchen doch nur *eine* Hochzeit«, sage ich ungläubig, »wozu dann so viele Kleider?«

»Das war alles so hektisch heute Morgen beim Packen. Ich konnte mich nicht entscheiden, was ich auf der Hochzeit anziehen soll.«

»Aha … und da hast du dir gedacht, ich nehme mal eine Auswahl mit.«

»Genau!«

Eila betrachtet mit Prüferblick die Auslage. »Also, was denkst du? Welches sollte ich nehmen?«

»Die sind irgendwie alle … finde ich …«

»Na sag schon! Welches ist das schönste?«

Ich zeige wahllos auf eines, das mir hübsch erscheint. »Das da!«

»Das? Wieso denn das? Ich finde, das passt überhaupt nicht in die Jahreszeit!«

»Wieso hast du es dann überhaupt eingepackt?«

Das Gefühl beschleicht mich, es könnte ein langer Abend werden. Tatsächlich zieht sich unser Gespräch noch über die Dauer eines Eishockeyspiels von dreimal zwanzig Minuten. In der ersten Drittelpause wirft mir Eila vor, dass mir völlig egal sei, was sie anziehe. In der zweiten Drittelpause kaufe ich im Sokos nebenan eine neue Krawatte. Nach geschlagener Partie, die mit einem gefühlten Unentschieden endet, gehen wir im Hotelrestaurant speisen. Lange Autofahrten sind anstrengend, aber das Aushandeln der Festgarderobe kann noch kräftezehrender sein. Am selben Abend falle ich daher in einen todesähnlichen Schlaf, kaum dass mein Haupt das Kopfkissen berührt hat. Ich träume unruhig von Vogelscheuchen, die im schummrigen Licht gespenstisch mit leeren Abendkleidern über verschneite Äcker tanzen.

Am Morgen beim Frühstück stellen wir bald fest, dass wir nicht die einzigen Hotelgäste sind, die am heutigen Samstag auf die Hochzeit von Eilas Patenkind eingeladen sind. Mehrere Verwandte aus Österbotten haben im selben Haus Quartier genommen. Eila begrüßt am Büffettisch Onkel und Tanten, von denen sie so viele hat, dass ich sie ständig durcheinanderwerfe.

»War das dein Onkel Jussi?«, flüstere ich Eila zwischen Spiegelei und Grillspeck zu.
»Nein, das war Juho!«, zischt sie zurück. »Kannst du die immer noch nicht auseinanderhalten?«
Zu meiner Verteidigung benutze ich ein Argument, das Europäer seit Jahrhunderten erfolgreich im Bezug auf China anwenden: »Ihr Finnen seht alle so ähnlich aus …«
Während des Frühstücks sitzen wir mit einem Doppelpack Onkeln und Tanten am Tisch und erfahren den neuesten Klatsch und Tratsch rund um die heutige Hochzeit: Der Bräutigam, Aleksi, sei halb Russe, und auf der Feier würden massenweise Gäste aus dem russischen Teil Kareliens erwartet. Es wird gemunkelt, dass die Hochzeit zu diesem ungewöhnlichen Termin stattfinde, weil sich bei der jungen Braut Nachwuchs ankündige. (In Finnland gilt jeder Hochzeitstermin als ungewöhnlich, der nicht zu Mittsommer stattfindet.) Aleksi würde an der Uni Ostfinnland Forstwissenschaften studieren, so viel sei sicher. Und einer seiner Verwandten sei ein reicher Magnat aus der russischen Holzmafia, die dafür verantwortlich sei, dass die gesamte Taiga abgeholzt würde, um daraus Babywindeln für den nordamerikanischen Markt herzustellen. Es ist schön, Verwandte zu haben, die die weltweiten Machenschaften dubioser Unternehmen und ihrer Hintermänner durchschauen.
Zwischendurch wird immer wieder aufgesprungen, um sich vom Frühstücksbuffet Nachschub zu holen. Der Tag könne schließlich lang werden. Irgendwann sitze ich zufällig mit einem der Onkel alleine bei Tisch, ich glaube es ist Juho. Er schickt sich gerade an, eine Karelische Pirogge zu verspeisen, eine Spezialität, die in ganz Finnland beliebt, aber hier in Karelien zu Hause ist: ovale, etwa handtellergroße Teigtaschen aus Roggenmehl, gefüllt mit Milchreis oder Kartoffelbrei, vom Onkel reichlich mit Eierbutter bestrichen. Er nimmt die Pirogge prüfend in die Hand. Bevor er abbeißt, meint er: »Die Karelier glauben übrigens, dass man daran, wie eine Frau Piroggen backt, ablesen kann, wie sie anatomisch geformt ist. Wusstest du das?«
Auch in Finnland gibt es Volksweisheiten, die die Welt nicht braucht.

Die Hochzeitsfeier beginnt um Punkt 13 Uhr in der kleinen orthodoxen Kirche der Stadt. Die orthodoxe Kirche von Joensuu ist dem Heiligen

Nikolaus geweiht, der mir als katholischem Rheinländer ein alter Bekannter ist und dessen Fest auch in unserer Familie eine große Rolle spielt. Ja, ich kann sogar behaupten, zu diesem Heiligen ein besonders inniges Verhältnis zu unterhalten. Wir sind sozusagen auf Du und Du! Als wir uns der Kirche nähern, kommt es mir daher ein wenig so vor, als würde ich einen alten Bekannten besuchen.

An die zweihundert Gäste drängen sich in das Kirchengebäude. Sitzbänke gibt es – wie üblich – keine, nur für einige betagte Gäste hat man spärliche Sitzgelegenheiten geschaffen. Blickfang der Kirche ist die eindrucksvolle Ikonostase, die vor allem bärtige Heilige und geflügelte Engel zeigt. Es herrscht eine feierliche, zugleich herzlich-familiäre Stimmung. Anders als bei vielen orthodoxen Hochzeiten gibt es keine Verlobungszeremonie im Eingangsbereich der Kirche; stattdessen beginnt alsbald die eigentliche Trauung, die im Übrigen zweisprachig Finnisch-Russisch abgehalten wird. Die Braut in prachtvollem Weiß sieht wunderschön aus und der Bräutigam strahlt vor Glück, als hätte er einen Heiligenschein. Als das Brautpaar vorne niederkniet, kann ich erkennen, dass sich auf den Schuhsohlen des Bräutigams Schriftzüge befinden. Zusammen gelesen steht dort: (linker Schuh:) »She is (rechter Schuh:) mine!«

Leider wird ausgiebig das Weihrauchfass geschwenkt und spätestens nach einer halben Stunde ist mir totübel. Irgendwann, als die Trauzeugen vortreten und nach alter Tradition über den Köpfen der Brautleute Kronen halten, kämpfe ich mit Schwindelanfällen und Schweißausbrüchen. Ich muss hinaus an die frische Luft. In Stoßseufzern danke ich dem finnischen Winter für sein frühes Kommen und seine eisige Kälte.

Zu meinem Bedauern verpasse ich den Rest der kirchlichen Feier, an deren Ende es zur orthodoxen Trauung auch eine lutherische Segnung gibt, denn doppelt gemoppelt hält besser und beide Seiten der Verwandtschaft wollen bedacht werden. Ich scheine im Übrigen nicht der Einzige zu sein, dem das lange Stehen und die göttlichen Gerüche zu schaffen machen. Auch einer von Eilas Onkeln stiefelt mit käsigem Gesicht vor der Kirche auf und ab und reibt sich die Schläfen mit Schnee. Als er mich sieht, lässt er den Schnee zu Boden fallen. Ein Mann aus Österbotten kennt keinen Kopfschmerz! Er grinst mich an. Dann greift er in sein Jackett, holt einen Flachmann hervor und bietet mir einen Schluck an. Unter normalen Umständen würde ich ablehnen, aber was ist schon normal? Der Branntwein ätzt mir die Kehle aus, aber es hilft gegen den Weihrauch.

»Brrr! Schrecklich! Schrecklich gut …«

»Ja-ha! Wenn Sauna, Teer und Branntwein nicht mehr helfen …«, setzt der Onkel an und eifrig nickend bedeute ich ihm, dass ich den Rest dieser Volksweisheit schon kenne. Dann kann einem nicht mehr geholfen werden. Dieser Spruch muss unbedingt auch in unsere Sammlung bedeutsamer finnischer Wörter und Phrasen aufgenommen werden!

»Bist du nun Jussi oder Juho?«

Energisch nimmt Eilas Onkel mir die Flasche wieder aus der Hand. »Wen interessiert das schon!« Dann setzt er sich den Flachmann selbst an die Kehle.

Das nenne ich die richtige Einstellung für eine gelungene Hochzeitsfeier!

26. Strandlandschaften: *rantamaisemat*

Nach der kirchlichen Feier besteigen Brautleute und Gäste ihre Autos, um sich in einem langen Konvoi quer durch die Innenstadt zu einer prachtvollen Holzvilla am Ufer des Sees Pyhäselkä zu begeben, die für Familienfeiern und ähnliche Gelegenheiten gemietet werden kann. Eila und ich treffen uns vor unserem Auto. Bald darauf kämpft sich der Auto-Konvoi kräftig hupend durch das friedliche Joensuu. Auch das ein oder andere Auto mit russischem Kennzeichen ist darunter.

Am Eingang der Villa werden alle Gäste mit einem Glas Sekt empfangen. Während ich die ersten Schlückchen schlürfe, hoffe ich nur, dass es sich um guten russischen Schaumwein handelt, von dem man hinterher keinen *kossukrapula* bekommt.

Nachdem alle Gäste eingetrudelt sind – und das dauert schon allein aufgrund der hohen Zahl eine ganze Weile – gibt es eine kleine Stärkung gefolgt vom Anschneiden des Hochzeitskuchens.

Es sind erfreulich viele junge Leute unter den Geladenen. Auffällig ist eine Gruppe junger finnischer Männer, bei denen es sich um die engsten Freunde des Bräutigams handeln muss. Sie tragen alle ein kleines Zöpfchen, welches steil auf ihren Köpfen nach oben steht und an eine Antenne erinnert. Hier handelt es sich eindeutig um Personen, die in ihrer Kindheit maßgeblich durch die Teletubbies beeinflusst worden sind.

Die Teletubbie-Gang sorgt im Laufe des Tages für mehrere unterhaltsame Einlagen. Einer von ihnen dolmetscht bei jedem Auftritt beflissen ins Russische. Schätzungsweise knapp die Hälfte der Gäste kommt von jenseits der Grenze.

Eine weitere auffällige Erscheinung der Feier ist eine der Brautjungfern. Mutter Natur hat die junge Frau mit einer üppigen Oberweite ausgestattet. Dazu trägt sie ein Kleid mit äußerst gewagtem Ausschnitt, der ihr Dekolleté zu einem optischen Selbstbedienungsladen macht. Sie wird nicht nur von den Teletubbies, sondern auch von finnischen und russischen Onkeln gleichermaßen umkreist.

Die Stimmung wird im Laufe des Nachmittags zusehends ungezwungener. Reden werden gehalten, Glückwünsche für die Zukunft ausgesprochen und Geschenke ausgepackt. Sekt und Wodka fließen in rauen Mengen aus nie versiegenden geheimen Quellen. Und schon mehrfach habe ich beobachten können, wie kernige Männer aus Österbotten und gestandene Kerle aus Russland sich völkerversöhnend zuprosten. Zu meiner großen Überraschung kann ich sogar hören, wie sich zwei Damen – die eine Finnin, die andere Russin – auf Deutsch miteinander unterhalten. Ihre gemeinsamen Fremdsprachenkenntnisse klingen zwar ein wenig eingerostet, aber es reicht zum Austausch von Nettigkeiten. Die beiden Frauen müssen ihre Schuljahre in den Zeiten verbracht haben, als im Ostseeraum noch fleißig Deutsch gelernt wurde.

Der früh hereinbrechenden Dunkelheit wird durch viele bunte Lichter getrotzt, die im Garten der Villa, auf der Seeseite, entzündet werden und die Landschaft märchenhaft illuminieren.

Einer der Höhepunkte am frühen Abend ist der Auftritt eines Musikers, der würdevoll auf einer traditionellen Kantele spielt. Er bringt einen standesgemäßen grau-weißen Vollbart mit. Es imponiert mir, wenn zünftige Väinämöinen echte Bärte haben und keine angeklebten! Seine Finger fliegen über die Saiten des Instruments, dazu intoniert er einen eigentümlichen Singsang, von dem ich kein Wort verstehe. Die Russen machen große Augen, die Finnen hören andächtig zu. Selbst die Teletubbies verkneifen sich ein Grinsen.

In einem unauffälligen Moment nimmt mich einer von Eilas Onkeln beiseite und knurrt mir zu: »Hast du bemerkt? Die Russen wollen uns unter den Tisch trinken! Die sollen uns kennenlernen! Ich hoffe, du weißt, auf welcher Seite du stehst!«

»Natürlich!« Zur Bekräftigung kippe ich ein Solidaritätsgläschen.

Bevor zum Tanz aufgespielt wird, gibt es ein deftiges Abendessen, Karelischen Fleischtopf und sonstige gute Sachen. Es wird so viel ausgeschenkt und so oft angestoßen, dass mir dusselig wird. Während des Essens bekommt die Mutter der Braut, Eilas Kusine, einen schrecklichen Hustenanfall. Sie würgt und schnappt nach Luft. Ob ihr ein Bärenknochensplitter im Halse steckt? Ein junger Schnösel mit Mittelscheitel springt auf und ruft: »Lasst mich durch. Ich bin Arzt!« Er schwingt sich über die Tischplatte und eilt mit wehenden Haaren herbei. Mit zwei gekonnten Griffen rettet er die Brautmutter vor dem vermeintlichen Erstickungstod und darf sich im Glanze eines Lebensretters sonnen.

Manchmal wünschte ich, ich könnte auch den Helden spielen, aber ich bin leider kein Arzt. Ich beuge mich zu Eila herüber: »Ein bisschen zu theatralisch, findest du nicht auch?«
Eila antwortet nicht, sondern himmelt dem jungen Arzt hinterher. Die Teletubbies mit ihren Zöpfchen sind mir jedenfalls lieber als so ein dämlicher Mittelscheitel.

Nach dem Essen wirft die Braut vom Balkon auf der Rückseite der Villa ihren Brautstrauß unter die unverheirateten weiblichen Gäste. Leichte Minustemperaturen und frischer Schnee halten niemanden von der Durchführung dieses Rituals unter freiem Himmel ab. Die Brautjungfer mit dem gewagten Dekolleté ergattert den Strauß unter vollem Körpereinsatz.
Kurz darauf zieht mit großem Trara ein mehrköpfiger Spielmannszug zur Tür herein. Es gibt keinen Zweifel daran, welcher Teil der Verwandtschaft für die Musik gesorgt hat: Die Kapelle besteht aus *pelimannit*, Spielmännern, in österbottnischer Tracht, ausgestattet mit Fidel, Ziehharmonika, Bass und Trommel. Sie tragen alle rote Westen auf weißen Hemden, dunkle Hosen, schwarze Schlapphüte und Gürtel mit klimpernden Verzierungen sowie einem eindrucksvollen Dolch an ihrer Seite. Sie beziehen eine strategisch günstige Ecke und spielen einen Hochzeitswalzer auf. Das Brautpaar walzt übers Parkett, die Gäste klatschen Beifall und die Teletubbies stoßen heulende Jubelrufe aus. Anschließend ist Tanz auf allen Etagen.
»*Voisitko vähän tansittaa mua?*«, fragt Eila.
Grammatisch betrachtet müsste diese Frage korrekt übersetzt werden mit: »Könntest du mich ein wenig betanzen?« Spontan ist mir entfallen, wie man dieses Phänomen sprachwissenschaftlich bezeichnet, aber ich finde es am Finnischen toll, dass man gewisse Verben durch eine entsprechende Endung (-ttää) passivisch umgestalten kann, so wie *syödä – syöttää* (essen vs. jemandem Essen geben, füttern), *itkeä – itkettää* (weinen vs. jemanden zum Weinen bringen), *pestä – pesettää* (sich waschen vs. jemanden waschen), *elää – elättää* (leben vs. jemanden unterhalten, am Leben erhalten)… Oder eben *tanssia – tanssittaa* (tanzen vs. mit jemandem tanzen, betanzen)!
»Das ist eine interessante Bildung!«, antworte ich.
»Ist das jetzt ein Ja oder ein Nein?«

»Nein, natürlich ein Ja!«

Wir tanzen zwei Walzer miteinander, rasant, aerodynamisch und mit vielen Drehungen. Eila ist gut gelaunt, ich spüre mittlerweile die Solidaritätsgläschen. Dann schaltet die Kapelle auf *Jenkka* um, einen finnischen Volkstanz. Braut und Bräutigam tanzen vorneweg und eine lange Schlange ausgelassener Gäste folgt ihnen hopsend durch alle Räume. Die allgemeine Stimmung ist auf dem Siedepunkt angelangt. Zu den wenigen, die nicht mittanzen, gehören die Teletubbies. Sie sind auf die Idee gekommen, sich übers Haus verteilt aufzustellen und den Vorbeitanzenden Stärkungen anzubieten. So wie bei Skiläufen Stationen mit warmem Fruchtsaft eingerichtet werden, so bieten sie den *Jenkka*-Tänzern Gläschen mit Wodka, die im Vorbeiziehen gekippt werden.

Nach zwei *Jenkka* wechseln die Spielmänner zu langsameren Tänzen über, um allen eine Verschnaufpause zu gönnen. Eila und ich beschließen, auf die Veranda zu treten und ein bisschen frische Luft zu schnappen. Dazu werfen wir uns Daunenjacken über, um uns nicht zu erkälten.

Der Garten erstrahlt vor bunten Partylichtern, am Himmel leuchtet ein voller Mond und auf dem Erdboden glitzert der Schnee. Im Hintergrund plätschert das schwarze Wasser des Pyhäselkä. Eine traumhafte Winterhochzeitsnacht.

Wir sind nicht die Einzigen, die es hinaus auf die Veranda treibt. Einer von Eilas Onkeln gesellt sich kurz zu uns. Er blickt hinaus auf das Ufer und ruft aus: »*Ihanat rantamaisemat!* (Herrliche Strandlandschaften)!« Dann geht er hinaus in den verschneiten Garten, um irgendwo eine Zigarette zu rauchen.

Ich lehne mich an Eila. »Dein Onkel Jussi ist ganz nett. Oder war das Juho?«

»Das war Jukka!«

Insgesamt hat meine Frau sechs Onkel und vier von ihnen haben Vornamen, die mit J anfangen. Das geht einfach über meine Kapazitäten.

Eine Weile stehen wir schweigend am Geländer und genießen den Ausblick. Da stellt sich eine weitere Person neben uns in die Abendluft, um einen Blick auf den friedlichen See zu werfen. Es ist die Brautjungfer mit dem gewagten Ausschnitt, der weit auf die Landzunge hinausragt. Ich halte es für angebracht, ein wenig Konversation zu betreiben und ein paar freundliche Worte zu wechseln: »*Ihanat rintamaisemat!*«

Die Brautjungfer sieht mich verlegen lächelnd an: »*Voi kiitos!*« (Oh dankeschön!).
Von hinten trifft mich ein leichter Schlag in die Nieren. Was habe ich jetzt schon wieder falsch gemacht? Während ich Eila einen fragenden Blick zuwerfe, schreitet die Brautjungfer die Treppenstufen hinab in den Garten und gesellt sich zu den Rauchern.
Um ihr leibliches Wohl besorgt, murmle ich noch: »Die sollte aufpassen, dass sie sich keine Lungenentzündung holt!«
Eila packt mich bei meiner Krawatte, zieht mich zu sich herüber und gibt mir einen Kuss, der heiß wie ein Brandmal auf meiner Wange glüht. »Dein Finnisch ist immer noch verbesserbar!« Dann entlässt sich mich aus dem Würgegriff. »Mir wird kalt!« Damit dreht sie sich herum und marschiert zurück in die Villa. Ein wenig ratlos bleibe ich alleine auf der Veranda stehen. Alleine in der kalten Abendluft stehend, dämmert mir, dass mir soeben wieder ein verhängnisvoller Versprecher unterlaufen ist. Statt von herrlichen Strandlandschaften zu sprechen, habe ich der Brautjungfer von herrlichen Brustlandschaften vorgeschwärmt.
Nach einiger Zeit kommen drei von Eilas Onkeln gemächlich aus dem Halbdunkel des Gartens zurück ins Licht der Veranda. Sie halten alle einen metallisch glitzernden Flachmann in der Hand und erinnern mich irgendwie an die drei Weisen aus dem Morgenlande, die mit ihren Gaben zur Krippe ziehen. Sie gesellen sich zu mir und lassen ihre Flachmänner kreisen. Anerkennend legt mir einer von ihnen eine Hand auf die Schulter und lobt mich dafür, auf finnischer Seite mitzutrinken. Dabei bemerkt er, dass meine Jacke an der Schulter geflickt ist.
»Was hast du denn hier?«
»Da ist mir die Jacke eingerissen ...«
Der dumme Zwischenfall in der Sauna von Rajaportti!
»Ja, ja«, der Onkel nickt. »Mit so einem *jeesusteippi* lässt sich alles flicken!«
Tatsächlich gibt es im Finnischen den Ausdruck »Jesus-Tape« für reißfestes Allzweck-Klebeband.
»Woher wusstest du, dass ich das Tape von Jesus habe?«
Hohoho! Eilas Onkel loben meinen Humor. Und jeder von ihnen will einmal das Tape berühren, als wäre es eine Reliquie. Dass in der Sauna von Rajaportti tatsächlich ein mildtätiger Jesus wandelt, erläutere ich nicht weiter.

An den großen Rest des Hochzeitsfestes habe ich bedauerlicherweise nur noch bruchstückhafte Erinnerungen. Allerdings kann ich mit Sicherheit bestätigen, dass die Stimmung bombig war. Eine der tollsten Hochzeitsfeiern, die ich je erlebt habe! Statt Walzer und *Jenkka* gab es dann zu später Stunde Rock, Pop und Russendisko.
Bei einer Begebenheit bin ich mir jedoch nicht sicher, ob sie stattgefunden hat oder ob sie ein Trugbild meiner Fantasie ist: Es war wahrscheinlich gegen zwei Uhr nachts, als Eila und ich in ein Taxi geklettert sind. Etwas abseits der alten Holzvilla standen die Teletubbies, traut vereint mit ihren Zöpfchen auf dem Kopf, und pinkelten gemeinschaftlich einen Schneeengel in die Landschaft.

27. Holzkopf: *puupää*

Die Eindrücke der Hochzeitsfeier verfolgen mich bis in meinen Schlaf. Wirre Träume suchen mich heim. Ich träume, dass Eila und ich auf der Hochzeit beim Mahl sitzen. Da tritt ein winziger, daumengroßer *Kantele*-Spieler mit Bart auf, der allerdings nicht auf der Zither der Finnen in die Saiten greift, sondern auf den Drähten eines Eierschneiders. Anschließend beanspruchen die Teletubbies die Aufmerksamkeit der Gäste. Sie reißen sich die Hemden vom Leib und entblößen ihre Bäuche, die in Wirklichkeit Videobildschirme sind. Darauf zeigen sie einen Film aus der Kindheit des Bräutigams, wie er draußen im Winter spielt und einen Schneeengel macht. Der Schnee ist gelb. Übergangslos, wie in Träumen so üblich, sitzen dann alle beim Hochzeitskuchen. Ganz in der Nähe bemerke ich zwei Damen – die eine Finnin, die andere Russin – die sich auf Deutsch unterhalten. Ich höre wie die eine zu anderen sagt: »Ich mag das Kuchen!«
Das Kuchen! Die Frau hat das Kuchen gesagt. Es besteht kein Zweifel, hier liegt ein akuter Notfall vor! Unverzüglich springe ich auf, schwinge mich über die Tischplatte und rufe: »Lasst mich durch! Ich bin Lektor der deutschen Sprache!« Und ich eile den Frauen zur Hilfe. Als ich auf meinen Platz zurückkehre, habe ich einen Mittelscheitel.
Zwischenzeitlich hat sich ein älterer Mann auf meinen Platz gesetzt. Er hat drei Köpfe, die aber alle gleich aussehen. Großzügig bietet er mir aus drei Flachmännern an. Ich nehme eine Flasche in die Hand und schraube sie auf. Sie enthält jedoch keine Flüssigkeit, sondern Weihrauch, der in dichten weißen Dunstwolken hinausquillt. Davon wird mir so schwindelig, dass ich den Halt zu verlieren drohe. Plötzlich steht der Jesus aus der Sauna von Rajaportti neben mir. Er holt ein Tape hervor und klebt mich damit am Fußboden fest, so dass ich nicht mehr umfallen kann.
»Oh dankeschön!«
Bald darauf wache ich auf.

Nach dem Frühstück im Hotel, bei dem von Onkeln und Tanten jegliche Spur fehlt, spazieren Eila und ich in Trainingsanzügen zur Villa am Seeufer, um unser Auto zu holen. Dabei unterhalten wir uns über die gestrige Hochzeitsfeier, die uns beiden gut gefallen hat.

»Schade nur, dass du beschwipst warst!«, sagt Eila mit ironischer Spitze.
»Ja, aber nur ganz leicht!«
So leicht, dass mich der Spaziergang ins Schwitzen bringt.
Irgendwo am Ufer des Pyhäselkä sind an diesem Morgen junge Leute unterwegs, die im fahlen Morgenlicht Landschaftsfotos machen. Einige von ihnen sehen südeuropäisch aus. Sie unterhalten sich auf Englisch miteinander und ich vermute, dass es sich hier um ein Grüppchen von Austauschstudenten handelt, die sich über den frühen Wintereinbruch freuen. Ich bemerke, wie eine Studentin klammheimlich ihre Kamera in unsere Richtung dreht und von uns Bilder macht. »Typical Finnish couple in sport suits!«, höre ich sie zu einer Freundin sagen, nachdem sie uns in Pixel zerlegt hat und auf einen Speicher-Chip gebannt hat. Sie gibt sich nicht einmal sonderliche Mühe zu flüstern, vielleicht weil sie annimmt, dass ein typisch finnisches Paar beim flotten Morgenspaziergang des Englischen nicht mächtig ist.
Ich grinse in mich hinein. Die Austauschstudentin hat Recht: Man könnte meinen, nicht karelische, nicht österbottnische und auch nicht lappländische Trachten sind die bekannteste Volkskleidung Finnlands, sondern der Trainingsanzug aus Ballonseide. Liebhaber dieser schrillen Outftis sind scheinbar nicht totzukriegen. Zwar trage ich keine weißen Tennissöckchen und unsere Anzüge haben auch keine abgesetzten Streifen in Neonfarben, aber ansonsten gehe ich wohl als typischer Vertreter des *tuulipukukansa* (Ballonseidevolk) durch. Ich werte das als persönlichen Erfolg meiner Integration. Und die Wortbildung *tuulipukukansa* muss ich mir unbedingt notieren!
Schließlich beginnt unsere Rückfahrt Richtung Tampere. Ausnahmsweise setzt sich Eila einmal hinters Steuer, um meinem Körper zusätzliche Zeit zu geben, Restalkohol abzubauen. Das gibt mir ausreichend Gelegenheit, unterwegs mit dem Navigator zu spielen und die finnische Landkarte zu studieren. In Ostfinnland gibt es allerlei interessante geografische Namen, so wie etwa im Raum Savonlinna: Hirttosaari, Ruumissaari oder Arkkusaari (Galgeninsel, Leicheninsel oder Sarginsel). Irgendwie mag ich solche düsteren finnischen Ortsnamen. Sie stammen aus den Zeiten, als man sich noch keine Gedanken über das Image einer Gemeinde machte. In neuester Zeit beginnen alle neu erschlossenen Wohnbaugebiete völlig eintönig und

nichtssagend mit *Kulta-* (Gold-) oder *Aurinko-* (Sonnen-), kombiniert mit -anhöhe, -tal, -strand oder sonstigen gefälligen Flurbezeichnungen.
Nach mehreren Stunden Fahrt machen wir eine Rast mit Fahrerwechsel. Der Navigator prophezeit uns eine Ankunftszeit von 17.12 Uhr. Kaum dass wir wieder im Auto sitzen, ruft Eila unsere Nachbarin Mirka an, ob unser Haus noch steht. Angeblich sei alles sehr ruhig gewesen, weiß sie, nur ein gelbes Auto sei ihr aufgefallen, das mal an der Straße gestanden hätte.
»Ein gelbes Auto!? Da ist irgendetwas im Gange! Verdammt ...!« Besorgt berichte ich Eila von meinen früheren Gelbautosichtungen, aber meine Frau ist völlig gelassen: »Da wird jemand Besuch bekommen haben.«
Als Nächstes rufen wir die Mutter von Bennis Freund Carl an, um mitzuteilen, wann wir unseren Sohn wieder aufgabeln. Die Jungens hätten viel Spaß gehabt, wird uns erzählt, sie hätten irgendwelche Knallkörper gebastelt und im Schnee abgefackelt. Uns ist alles gleich, Hauptsache dem Nachwuchs geht es gut.
Als Letztes rufen wir zu Hause bei Senja an. Sie teilt mit, dass ihre Freundin Liisa bereits am frühen Nachmittag mit dem Bus nach Hause gefahren sei. Sie hätten sich redlich genährt, keinem Fremden die Türe geöffnet, die Mieze gut versorgt und auch sonst keinen Blödsinn angestellt. Auf die Nachfrage, was denn ihre Halsschmerzen machten, erfahren wir von wundersamen Schnellheilungen.
Es ist also alles im grünen Bereich, das Wochenende könnte demnach im eigenen Zuhause geruhsam ausklingen. Nachdem wir Stunden später in der Innenstadt von Tampere Benni abgeholt haben und uns quasi auf den allerletzten Kilometern des Heimwegs befinden, bemerke ich im Rückspiegel einen Rettungswagen mit Blaulicht heranbrausen. Ich fahre auf die Seite, um den Wagen vorbeizulassen. Mit laut heulendem Martinshorn jagt der Rettungswagen an uns vorbei.
»Super! Ein Rettungswagen in vollem Einsatz!«, freut sich Benni. Während Eila und ich uns unweigerlich Gedanken machen, was, wo und wem passiert sein könnte, fordert uns Benni begeistert auf, dem Wagen schnellstens hinterherzufahren, um Augenzeuge dramatischer Rettungsaktionen zu werden. Der Rettungswagen fährt uns voran und scheint denselben Weg zu haben. Aus der Ferne beobachten wir, wie er ausgerechnet in unsere kleine Wohnstraße einbiegt.

Unfallstatistiken beweisen ja, dass das eigene Zuhause der Ort ist, an dem die meisten Unfälle passieren: Wäschetrockner können überhitzen und giftige Dämpfe abgeben, aus Toastern können Flammen schlagen. Man kann mit der Zahnbürste im Mund die Treppe runterfallen oder auch im Badezimmer ausrutschen, mit dem Kopf ins WC schlagen und von einem Klodeckel mit Absenkautomatik qualvoll erdrückt werden. Alles ist möglich! In Schweden soll ein zahmer Papagei seinem Besitzer einmal ein Ohr abgebissen haben. In St. Petersburg ist angeblich ein Betrunkener vom Balkon gestürzt und durch eine Wäschespinne gefallen. (Laut gelber Presse habe er überlebt, allerdings in siebzehn Teilen.) In Augenblicken elterlicher Sorge aktiviert das Gehirn jede noch so abwegige Horrorstory. Unsere schlimmsten Befürchtungen scheinen wahr werden zu wollen, denn mit unverminderter Geschwindigkeit hält der Rettungswagen auf unser Haus zu.
»Ich glaub, der will zu uns…«, haucht Eila angespannt.
Aber knapp daneben! Der Rettungswagen biegt eine Einfahrt vor unserer ab und hält vor dem Haus des Nachbarn, den wir den Bläser nennen. Das kreisende Blaulicht taucht die Nachbarschaft in unheilvolle Notfall-Atmosphäre. Unwillkürlich macht sich bei uns eine gewisse Erleichterung breit, dass der Unfallwagen nicht vor der eigenen Tür gehalten hat.
»Ob dem Bläser ein Unfall beim Schneewegblasen passiert ist?«, feixt Benni.
Als wir zwei Minuten später unser Haus betreten, kommt uns Senja entgegengestürmt. Mit roten Flecken auf der Haut erzählt sie davon, dass dem Bläser ein Unfall im Garten passiert sei. »Ich hab alles gesehen!« In ihrer Stimme schwingt ein gewisser Stolz mit, den junge Leute haben, wenn sie aus erster Hand berichten können.
»Hast du etwa den Unfallwagen gerufen?«
»Nein, ich nicht. Aber ich hab alles gesehen. Ein anderer ist hingelaufen für die Erste Hilfe. Und der hat dann den Krankenwagen gerufen!«
Senja muss der Reihe nach erzählen. Sie habe erst eine Motorsäge gehört und dann von ihrem Fenster beobachtet, wie der Nachbar im Licht seiner Außenbeleuchtung auf der Leiter an einem seiner Birkenbäume herumgesägt habe. Als mitfühlender Mensch gilt meine erste Sorge dem Baum. »Der Bläser wollte doch wohl nicht etwa hacken?!«
Eila wirft mir einen vorwurfsvollen Blick zu.
In meinen Augen grenzt es eh an Schwachsinn, im Düstern auf eine Leiter

zu klettern und mit der Motorsäge rumzuhantieren, noch dazu nach Anbruch des Winters. Es ist schon schlimm genug, dass sich kaum ein Nachbar um das biblische Gebot der Sonntagsruhe schert, aber einem ungeschriebenen Gesetz zufolge genießen Gartenbäume wenigstens im Winter Schonzeit.

Senja berichtet weiter, irgendwann ein Poltern und einen Schrei gehört zu haben. »Ich glaub, der hat sich den Ast abgesägt, an dem die Leiter lehnte.«

Während Senja noch erzählt, können wir durchs Fenster mitansehen, wie der Bläser auf einer Trage in den Krankenwagen verfrachtet wird. Er hantiert wild mit den Armen, als wolle er sich wehren. Seine Frau steht mit undefinierbarem Gesichtsausdruck in der Einfahrt. Sie unterhält sich mit einem jungen Mann neben ihr. Dann fährt der Krankenwagen davon – mit Blaulicht, aber ohne Martinshorn.

Im Laufe des Abends erfahren wir durch einen Post in den sozialen Medien von Frau Bläser, dass ihr Mann tatsächlich die Birke fällen wollte und nun mit Beinbruch im Krankenhaus liegt. Ihr Ton lässt erahnen, dass die Verletzung nicht allzu tragisch sein kann. Die Motorsäge hat ihn jedenfalls nicht in siebzehn Teile zerlegt. Außerdem bezeichnet sie ihren Mann frischweg als Holzkopf. Ich kann nicht anders und versehe das Posting mit einem »Mag ich!« Nur mit Mühe kann ich der Versuchung widerstehen darunterzuschreiben: »Endlich mal ein Baum, der sich zur Wehr setzt!«

Eila gefällt das nicht. »Du solltest nicht so schadenfroh sein!«

»Ich bin nicht schadenfroh. Ich halte nur zu den Schwachen und Wehrlosen!«

»Du und dein Baum-Fimmel!«

»Besser Baum-Fimmel als Holzkopf!«

Die Vorwürfe halten mich nicht davon ab, für den Rest des Abends gut gelaunt zu sein. Senja und Benni geht es genauso. Und an diesem Abend habe ich den Eindruck, dass selbst die Mieze mehr oder weniger mit mir einer Meinung ist.

Endlich ist 1. Dezember. Die Zeit des Jahres beginnt, die wie keine andere mit Gefühlen, Sehnsüchten, hohen Erwartungen und den schönsten Kindheitserinnerungen aufgeladen ist. (Oder eben auch nicht!) Alle anderen Feste des Jahresverlaufs kann man verschlafen oder ignorieren. Vor Weih-

nachten gibt es kein Entkommen! Der Advent ist da und der Countdown bis zum Heiligabend hat offiziell begonnen.
Ich schließe eine lange Lichterkette an, die in voller Länge unser Haus umspannt. Bis ins neue Jahr soll sie unser trautes Heim stimmungsmäßig nonstop beleuchten. Senja sorgt dafür, dass in allen Fenstern Leuchtsterne zu hängen kommen, und in der gesamten Wohnung verteilt sie kleine Figuren von Wichtelmännlein und Engelchen – all den Kram, den man im Laufe der Zeit geschenkt bekommt und den wir für den Rest des Jahres in einer großen Kiste verstaut haben. Weihnachten ist die Zeit, in der man sich ein gerüttelt Maß an Kitsch, Tand und Gefühlsduselei erlauben kann.
Zum Thema Weihnachten und Dezember gibt es auf unserem Portal denn auch eine ganze Reihe von Wortmeldungen. Gleich mehrere Personen wollen *joulu* zum finnischsten aller Worte küren. »Schon allein die Anzahl der fest lexikalisierten Wortbildungen mit *joulu-* illustriert die Wichtigkeit des Festes!«, schreibt eine Lehrerin aus der Sportstadt Lahti. »Das offizielle Online-Lexikon der finnischen Sprache führt aktuell 234 Zusammensetzungen.« Es folgt eine ellenlange Aufzählung von Beispielen: *joulukinkku* (Weihnachtsschinken), *joululahja* (Weihnachtsgeschenk), *joulupuuro* (Weihnachtsbrei), *joulusauna* (Weihnachtssauna), *joulutonttu* (Weihnachtswichtel) … Viele Wortbildungen seien in anderen Ländern der Welt kaum oder gar nicht bekannt, schreibt sie, weil Weihnachten eben nicht mit Schinken, Brei oder Sauna in Verbindung gebracht werde.
Es gibt aber auch eine Menge Stimmen, die mit Weihnachten eher Negatives verbinden. Dafür stünden Wörter wie *joulukiire* (Weihnachtshektik), *jouluahdistus* (Weihnachtsbeklemmung) oder *joulusiivous* (Weihnachtsputz). Kein Zweifel: An Weihnachten mögen sich die Geister scheiden, aber es ist unmöglich, ihm zu entrinnen.

Eine weltliche Voretappe im weihnachtlichen Festkreis stellt in Finnland der Unabhängigkeitstag dar. Und mit selbigem rückt auch Seppos großer Auftritt näher! Der beinah hundertjährige Kriegsveteran aus dem Haus nebenan ist nach mehreren Wochen Vorbereitung bestens gerüstet. Vor einiger Zeit hat er auch endlich seine Kinder und Kindeskinder eingeweiht und sie über seine Einladung ins Präsidentenpalais in Kenntnis gesetzt. Die Frage der Garderobe weiß Seppo seit dem Besuch meiner Eltern abschlie-

ßend geklärt, mittlerweile ist auch ein Hotelzimmer in Helsinki für den 6. gebucht und die Anreise in die Hauptstadt ist ebenfalls geregelt. Seine Tochter und einer seiner Enkelsöhne werden ihn höchstpersönlich nach Helsinki fahren und sich seiner annehmen.
Seit dem ersten Probe-Händeschütteln in unserem Wohnzimmer ist Seppo noch mehrfach bei uns gewesen, um sich mit mir über Umgangsformen und das diplomatische Protokoll zu unterhalten, obwohl ich ihm immer wieder versucht habe zu erklären, dass ich von Empfängen am Unabhängigkeitstag auch keine Ahnung habe.
Doch damit nicht genug: Seit einigen Tagen sitzen er und Benni gelegentlich in Overalls draußen auf dem ausrangierten Sofa im winterweißen Garten und unterhalten sich. Das Ganze hat irgendwann eher zufällig begonnen und binnen Kurzem ist daraus ein Ritual geworden. Benni ist total angetan, weil ihm der Alte jedes Mal, wenn sie sich zehn Minütchen unterhalten haben, einen Euro zusteckt.
»Worüber sprecht ihr eigentlich die ganze Zeit?«, habe ich Benni gefragt.
»Der fragt immer alles Mögliche und ich sag ihm dann, was er wissen will.«
»Zum Beispiel?«
»Na … zum Beispiel, ob man in Polen den Euro hat.«
»Und das weißt du alles?«
»Ich guck auf meinem Handy in Wikipedia nach.«
Ein wenig altklug setzt er hinzu: »Manchmal will er aber auch nur wissen, wie man irgendwas auf Deutsch sagt.«
Aus unerklärlichen Gründen glaubt unser Veteran, dass Deutsch eine der großen Verkehrssprachen des Abends sein wird.
»Will Seppo denn nie wissen, wie etwas auf Englisch heißt?«
»Doch. Manchmal. Aber das kostet immer extra!«
Die Geschäftstüchtigkeit meines Sohnes versetzt mich in Erstaunen.

Am Zweiten des Monats entdecke ich bei einem Abstecher in einen Kiosk Adventskalender im Sonderangebot. Es handelt sich um einen besonderen Verwöhn-Adventskalender mit vielen leckeren Überraschungen. Normalerweise bin ich kein Freund von Spontankäufen, aber das gute Preis-Leistungsverhältnis überzeugt mich. Mit dem Öffnen der Türchen kann man schließlich auch noch am zweiten Dezember anfangen! Das ideale Spontangeschenk, um die liebe Gattin zu überraschen! Das Kalenderbild zeigt eine traumhafte Winterlandschaft unterm Sternenhimmel mit einem Weihnachtsmann, der hinten auf den Kufen eines hoch bepackten Hundeschlittens steht. Die Schlittenhunde haben rote Wichtelmützen auf und ziehen das Gefährt durch die verschneite Welt. Eila wird sich sicher freuen. Sie mag Überraschungen. Und kleine Geschenke erhalten die Freundschaft. Ich greife zu!

Am Abend desselben Tages zaubere ich mit großer Geste den Adventskalender hinter meinem Rücken hervor und gebe Eila einen Kuss. »Für dich!«

»Oh, danke!« Mit einer Breitseite ihres schönsten Lächelns nimmt Eila das Geschenk entgegen. Ihr Freudestrahlen weicht aber bald einem blanken Entsetzen.

»Ist das dein Ernst?«

»Warum? Stimmt etwas nicht?«

»Und ob hier etwas nicht stimmt! Willst du mich auf den Arm nehmen?«

Krampfhaft frage ich mich, wo der Haken ist. Ob die Leckereien im Kalender bereits jenseits des Haltbarkeitsdatums sind? Oder passen die weihnachtlichen Kalorienbomben nicht zu ihrem Ernährungsbewusstsein?

»Guck doch mal, was hier steht!« Sie hält mir den Kalender vor die Nase!

»Da steht: ›Der große Adventskalender für den Liebling (*lemmikki*)!‹

»Genau das bist du doch!«

»Schönen Dank!« Eila lässt ihr Geschenk auf den Küchentisch fallen. »Das ist ein Adventskalender für Hunde!«

Ungläubig nehme ich den Kalender genauer unter die Lupe. Leider hat Eila Recht! Es handelt sich tatsächlich um einen Adventskalender für kläffende Vierbeiner. Mit Trockenfutter und Hundeschokolade.

»Ja, woher soll man das denn wissen?«

Unser Wortwechsel hat mittlerweile die Kinder angelockt. Benni zieht im Hintergrund dumme Grimassen. Das tut er immer, wenn andere streiten oder sich jemand ärgert.

Senja nimmt den Kalender in die Hand. »Vati, du bist ein Depp! Das sieht man doch schon am Bild.«

»Wieso am Bild? Da ist doch ein Weihnachtsmann drauf!«

Senja grinst. »Ein Weihnachtsmann auf einem Hundeschlitten. Und die Hunde haben Zipfelmützen an!«

»Ja und? Warum sollte der Weihnachtsmann nicht mal mit einem Hundeschlitten kommen?«
»So etwas muss man doch wissen!« Senja schüttelt den Kopf. »Und zur Not kann man ja auch mal lesen, was hinten draufsteht!«
Resigniert zucke ich mit den Schultern. »Der war aber so preiswert …!«
»Ach so ist das!« Der Sarkasmus trieft förmlich aus Eilas Mundwinkeln. »Für den Liebling möglichst billige Ware!«
Es ist leicht vorstellbar, dass heute Abend wieder einmal eine Frau in Finnland ein Posting in die Welt hinausschickt, in dem ein Ehemann als Holzkopf (*puupää*) bezeichnet wird.
Etwas später, als sich die Lage entspannt hat und ich allein in der Küche bin, öffne ich kurzerhand das erste Türchen und entnehme dem Kalender hündisches Trockenfutter.
»Hier Schmieze! Ein Leckerli nur für dich!«
Unsere Mieze beschnuppert zögerlich den Brocken, den ich ihr hinhalte. Angewidert wendet sie sich ab.

28. Zwangsschwedisch: *pakkoruotsi*

Senja ist sauer! Und sie will nie wieder in der Schule Schwedisch lernen. Nie wieder! Sie hat die Nase gestrichen voll von diesem Kauderwelsch. Dabei findet sie Land und Leute ganz nett, sie hat sogar Vettern und Kusinen im westlichen Nachbarland. Aber nun hat ihr eine Art Wettbewerb den Schwedischunterricht gründlich vergällt. Genauer gesagt ein Casting, bei dem die Schwedisch-Klassen ihrer Schule die diesjährige Santa Lucia auserkoren haben. Der Kult um die frühchristliche Wohltäterin stammt zwar aus dem Mittelmeerraum, ist aber vor allem in Skandinavien populär geworden und über Schweden auch nach Finnland hinübergeschwappt. Sie wird als vorweihnachtliche Lichtbringerin verehrt und könnte jedem fränkischen Christkind Konkurrenz machen.
In mehreren Ausscheidungsrunden hat sich der schulische Casting-Wettbewerb über die letzten Tage hingezogen. Mit Schaum vor dem Mund und Groll in den Augen erzählt uns Senja beim Abendessen von den Bedrängnissen einer unschuldigen Schülerin. Und bei selbiger Gelegenheit lässt sie mich wissen, was in ihren Ohren das fürchterlichste finnischste Wort aller Zeiten ist: *pakkoruotsi*, Pflicht- oder Zwangsschwedisch, ein Schulfach, das – weil offiziell zweite Landessprache – von der großen Mehrheit der Bio-Finnen belegt werden muss.
»Was war denn so schlimm an dem Casting?«
»Alles!«
Ich vermute eher, dass Senja wütend ist, nicht selbst gewonnen zu haben. Eila und mir ist bekannt, dass sie an dem Casting teilgenommen hat. Aufgebracht erzählt Senja von den Einzelheiten: dass zum Beispiel die Schwedisch-Kenntnisse abgefragt wurden, alle Lucia-Kandidatinnen vorsingen mussten und dass sogar das feierliche Dahinschreiten bewertet wurde.
»Das Dahinschreiten?«
»Ich kann's dir zeigen!« Senja greift nach einem Tablet und ruft im Internet ein Kurzvideo auf. Alle Runden des Castings sind von engagierten Schülern gefilmt, zusammengeschnitten und dokumentiert worden.
In dem Video sind Schülerinnen zu sehen, die in weißen Gewändern über die Theaterbühne im großen Saal der Schule stolzieren. Aber anstatt eine

traditionelle Kerzenkrone zu tragen, wie es sich für eine Santa Lucia gehört, balancieren die Kandidatinnen einen Pappbecher mit Wasser auf ihren Köpfen. Vor der Bühne sitzt eine dreiköpfige Jury, dahinter muss sich im abgedunkelten Saal das Publikum befinden, das im Bild zwar kaum zu sehen, aber deutlich zu hören ist mit Anfeuerungsrufen und mit Gejohle. Schrifteinblendungen im Video verraten die Namen der Kandidatinnen. Dann ist zu lesen: Senja 10c. Graziös schreitet Senja von einer Seite der Bühne zur anderen, ohne dass ihr der Pappbecher vom Kopf herunter fiele. Die dreiköpfige Jury ist paritätisch besetzt, so wie das in vielen Casting-Shows der westlichen Hemisphäre üblich ist: ein Mitglied ist männlich, eines ist weiblich und eines hat einen Migrationshintergrund – jedenfalls dem Aussehen nach zu urteilen. Das männliche Jury-Mitglied sorgt für die frechen Sprüche, das weibliche Mitglied für Gefühlsduselei, das Migrantenmitglied muss für Exotik und Weltoffenheit herhalten. Nachdem Senja aus der 10c vorbeistolziert ist, lässt jedes Jurymitglied ein Sprüchlein hören, dann wird Senja zum Recall eingeladen. Das unsichtbare Publikum im dunklen Saal applaudiert frenetisch.

»Das hat doch hervorragend geklappt!«, lobe ich Senja großväterlich.

»Die Runde habe ich ja auch bestanden!«

»Ach so. Und welche hast du nicht bestanden?«

»Es gab noch viele Runden! Zum Beispiel eine Quiz-Runde, wo alles Mögliche über die Lucia abgefragt wurde. Wusstet ihr zum Beispiel, dass die heilige Lucia gar nicht aus Schweden kommt, sondern aus Sizilien? Und bei den Westindischen Inseln gibt es sogar einen Staat, der St. Lucia heißt!« Senja redet sich in Rage.

»Hast du die Quiz-Runde denn auch überstanden?«

»Ja, aber nur mit Müh und Not!«

Senja zeigt uns noch ein paar Kurzvideos. Die ganze Casting-Angelegenheit wirkt wie ein großer Spaß und im Stillen muss ich den Einfallsreichtum der verantwortlichen Schwedischlehrerin anerkennen. Eine tolle Idee für die Schülermotivierung! Nur ist mir immer noch unklar, an welchem Punkt das Casting für Senja zu einem Schuss nach hinten geworden ist. Schließlich rückt sie damit heraus: »Zum Schluss waren nur noch zwei Kandidatinnen übrig, ich und diese komische Noora aus der 10a! Die grinst immer dämlich und sagt nie ein Wort!«

Ich ahne, wer von beiden das Casting gewonnen hat.

Senja fährt fort: »Nach all den Ausscheidungsrunden gab es noch ein Voting …«

»Und das ist was?«

»So eine Befragung vom Publikum. Und bei diesem Voting hatten Noora und ich haargenau die gleiche Stimmanzahl. Haargenau!«

»Wie ist denn dann die Entscheidung gefallen? Habt ihr gelost?«

»Nein!« Senja knirscht mit den Zähnen. »Unsere Schwedischlehrerin hatte das letzte Wort! Diese Trulla! Die hat anfangs lange herumerklärt und irgendwelchen Schmus erzählt.« Erhitzt berichtet Senja davon, wie die Lehrerin begründet habe, warum beide Kandidatinnen gleich gut seien. Aber dann habe sie hervorgehoben, dass Noora sich im letzten Schulhalbjahr deutlich in ihren Leistungen verbessert habe und deswegen vorgeschlagen, dass sie in diesem Jahr die Lucia sein könne – vorausgesetzt dass Senja nichts dagegen hätte. Und auf der Bühne, unter moralischem Hochdruck stehend und von hundert Mitschülern beäugt, habe Senja ihrer Kontrahentin dann das Feld überlassen.

»Das hast du getan!?«, fragt Eila mit mütterlicher Bewunderung.

Senja nickt. Dann schnieft sie und gibt zu: »Aber eigentlich wollte ich selber die Lucia sein!«

Ich sehe Eila an, dass in ihrem Gehirn dieselben Gedanken rattern wie in meinem: Welche tröstenden Worte könnte man in einem solchen Falle seiner 16-jährigen Tochter angedeihen lassen? Sätze wie »Das war aber großmütig von dir!« oder »Nimm das Ganze nicht so schwer!« oder vielleicht »Zweiter werden ist doch auch eine Leistung!« All diese billigen Vertröstungen, die bei Enttäuschungen keinem helfen, aber von Eltern immer geäußert werden. Aber für einen kurzen Moment sind wir beide sprachlos. Auf dem Tablet in Senjas Hand ist nunmehr ein Standbild zu sehen, das sie und ihre Konkurrentin nebeneinander in weißen Gewändern auf der Bühne zeigt. In die auftretende Stille hinein quakt Benni: »Die andere ist aber auch viel blonder als du!«

Damit ist die Stille überwunden. Nun hagelt es Gegenworte, die auf Benni einprasseln!

»Was soll das denn heißen?!«, knurrt Senja.

»Lucia-Sein hat nichts mit Blondsein zu tun!«, meint Eila.

»Wahrscheinlich war die historische Märtyrerin sowieso schwarzhaarig!«, werfe ich ein.
Aber allen Einwänden zum Trotz hat Benni irgendwie Recht: In der verbrämten Vorstellung aller nordischen Länder muss eine Lucia strohblond sein. Je blonder, desto heiliger! Und die besagte Noora aus der 10a hat dermaßen lange, strahlend lichtblonde Haare, dass sie sich als Kerzenkrone nur ein paar Zöpfe nach oben zu binden bräuchte. Senjas Haarfarbe würde man dagegen eher als milchkaffeeblond bezeichnen. Die Enttäuschung über das erfolglose Casting ist bei Senja zwar längst noch nicht verraucht, wird aber nun in die Wut auf ihren kleinen Bruder kanalisiert. Das hilft kaum weiter, lässt in mir aber die Hoffnung aufkeimen, dass Senja ihren Groll auf das Schulfach Schwedisch bis zum nächsten Schulhalbjahr überwunden haben wird.

Anders als Senja brauche ich mich keinem Wettbewerb zu stellen, um einmal im Jahr als heiliger Wohltäter in Erscheinung zu treten. Seit vielen Jahren habe ich im Dezember in einer Schule im Stadtteil Tammela einen Auftritt als heiliger Nikolaus. In dieser Schule gibt es seit den 1990ern einen Zug mit verstärktem Deutschunterricht, der sich in den vergangenen Jahren prächtig entwickelt hat. Auch Senja und Benni haben diese Schule, die die Klassen eins bis sechs umfasst, seinerzeit besucht. Außen den Kindern gemischtnationaler Ehen gibt es dort viele finnische Kinder, deren Eltern – meist aus beruflichen Gründen – eine Zeitlang in Deutschland, Österreich oder der Schweiz gelebt haben und ihrem Nachwuchs die Vorzüge einer Zweisprachigkeit sichern wollen. Ein Großteil des Unterrichts findet unter der Leitung engagierter Lehrerinnen in deutscher Sprache statt – für das multikulturelle, mehrsprachige Tampere ein kleines Prestigeprojekt! Außer der deutschen Sprache wird auch Brauchtum aus dem deutschsprachigen Raum gepflegt. Dazu gehört im Advent ein Nikolausfest, bei dem ich seit vielen Jahren auf Einladung der Lehrerinnen ein Stelldichein gebe.
Der Nikolaus, ein Heiliger aus dem 4. Jahrhundert, ist das historische Vorbild für den Weihnachtsmann, auch wenn das meine finnischen Studenten im Landeskundeunterricht ungern hören. Denn für sie ist der Weihnachtsmann eine urfinnische Institution, die nirgendwo herstammen darf, sondern schon immer dagewesen sein muss.

Im äußeren Erscheinungsbild hat der Weihnachtsmann mit dem Nikolaus heute nur noch den Vollbart gemeinsam. Ansonsten neigt ein zeitgemäßer Weihnachtsmann zur Fülligkeit und läuft vorzugsweise in rotem Plüsch durch die Gegend, während ein waschechter Nikolaus in einem würdigen Bischofsstaat daherkommt, mit Mitra, Talar und Hirtenstab. Um sich als Weihnachtsmann zu verkleiden, reichen zur Not ein roter Bademantel und eine Zipfelmütze, aber ein Nikolaus-Kostüm gibt es nicht im Scherzartikelladen! Im persönlichen Falle bin ich an meine Nikolaus-Ausstattung durch Bestellungen bei einem Theaterrequisiteur gekommen sowie durch gute Kontakte zu einem katholischen Priester, der seine Altbestände an Messgewändern aussortiert hat. Seit mehr als einem Jahrzehnt bin ich quasi semiprofessioneller Heiliger und im Laufe der Zeit hatte ich auch schon als ausländischer Gast-Heiliger Auftritte auf dem Tamperer Weihnachtsmarkt, bei Freundschaftsvereinen und zahlreichen Privatfeiern.

Die Schulauftritte als Nikolaus laufen in der Regel nach folgendem Muster ab: Die versammelten Kinder singen zu Beginn ein Begrüßungslied, woraufhin der Nikolaus in Begleitung eines angsteinflößenden Knechts den Saal betritt. Der Nikolaus spricht ein paar einleitende Worte, dann liest er den Kindern in humorvollen Reimen ihre guten und schlechten Taten vor, die in einem goldenen Buch verzeichnet sind. Anschließend verteilt er kleine Geschenke, meistens Schokoladen-Nikoläuse. Sein rußschwarzer Knecht droht derweil mit der Rute und sorgt durch sein grimmiges Aussehen dafür, dass auch die aufmüpfigen Schüler zuhören. Schließlich singen die Kinder noch ein Abschiedslied, bei dem der Nikolaus mit seinem Begleiter so geheimnisvoll verschwindet, wie er gekommen ist. Die kleinen Schüler sind beeindruckt, die großen Schüler sind amüsiert und alle haben ihren Spaß. Vor allem ich! Der heilige Nikolaus und ich sind sozusagen auf Du und Du, weil ich alljährlich in seine Rolle schlüpfe. Ich bin im Übrigen völlig für die friedliche Koexistenz aller weihnachtlichen Wohltäter, von denen es in Europa mehr gibt als Türchen im Adventskalender.
Auch in diesem Jahr findet vor dem Unabhängigkeitstag wieder ein Nikolausfest in der Tammela-Schule statt, zu dem ich gegen 12 Uhr als krönender Höhepunkt erscheinen soll. Seit mehreren Jahren tue ich das mit einem Bekannten namens Paul. Er ist Österreicher und hat zwei kleine Töchter,

die die Schule von Tammela besuchen. Paul mimt den Knecht, der ab und zu tierisch grunzt und seine Rute schwingt. In Österreich nennt man diesen unheimlichen Burschen Krampus, in der Schweiz Schmutzli und in Deutschland meistens Ruprecht, aber das Grundmuster ist in allen Ländern dasselbe: Nach dem ›good-cop-bad-cop‹-Prinzip spricht der Nikolaus mit Engelszungen, während sein Knecht Schrecken verbreitet. Der eine hilft, wo er kann, der andere prügelt um sich. Paul und ich sind ein eingespieltes Team. Wir treffen uns zur verabredeten Zeit in einem kleinen Raum des Schulgebäudes, ganz in der Nähe des Festsaals, wo wir uns in Ruhe umziehen und darauf warten können, dass uns die verantwortliche Lehrerin ein Signal für den Auftritt gibt. Für den prall gefüllten Geschenkesack sorgt der Elternverein der deutschsprachigen Klassen. Ich helfe Paul dabei, sein Gesicht zu schwärzen, er hilft mir dabei, meine Schärpe umzubinden.
In den vergangenen Jahren haben Paul und ich manch merkwürdige Begebenheit erlebt. Es ist mir beispielsweise einmal passiert, dass mich ein kleiner Junge beim Geschenkeausteilen fragte, warum ich denn ein Plus-Zeichen auf der Mütze trage. Erst hatte ich die Absicht, ihm zu erklären, dass dies keine Mütze, sondern ein Bischofshut sei, und kein Plus-Zeichen, sondern ein christliches Kreuz. Doch dann wollte ich keine langen Vorlesungen halten: »Warum das Plus-Zeichen, mein Junge? Na, weil ich positive Energie verbreite!« Das fand der Kleine einleuchtend.
Auch in diesem Jahr läuft wieder alles voll nach Plan: Lied, Auftritt, Begrüßung, Gedichte, Geschenke und Auszug … Als bereits von der Musiklehrerin am Klavier das Abschlusslied angestimmt wird, der Knecht und ich zum Aufbruch rüsten, drängt sich ein kleines Mädchen an mich heran. Sie muss noch Erstklässlerin sein, ist höchstens mal sieben Jahre alt und hat niedliche blonde Kringelhaare. »Du bist doch der echte Nikolaus, oder?«, fragt sie mich, während die anderen singen. Das Mädchen spricht ein Deutsch mit leichtem Berliner Einschlag.
»Aber immer!«, antworte ich ohne Zögern und rolle mit den Augen.
Sie drückt mir ein selbstgemaltes Bild in die Hand, das mehrfach gefaltet ist. »Hier! Für dich!«
Wie rührend!
Ich lege ihr eine Hand auf die Schulter. »Herzlichen Dank, mein Kind!«
»Darf ich noch ein Selfie mit euch machen?«

»Lieber nicht. Mein Knecht hat Angst vor Telefonen.«

Das akzeptiert sie, ohne enttäuscht zu sein. Dann verlassen mein dunkler Gehilfe und ich gemessenen Schrittes den Festsaal, wobei ich huldvoll wie der Papst in die Menge winke. Die Erst- und Zweitklässler winken verzückt zurück in tiefer Dankbarkeit, die Fünft- und Sechstklässler grinsen belustigt, um zu zeigen, dass sie die Maskerade durchschauen. Altersmäßig dazwischen bewegen sich die Dritt- und Viertklässler. Sie befinden sich in einem Umbruchalter: Sie grinsen und winken gleichzeitig.

29. Der unbekannte Soldat: *Tuntematon sotilas*

In Finnland gibt es mindestens zwei Konzepte von Bescherung durch den Weihnachtsmann: Entweder er besucht persönlich die gute Stube, lässt die Kinder ein Liedchen singen und packt dann die Geschenke aus, oder er kommt heimlich und hinterlässt irgendwo seinen Geschenkesack. Ähnlich ist es in Deutschland mit dem Nikolaus: Entweder der Heilige erscheint in persona und zieht vor den Kindern anhand seiner Aufzeichnungen eine Bilanz des guten Betragens oder er steckt des Nachts still und unerkannt kleine Gaben in frisch geputzte Schuhe. Mein eigener Nachwuchs ist seit frühester Kindheit auf Letzteres getrimmt. Einmal im Jahr putzen die zwei traditionell am Vorabend des Nikolaustags ihre Schuhe und hoffen darauf, dass über Nacht ein Wunder geschieht. In diesem Jahr werde ich am frühen Abend des 5. Dezember Ohrenzeuge eines Gesprächs zwischen meinen Kindern, während ich im Nebenzimmer vor dem Computer sitze und finnische Wörter sichte. Benni hockt im Flur und putzt verbissen seine Schuhe, die er über Nacht ausstellen möchte.
»Senja!«, ruft er mit belegter Stimme nach seiner Schwester.
»Was denn?«
»Du musst deine Schuhe putzen!«
Ich höre, wie Senja aus ihrem Zimmer anrückt und sich zu Benni gesellt.
»Es reicht, wenn du mal mit dem Lappen über die Schuhe gehst!«, meint sie leichthin. »Ob die Schuhe sauber sind oder nicht, spielt sowieso keine Rolle.«
»Oh doch!«, beharrt Benni. »Wenn die Schuhe nicht sauber sind, steckt der Nikolaus keine Geschenke hinein.«
»Glaubst du Heini wirklich noch, dass der Nikolaus höchstpersönlich hier antanzt und Geschenke bringt? Wie alt bist du eigentlich?«
Wieder sind Schritte zu vernehmen, Senja entfernt sich. Kurz darauf höre ich ein leises Schniefen von Benni!
Dann ruft er erneut: »Senja!« Diesmal klingt seine Stimme dünn und weinerlich. »Senja …«
Ein energisches Heranstampfen: »Was ist denn jetzt schon wieder?«
Mit tränenunterdrückter Stimme sagt Benni: »Könntest du nicht noch einmal an den Nikolaus glauben? Nur noch dieses Jahr?«

Ich halte gespannt inne und warte auf den Ausgang des seltsamen Gesprächs.
»Bitte. Nur noch einmal …«
Mehrere Sekunden lang höre ich nichts. Es herrscht gespannte Stille.
Dann, leise, die Antwort: »Na gut. Meinetwegen!«
Zum Schluss höre ich, wie zwei Kinder die Schuhe putzen. Und ich freue mich insgeheim, dass ich beim Lidl die leckersten deutschen vorweihnachtlichen Süßigkeiten besorgt habe, die es auf dem finnischen Markt zu haben gibt.

Am selben Abend erzähle ich Eila, die erst später nach Hause kommt, von dem belauschten Gespräch. Sie findet es genauso herzig wie ich.
»Wie war eigentlich dein Nikolaus-Auftritt?«, will sie noch wissen.
»Gut, wie immer!«, antworte ich. »Ein kleines Mädchen hat mir sogar ein selbstgemaltes Bild geschenkt.«
Bei der Gelegenheit fällt mir ein, dass ich das Bild noch irgendwo in meiner Jackentasche haben muss. Ich krame es hervor und falte es auseinander. Es zeigt einen krakelig gemalten Nikolaus neben einem kleinen Mädchen. Der Nikolaus hält ein seltsames Tier in der Hand, das aussieht wie ein Mini-Zebra. Und dann fällt mir auf, dass auf der Rückseite etwas geschrieben steht. Ein Brief an den Nikolaus! Ein Wunschzettel! In großen ungelenken Buchstaben steht dort:
»Lieba Nikolaus,
ich wynsche mia meine Tieger Änte wieda.
Wenn du die Änte bringst, were ich sehr fro.
Deine Ada«
Tigerente! In meinem Kopf klingeln helle, silberne Weihnachtsglöckchen. Tigerente! Kann es sein, dass ich dem kleinen Mädchen mit Namen Ada schon einmal begegnet bin? Auf dem Flug von Berlin nach Helsinki? Da war diese junge Mutter mit ihren Kindern … Eines davon ein Mädchen mit niedlichen blonden Kringelhaaren und einer Tigerente im Arm! Die Tigerente, die später verloren unter einem Sitz im Flugzeug lag! Synnöve hatte das Stofftier in ihre Handtasche gestopft. Ich spüre Hitzewallungen weihnachtlicher Vorfreude in mir aufsteigen, die ausreichen würden, eine Sauna auf 60 Grad vorzuheizen, ausgelöst durch den Gedanken, die

begehrte Tigerente besorgen zu können und einmal im Leben nicht nur den kostümierten Wohltäter zu schauspielern, sondern tathaftig den innigsten Wunsch eines kleinen Mädchens zu erfüllen. Eines verzweifelten Mädchens, das seit Monaten ihr Schmusetier vermisst und nun in den Nikolaus all ihre Hoffnungen setzt!

Noch in derselben Nacht schreibe ich eine Mail an Synnöve: Ob sie immer noch die Tigerente habe, die sie vor mehreren Monaten im Flugzeug eingesteckt habe? Und natürlich wünsche ich ihr (und ihrem jetzigen Lebenspartner) einen schönen Unabhängigkeitstag, auch wenn ich nicht weiß, ob dieser Festtag in Åland mit derselben emotionalen Anteilnahme begangen wird wie von den Festlandfinnen.

Der nächste Tag ist Feiertag. Am frühen Morgen des 6.12. entdeckt Benni Schokolade und ein Geschenk in seinen Schuhen und redet sich beharrlich ein, dass über Nacht himmlische Gestalten unser Haus heimgesucht haben. Senja, die eine Stunde später aufsteht, findet ebenfalls kleine Gaben, unter anderem einen Kinogutschein, und eine Grußkarte mit der Aufschrift »Für die beste Schwester der Welt!« Das hält sie zwar für übertrieben, aber manchmal muss man jemanden so nennen, wie er sein könnte, damit aus ihm wird, was in ihm steckt. Benni freut sich, Senja freut sich mit ihm und die Eltern freuen sich über die Freude ihrer Kinder. Dann wird gefrühstückt.

Das Allerwichtigste heute aber ist der Unabhängigkeitstag und die Übertragung der Festivitäten im Präsidentenpalais. Wir fahren in diesem Jahr nicht in die Innenstadt von Tampere, um Feuerwerk oder Fackelzügen zuzuschauen, stattdessen richten wir uns überpünktlich vor dem Fernseher ein und hoffen darauf, dass unser lieber Nachbar, Kriegsveteran Seppo, im Bild zu sehen sein wird.

Beinah den ganzen Tag über laufen Sondersendungen zum Unabhängigkeitstag: Berichterstattungen von Militärparaden hier und Kranzniederlegungen dort, von Ordensverleihungen und von allerlei Festen in der Provinz, von der Suppenausgabe an Arme und von Krawallaufmärschen linker Chaoten. Interviewt werden ernste Kommunalpolitiker, Ehrenamtliche, rechte Burschen einer selbsterklärten Straßenpatrouille und Asylbewerber in der Notunterkunft. Im Fernsehen läuft die x-te Wiederholung der x-ten Verfilmung des finnischen Kult-Romans »Der unbekannte Soldat« vom

Krieg gegen die Sowjetunion. Das ist fester Bestandteil der finnischen Erinnerungskultur. Aber endlich geht es los mit der Übertragung aus dem Präsidentenpalais. Die Gäste stehen wie üblich in langen Reihen an, um dem Präsidentenpaar beim Eintritt die Hände zu schütteln. Gespannt halten wir nach Seppo Ausschau. Kriegsveteranen sind traditionell die Ersten, die das Präsidentenpalais betreten dürfen.

»Da ist er!«, schreit Senja plötzlich! Auf dem Fernsehschirm deutlich erkennbar: Seppo in der Reihe der Ankömmlinge! Senjas Stimme überschlägt sich. Die ganze Familie bricht in hysterisches Geschrei aus! Genauso, als wenn die finnische Eishockey-Nationalmannschaft im WM-Finale das Siegestor schießen würde. Fiona, die schläfrig auf der breiten Rückenlehne des Sofas gelegen hat, springt in wilder Panik auf und davon. Seppo trägt den schnieken Anzug, den Eila, meine Mutter und Senja mit ihm eingekauft hatten. Überraschend ist, wie viele Orden an seiner Brust baumeln. Dass er so hoch dekoriert ist, war uns nicht bekannt. Seppo wirkt angespannt und voll konzentriert.

»Der Ärmste sieht aus, als würde er zu seiner Hinrichtung gehen«, muss ich feststellen, nachdem unsere ersten Jubelschreie verklungen sind. Wahrscheinlich geht Seppo in Gedanken seinen Text durch (*»Hyvää itsenäisyyspäivää!«*). Vor dem Präsidenten und bei laufenden Kameras dürfen keine Pannen passieren. Leider verweilt das Fernsehbild nur für wenige Sekunden auf Seppo, andere grauhaarige Herren und Damen werden gezeigt. Gleichzeitig hören wir uns das Geblubber der Kommentatoren an. Üblicherweise werden die Namen von Prominenten genannt, Verdienste aufgezählt und ausgefallene Kleider verbal belächelt. Jede Volkstracht wird respektvoll gelobt. Kurze Augenblicke später ist Seppo noch einmal zu sehen, diesmal beim Händeschütteln! Wir sitzen auf dem Sofa und drücken ihm alle zur Verfügung stehenden Daumen. Alles scheint problemlos zu klappen. Dann Seppo in Großaufnahme beim Gang in die Festsäle, im Hintergrund Kadetten in schmucker Uniform in Reih und Glied! Unser Nachbar sieht maßlos erleichtert aus. Für uns Grund genug, noch einmal zu jubeln, diesmal so, als hätte der Kapitän des finnischen Eishockey-Teams soeben den Weltmeisterschaftspokal entgegengenommen. Wieder währt unsere Freude nur kurz: Schnitt, neue Einstellung, ins Bild wird eine bekannte exzentrische Schriftstellerin gerückt, deren Aussehen Anlass zu ausführlichen

Besprechungen gibt. Sie hat kleine Finnland-Fähnchen in ihre hochgesteckte Frisur gewirkt, an ihren Ohrläppchen baumeln Europa-Fähnchen und auf der Gürtelschnalle trägt sie das Logo der Vereinten Nationen. Ihr langes Kleid ist bedruckt mit Auszügen aus der Charta der Menschenrechte in verschiedenen Sprachen.
»He! Was soll das?«, rufen die Kinder dazwischen. »Warum wird diese komische Spinatwachtel so lange gezeigt!? (Sie benutzen auf Finnisch das Wort *ämmä*.) Seppo ist doch viel interessanter!«

Die Übertragung des festlichen Empfangs hat für den finnischen Fernsehzuschauer vor allem den Reiz des Wiedererkennens. Man freut sich, wenn man in der Menge ein bekanntes Gesicht sieht: Volksvertreter aus dem eigenen Wahlkreis; TV-Prominenz wie Quizmaster und Wettervorhersager; berüchtigte Wirtschaftsbosse finnischer Firmen, die Gewinne einfahren, aber trotzdem Stellen abbauen; populäre Sportler, die in Abendgarderobe gequält lächeln; Dirigenten mit wilden Frisuren und Militärs mit strengem Blick; Kirchenleute und Evergreen-Promis, die den Zenit ihrer Karriere vor vielen Jahren erlebt haben, zwischendurch ein Alkoholproblem hatten und sich nun mit altersmilden Sprüchen als nette Gesprächspartner den Medien präsentieren. Auch die Diplomaten, die zu den Letzten gehören, die das Schloss betreten, sind interessant: Der amerikanische Botschafter hat das breiteste Lachen, der schwedische ist braungebrannt, der italienische Botschafter ist kleiner als seine Frau und der isländische ist eine Frau. Der japanische Botschafter macht die tiefste Verbeugung und der deutsche versucht von allen am unauffälligsten auszusehen, schüttelt die Hand des Präsidenten aber am kumpelhaftesten. Immerhin zieht man EU-finanzpolitisch am selben Strang! Ein paar afrikanische Gewänder oder ein Turban im Gewimmel der Gäste beweisen, dass Finnland Beziehungen zu allen Ecken der Erde unterhält.
Im Laufe des weiteren Abends wird Seppo noch zwei weitere Male von der Fernsehkamera eingefangen: einmal beim Essen köstlicher Häppchen und Kuchenstückchen in einem kleinen Saal für die älteren Gäste, die der Präsident und seine Gattin persönlich aufsuchen, ein anderes Mal erblicken wir ihn im Gespräch mit dem deutschen Botschafter.
»Ich fass' es nicht!«, japse ich. »Seppo mit dem deutschen Botschafter!«

Eila schmunzelt: »Es hat sich also doch bezahlt gemacht, dass er mit deiner Mutter ein bisschen seine Deutschkenntnisse aufgebürstet hat!«

»Und mit mir!«, meldet sich Benni.

Seppo schüttelt dem Botschafter übereifrig die Hand. Leider ist nicht zu verstehen, worüber sie sprechen. Der Veteran zieht ein erfreutes Gesicht und macht ein paar weitausholende Handbewegungen, die völlig untypisch für ihn wirken. Ganz kurz legt er dem Herrn Botschafter sogar die Hand auf die Schulter. Der Botschafter hört sich geduldig an, was der alte Herr zu sagen hat, und blickt dann ein wenig verlegen drein. Schließlich weist der Botschafter, umständlich mit den Händen rudernd, in eine Ecke des Saals, die sich außerhalb des Blickfelds befindet. Seppo nickt – damit ist die kurze Szene auch schon vorbei, als Nächstes ist die Kapelle zu sehen, die zum Tanz aufspielt.

Worüber sich die zwei wohl unterhalten haben? Über die guten deutsch-finnischen Beziehungen? Über die schönsten Ballkleider? Über Kuchen oder Tanzmusik?

»Wenn Seppo wieder hier ist«, erklärt Eila, »müssen wir ihn noch einmal zum Kaffee einladen. Er muss uns unbedingt erzählen, wie's gewesen ist.«

»Früher«, meint Senja, »wusste ich nie, wie ich mir den unbekannten Soldaten vorstellen sollte. Aber jetzt bin ich mir sicher, wie er aussehen muss. So wie Seppo!«

30. Sprechdurchfall: *puheripuli*

Seppo ist der Star. Ein gewisser Medienrummel beginnt um seine Person. In den sozialen Medien wird er zum Publikumsliebling, seine Bilder kursieren im Netz und erhalten aberhunderte Likes. Nach seinem großen Tag im Präsidentenpalais bekommt Seppo Dauerbesuch von einem erwachsenen Enkelsohn, der sich für einige Zeit bei ihm einquartiert; dann heißt es, seine Tochter Jenna nehme ihn für die Weihnachtszeit und den Jahreswechsel bei sich auf, er werde vorläufig bei ihr wohnen. Bevor Seppo uns für länger verlässt, finde ich aber noch einmal Gelegenheit ihn zu sprechen. Es brennt mir die Frage auf den Lippen, was er auf dem Empfang mit dem deutschen Botschafter besprochen hat. Zwei Tage nach dem Fest im Schloss treffen wir beim morgendlichen Schneeschippen aufeinander. Die Arbeit fällt Seppo sichtlich schwer, aber er will auch in seinem 100. Lebensjahr die Arbeit tun, die er schon seit Jahrzehnten verrichtet. Er ist ein alter Haudegen, der sich nicht kleinkriegen lässt. Nach einer kurzen Begrüßung bedankt er sich noch einmal überschwänglich für unsere Hilfe. Ich erzähle Seppo, dass wir die gesamte TV-Übertragung aufgezeichnet hätten, um sie bei nächster Gelegenheit auch meinen Eltern vorzuspielen. Ohne dass ich lange nachbohren müsste, bestätigt Seppo stolz, seine aufgefrischten Deutschkenntnisse angewendet zu haben. Die seien ihm sehr hilfreich gewesen. Die Fernsehbilder fallen mir wieder ein: Seppo neben dem deutschen Botschafter. Er schüttelt ihm mit Hingabe die Hand, spricht mit großen Gesten auf ihn ein, lächelt dankbar, legt dem Botschafter sogar die Hand auf die Schulter.

»Worüber hast du dich denn mit dem Botschafter unterhalten?«

»Ich hab mich bedankt!«, sagt Seppo aus tiefster Kehle.

»Bedankt? Ach so! Wofür denn?«

»Ich hab mich bedankt und hab ihm gesagt, ohne euren Adolf würden wir in Finnland heute nur Russisch sprechen!«

Für einen Moment setzt mein Herzschlag aus. Leise rieselnder Schnee fällt mir in meine offen stehende Kinnlade. Das kann nicht wahr sein! Alles Proben von unverfänglicher Plauderei für einen solchen Satz, der jedem Nachkriegsdeutschen nur peinlich sein kann?!

Auf der Festplatte meines Gedächtnisses spule ich die Fernsehbilder ab und

rekonstruiere die Reaktion des deutschen Botschafters: sein verlegenes Gesicht, sein suchender Blick, seine hilflosen Handbewegungen, die in eine entfernte Ecke des Saales weisen.
»Und was … wie hat der Botschafter darauf reagiert?«
»Der war sehr nett!«, schmunzelt Seppo. »Überhaupt nicht so, wie man sich einen Diplomaten vorstellt. Sehr bescheiden. Großzügig!«
»Wirklich? Was hat er denn geantwortet?«
»Er hat sich nach dem Botschafter von Österreich umgesehen und gesagt, ich solle mich bei ihm bedanken.«
Mir fehlen die Worte. Zum Glück sind die Fernsehbilder übertragen worden, ohne dass ein Ton zu verstehen war.
»Heute Nachmittag kommen Leute von der Zeitung vorbei«, gesteht Seppo ein wenig unsicher. »Die wollen über mich einen Artikel schreiben.«
»Dein Gespräch mit dem Botschafter darfst du den Zeitungsfritzen aber nicht verraten!«, fordere ich mit Nachdruck.
»Nein? Warum nicht?«
»Das wäre völlig gegen diplomatische Gepflogenheiten. Gespräche auf Empfängen sind streng vertraulich und unbedingt geheim zu halten!«
Eine bessere Begründung fällt mir auf die Schnelle am Straßenrand nicht ein.
Seppo stützt sich auf den Stiel seiner Schneeschaufel und überlegt einen Moment. Dann nickt er und verspricht feierlich:
»Ich kann schweigen!«
Das beruhigt mich. Abschließend sprechen wir noch ein paar Takte darüber, dass Seppo vorläufig zu seiner Tochter ziehen wird. Ich biete mich an, seinen Briefkasten zu leeren und nach dem Haus zu sehen, wenn er möchte, aber das lehnt er dankend ab. Um alles habe er sich bereits gekümmert und er werde ab und zu sowieso mit Jenna, seiner Tochter, vorbeischauen. Wir verabschieden uns mit Handschlag.
Wenige Tage später ist er ausgezogen. So verwaist sein Haus in der weißen Winterwelt und seine Einfahrt schneit in den nächsten Tagen zu.

In Sachen verlorenes Kuscheltier hat Synnöve mir endlich geantwortet. Das Stofftier, die vermisste Tigerente, habe sie tatsächlich mit nach Hause genommen, weil sie der jungen Mutter auf dem Flughafen in Tallinn nicht

mehr über den Weg gelaufen sei. Der Kundendienst der Fluggesellschaft habe ihr mit Fundsachen nicht weiterhelfen wollen und irgendwann habe sie das Schmusetier glatt vergessen.
Aber nun ist die Ente mit den Tigerstreifen von Åland per Eilpost an meine Adresse unterwegs, schreibt Synnöve. Über eine Lehrerin der deutschsprachigen Klassen habe ich Namen und Telefonnummer von Klein-Adas Mutter in Erfahrung bringen können. Sie heißt Melissa und ist geradezu hingerissen, als ich sie eines Abends Mitte Dezember anrufe und ihr von allem erzähle.
»Ada wird sich sooo freuen!«, prophezeit sie. Dass ihr die Ente abhanden gekommen war, habe die Kleine nach dem Schock der Notlandung erst so richtig realisiert, als sie alle wieder zu Hause gewesen seien.
»Ada hat nächtelang schlecht geschlafen und viel geweint«, erklärt die Mutter und atmet erleichtert durch. »Wir wollten ihr auch eine neue Tigerente kaufen, aber das hat sie völlig abgelehnt. Es musste unbedingt dieselbe sein!«
Die arme Ada tut mir noch im Nachhinein leid. Ich frage noch, ob ich das Stofftier an Adas Adresse weiterverschicken solle, damit sie zum Heiligabend unterm Weihnachtsbaum liegen könne.
»Wie wäre es denn«, schlägt Melissa vor, »wenn du als Nikolaus bei uns vorbeikommst?« Der Gedanke gefällt mir. Zudem mag ich Eltern, die ihre Kinder nicht allzu aufklärerisch erziehen. Viele Väter und Mütter halten Auftritte von Weihnachtsmännern, Wichteln oder gar Nikoläusen für Humbug und tischen ihren Kindern lieber keine Märchen auf. Es gibt Lügen, die zum Verdummen da sind, und es gibt Geheimnisvolles, um uns das Staunen beizubringen. Alles Halbwahre der Weihnachtszeit gehört für mich zu letzter Kategorie. Jedenfalls bin ich sofort einverstanden. »Nur kann ich leider nicht am Heiligabend. Wir verreisen.«
»Das macht nichts! Meld dich einfach, wenn die Ente bei dir eingetroffen ist. Dann machen wir einen Abend aus.« Melissa versichert, Ada nichts zu verraten. Zum Schluss unseres Telefongesprächs tauschen wir uns über die üblichen Koordinaten der eigenen Biografie aus: was, wo, wann, wieso? Warum ich in Finnland lebe und was ich hier mache. Welche Verbindungen sie nach Deutschland unterhält und wieso ihre Tochter die deutschsprachige Klasse besucht.

Gleich am nächsten Tag kommt die Tigerente mit der Post. Ich erkenne sofort an den åländischen Briefmarken, welche kostbare Fracht uns ins Haus geflattert ist. Wir schreiben den 13. Dezember. Adas Mutter wird umgehend informiert. Sie simst mir, ich könnte noch heute Abend vorbeischauen und wir vereinbaren eine Uhrzeit. Für meinen außerplanmäßigen Einsatz als Nikolaus öffne ich vorsichtig die Postsendung. Das schmerzlich vermisste Stofftier ist von Synnöve mit höchster Sorgfalt eingepackt worden. Vorsichtig schäle ich die Tigerente aus Luftpolstern und Stoffwickeln. Durch den Transport ist sie ein wenig geplättet. Ein kindlicher Reflex zwingt mich dazu, das Schmusetier zu beschnuppern. Es riecht nach Kinderzimmer und Babypuder, nach Milch und Haferbrei, nach langen Nächten und vielen bunten Träumen mit Happy End. Und ein klein wenig riecht es auch nach Åland, nach einem kleinen Eiland, das von den großen Sorgen der übrigen Welt halbwegs verschont geblieben ist.
Meine Nikolaus-Montur wird noch einmal hervorgekramt. Stumm schaut mir Senja bei meinen Vorbereitungen zu. Sie sieht verstimmt aus.
»Was ist dir denn für eine Laus über die Leber gelaufen?«
»Och … nix Besonderes!«
Wenn Kinder so antworten, ist die Welt nicht in Ordnung. Normalerweise hilft in solchen Fällen, dreimal nachzufragen.
»Na, heute ist doch der 13.«, meint sie endlich.
»Ja und?«
Senja druckst herum. »Lucia-Tag.«
In herausgepressten Brocken erzählt sie davon, dass heute ein Lucia-Umzug durch die verdunkelten Gänge der Schule gewandelt sei, vorneweg die lichtgeschmückte Heilige, gefolgt von Sängern und Sängerinnen, alle weiß gewandet, die Hauptperson verkörpert von der ungeliebten Konkurrentin Noora aus der Parallelklasse. Senja ist anzumerken, dass sie die Niederlage im Lucia-Casting immer noch nicht ganz verwunden hat. Da kommt mir eine glorreiche Idee:
»Du hast doch ein eigenes Lucia-Gewand, oder?«, will ich wissen.
»Ja …«
»Mit Kerzenkrone?«
»Ja, so eine mit Glühbirnchen. Also batteriebetrieben. Die hab ich mal gekauft, als …«

Mich interessieren keine Einzelheiten! »Komm mit mir!«
»Wohin?«
»Ich könnte deine Hilfe gebrauchen!«
»Als Lucia?«
»Genau!«
Senjas Stirn zieht sich in zweifelnde Falten: »Bist du dir da ganz sicher?«
»*Totta kai!*« sag ich. Klar doch!

Zwanzig Minuten später sitzen wir im Auto und sind auf dem Weg in die Innenstadt. Neben mir auf dem Beifahrersitz hockt eine unsichere Reserve-Lucia im reinlichen Gewand, die nicht recht weiß, wie ihr geschieht. Auf dem Schoß hält sie ihre batteriebetriebene Lichterkrone. Ich selbst trage mein Nikolaus-Kostüm: Gewand, Schärpe, Umhang, weiße Handschuhe. Auf der Rückbank liegen mein Bischofsstab, der weiße Bart und der Bischofshut (mit dem Plus-Zeichen zur Verbreitung positiver Energie).
»Weißt du«, hebt Senja an, »dass ich früher im Kindergarten geglaubt habe, dass der Nikolaus und die Lucia miteinander verwandt sind?«
»Wieso?«
»Weil sie denselben Zunamen haben: Sankt Nikolaus und Sankt Lucia!«
»Das ergibt Sinn!« Ich freue mich, dass Senja so gut gelaunt ist. Auf der Autofahrt verfällt sie in einen Rederausch, einen Zustand, den man auf Finnisch als *puheripuli* (Sprechdurchfall) bezeichnet. Ein wunderbares Wort, das ich mir unbedingt notieren muss. Es beweist, dass man ausgelassene Gesprächigkeit hierzulande nicht unbedingt wertschätzt.
Nach fünfzehn Minuten Plauderei und kurzer Absprache unseres Auftritts haben wir unser Ziel erreicht, ein mehrstöckiges Wohnhaus im Stadtteil Hataanpää. Es hat wieder zu schneien begonnen. Wir schlüpfen durch die Eingangstür. Erst hier im Treppenhaus ziehe ich Bart und Mitra an und schraube den verzierten Goldknauf auf meinen Bischofsstab. Senja bürstet durch ihre langen Haare und setzt sich die Kerzenkrone aufs Haupt. Während wir uns zurechtmachen, schaltet sich das Licht im Flur automatisch ab. Für einen Augenblick stehen wir im Halbdunkel. Im selben Moment poltert von draußen ein Mann in den Flur. Er kommt vom Einkaufen und schleppt zwei Tiefkühlpizzen und einen Zwölferpack Bier herein. Wieso nennt man diese Dinger auf Finnisch eigentlich *mäyräkoira*,

Dackel? Mit kräftigen Tritten trampelt sich der Kerl den Schnee von den Schuhen und drückt mit dem Ellbogen auf den Lichtschalter. Als das Licht angeht und er uns gewahr wird, wirft er uns einen schrägen Blick zu: »*Mitä vittua!?*« Was soll der Scheiß!?

Daraufhin steigt er in den Aufzug und verschwindet.

»Der hält uns bestimmt für eine Erscheinung!«, kichert Senja.

Der Meinung bin ich auch. »Das war quasi unsere Generalprobe! Ich bin sicher, wie sehen aus wie Heilige im Einsatz!«

Die junge Familie wohnt im dritten Stock. Da ich mit meiner Mitra nur in gebückter Haltung in den Aufzug passe, benutzen wir die Treppen. Senja knipst die Batterien an und ihre Lichterkrone leuchtet uns den Weg. Auf unser vorsichtiges Klopfen wird sofort geöffnet, Melissa bittet uns mit eifrigem Winken hinein. Ada sei in ihrem Kinderzimmer und ihr Geschwisterchen würde schon schlafen, flüstert sie. Unser Einsatz kann beginnen.

»Ada!«, ruft die Mutter laut in die Wohnung, »du hast Besuch!«

Es dauert nur einen Wimpernschlag und die kleine Ada mit ihren niedlichen blonden Kringelhaaren steht im Türrahmen ihres Kinderzimmers. Sie trägt einen geringelten Schlafanzug und macht große Augen.

Ich räuspere mich: »Guten Abend, Ada! Du weißt doch noch, wer ich bin, oder?« Eine dämliche Frage. Aber ihre großen Kulleraugen treffen mich unvorbereitet. Jedenfalls käme es mir unpassend vor, erst einmal ein Gedicht aufzusagen oder in Reimen zu sprechen.

Ada nickt. »Wo ist denn dein Knecht?«

»Der … der muss heute meine Pferde hüten.« Eine dämliche Antwort. Aber was hätte ich sonst sagen sollen? Dass er unartige Kinder piesackt? Ich weise auf Senja, die versetzt hinter mir steht: »Dafür habe ich heute jemand anderen mitgebracht.«

Ada nickt erneut. Fast so als wolle sie sagen: Ja, die kenn ich!

»Weißt du noch, was du mir auf deinen Wunschzettel geschrieben hattest?«

Ich muss mir eingestehen, dass meine Bemerkungen immer dämlicher werden. Als ob das Kind das nicht wüsste!

Ada nickt zum dritten Mal.

Ich trete leicht zur Seite und zwinkere Senja zu. Jetzt kommt ihr Part! Senja schreitet würdevoll ein paar Schritte auf Ada zu, dann geht sie in die Hocke, um dem Mädchen auf Augenhöhe zu begegnen. Senja lächelt und strahlt mit ihren elektrischen Kerzen um die Wette. Ich bin sicher, dass die historische Lucia, die Wohltäterin aus Sizilien, ähnlich himmlisch ausgesehen haben muss, als sie im Siechenhaus Almosen verteilte.

»Ich habe dir etwas mitgebracht«, sagt Senja und hält Ada ein Paket entgegen. Für die Übergabe haben wir die Tigerente in buntes Weihnachtspapier eingeschlagen.

Ada bewegt sich keinen Zentimeter und sagt sekundenlang überhaupt nichts. Sie schaut von einem zum anderen. Dann fragt sie Senja völlig überraschend: »Du und der Nikolaus, seid ihr verwandt?«

Senja sieht sich kurz zu mir um. »Der Mann da und ich? Oh ja, wir sind miteinander verwandt!«

Endlich macht Ada einen entschlossenen Schritt auf Senja zu. Langsam nimmt sie das Geschenk in ihre kleinen Hände. Anstatt es aufzureißen, führt sie das Packet an ihre Nase und beschnuppert es. Ganz vorsichtig. Sehr gründlich. In tiefen Atemzügen. Urplötzlich wirbelt sie auf ihren nackten Füßchen herum und verschwindet eilig in ihr Kinderzimmer. Senja und ich blicken uns verwirrt an. Eine Zeitlang ist es mucksmäuschenstill in der Wohnung. Auch die Mutter scheint ein wenig ratlos. Die plötzliche Stille wird schließlich durch ein ratschendes Aufreißen von Geschenkpapier unterbrochen! Wieder Stille. Die knisternde Spannung müsste bereits auf der Richterskala messbar sein. Mit einem Male erfüllt ein lauter Jubelschrei die gesamte Wohnung. So laut, so lang, so hell, so froh, so echt, so überglücklich und aus allertiefstem Herzen. Der Schrei ist noch nicht ganz verklungen, da kommt uns Ada wieder entgegengestürmt. Die Tigerente hat sie an sich gedrückt wie den größten Schatz der Weltgeschichte. Sie fällt Senja stürmisch um den Hals und wirft sie beinah zu Boden. Während die zwei sich herzen, wischt sich die Mutter eine Träne aus den Augen.

»Dankeschön!«, sagt sie leise, »Ich weiß gar nicht, was ich sagen soll!«

»Die Freude ist ganz auf unserer Seite!«

Ada will Senja gar nicht mehr loslassen und presst sie mit aller Kraft an sich. Senja lächelt selig, jedenfalls so sehr man das im Würgegriff einer Erstklässlerin tun kann. Irgendwann lockert Klein-Ada doch ihre Umarmung und schaut Senja tief in die Augen. Sie bedankt sich mit keinem Wort. Sie sagt nur: »Du! Du bist die Lucia!« Dann setzt sie ihre Umarmung unvermindert fort.

Melissa gelingt es irgendwann, Senja wieder loszueisen. Nikolaus und Lucia müssten nun weiterziehen, erklärt sie ihrer Tochter. Bevor wir wieder ins Treppenhaus verschwinden, rennt die Kleine noch einmal in ihr Kinderzimmer, kommt mit einem Mobiltelefon zurück und fragt Senja: »Darf ich ein Selfie mit dir machen?«
»Warum nicht?« Senja beugt sich noch einmal zu Ada herab. Es entsteht ein Bild von den beiden mit Tigerente.

Auf der anschließenden Rückfahrt trübt Schneetreiben unsere Sicht, die Flocken jagen durch die Lichtkegel der Straßenlaternen und wirbeln vor den Scheinwerfern des Autos. Es ist so eine Nacht im Dezember, in der wunderliche Dinge geschehen. Ein wenig märchenhaft, unwirklich und voller Zauber. Die Lucia-Krone liegt wieder auf Senjas Schoss. Sie sieht wie verwandelt aus. Irgendwie himmlisch verzückt. Dem Alltag entrückt. Völlig beglückt. Sie seufzt: »Das war so schön! Wie die sich gefreut hat!« Senja schaut mich an mit einem Blick, der sagt: 100 Prozent! Und nach einer Weile ergänzt sie: »Du bist der beste Vati auf der ganzen Welt!«

Noch am selben Abend postet die junge Mutter Melissa ein Bild auf Instagram und Co. Es ist das Selfie der kleinen Ada mit Tigerente und Senja als lichtgekrönter Lucia. Darunter steht der Text: »Über drei Monate hat Ada ihr Lieblingsstofftier vermisst. Ihre Tigerente war auf einer Flugreise verloren gegangen. Über drei Monate war Ada traurig. Aber heute hat Santa Lucia ihr die Tigerente zurückgebracht. Wunder geschehen. Ich war dabei!«

31. Sein oder Design. *Marimekko*

Synnöve fordert von mir einen ausführlichen Rapport, ob die Tigerente wohlbehalten angekommen und wie deren Überreichung vonstatten gegangen ist. Den Hergang des Abends beschreibe ich ihr in allen Einzelheiten per Mail. Synnöve ist begeistert! Nicht nur, weil sich die kleine Ada so gefreut hat, sondern ebenso sehr, weil Senja so glücklich gewesen ist, die schenkende Lucia sein zu dürfen. Diese Erfahrung hat das verlorene Lucia-Casting an der Schule doppelt und dreifach aufgewogen. Und mir ist bei meiner Tochter unverhofft geglückt, was mir Wochen vorher mit meinem Sohn als wandelnder Zombie gelungen ist: Senja hat mich einen Abend lang für den besten Vater der Welt gehalten. Wenigstens noch ein Mal in ihrem Teenager-Leben! Für ungefähr siebzehneinhalb Stunden schweben meine Tochter und ich auf einer Wolke irdischer Glückseligkeit. Sie dauert bis zum nächsten Abend! Dann klingelt es an der Haustür. Davor steht unser Nachbar, der Bläser. Er ist mittlerweile wieder aus dem Krankenhaus entlassen worden. Stur und dickköpfig, wie Finnen sein können, ist er mit seinem gebrochenen Bein auf Krücken durch den Schnee zu uns hinübergestakst. Ich lasse ihn verdutzt ein. Er wünscht einen guten Abend und fragt, ob er ungeladen zu vorgerückter Stunde in die gute Stube dürfe. Finnland ist kein Land der Spontanbesuche. Ich bitte ihn herein und helfe ihm aus seinem Schuh; der andere Fuß steckt in einem Gips. Er streift seine sportliche Winterjacke von den Schultern, schüttelt den Schnee von seinen bespikten Krücken und humpelt ins Wohnzimmer zu unserem neuen Sofa. Über seiner Schulter trägt er einen Stoffbeutel, in dem irgendwelche klobigen Gegenstände stecken.

Ob Senja zu Hause sei, fragt er. Ist sie! Senja kommt aus ihrem Zimmer und setzt sich auf einen Sessel unserem Nachbarn gegenüber, auch Eila gesellt sich dazu.

Kaum dass alle Platz genommen haben, greift der Bläser in seinen Stoffbeutel und holt ein Geschenk daraus hervor, das er Senja überreicht. Er wolle sich endlich in aller Form für die Hilfeleistung bei seinem Unfall bedanken. Als er vom Baum gefallen sei.

Das wäre doch nicht nötig gewesen, meint Senja, sie habe ja nicht viel getan.

Doch, doch, beharrt der Bläser. Wenn nicht sofort der Notarzt gerufen worden wäre, hätte er stundenlang im kalten Schnee liegen können, bevor ihn seine Frau oder die eigenen Kinder überhaupt vermisst hätten. Weil er oft draußen arbeite, auch zu unmöglichen Tag- und Nachtzeiten. Und sonntags, füge ich in Gedanken dazu! Ob verdient oder übertrieben, Senja freut sich über das Geschenk. Es handelt sich um irgendeinen *Marimekko*-Design-Einrichtungs-Schnickschnack ohne Sinn und Funktion, der nicht schön, dafür aber sicher teuer gewesen ist und den ich mir freiwillig nie als Staubfänger ins Regal stellen würde. Aber Frauen sind anders gestrickt als Männer. Auch Eila ist ganz entzückt, sie stößt mehrere *Ihana!* (Wunderschön) in hohen Tonlagen aus.
Nachdem meine Frau und meine Tochter sich ausgiebig gefreut haben, halte ich die Zeit für gekommen, meinen Nachbarn ins Gebet zu nehmen, für die nächsten zirka siebenundzwanzig Jahre keine Bäume in seinem Garten mehr zu fällen. Bei derselben Gelegenheit könnte ich ihn darum bitten, in Zukunft weniger oft von seinen Laub-, Schnee- und sonstigen Gebläsen Gebrauch zu machen. Doch bevor ich zu meiner Baum- und Lärmschutz-Moralpredigt ansetzen kann, greift er noch ein zweites Mal in seinen Stoffbeutel und holt ein weiteres Geschenk daraus hervor. Eine schmale Schachtel in buntem Geschenkpapier. Der Bläser hält es Senja großmütig hin und verkündet: »Und das hier ist für deinen Freund!«
Verlegen grinsend nimmt Senja es entgegen. Eila zuckt mit keiner Wimper.
»Was für ein Freund?«, murmle ich verwirrt.
Wenn der junge Mann nicht sofort zu ihm herübergelaufen wäre, erklärt der Bläser, um erste Hilfe zu leisten, wer weiß, was hätte geschehen können.
»Aber …?«
Senja grinst. Eila zuckt mit keiner Wimper.
Möglicherweise würde er jetzt dort drüben liegen, sagt der Bläser und weist in die Richtung jenseits unserer Gärten, wo sich der Friedhof befindet, den wir bei unseren abendlichen Spaziergängen immer umrunden. Und so redet der Bläser noch eine Weile weiter, stilisiert den Sturz von der Leiter und seinen Beinbruch zu einem Drama von den Ausmaßen des Winterkriegs und lobt Senja und ihren Freund, von dessen Existenz ich nichts weiß, über alles. Als er das Gefühl hat, seine Mission beendet zu haben, springt er – so gut man das mit einem Gipsbein tun kann – auf und humpelt zurück in

den Flur, wo ich ihm wieder in den Schuh helfe. Beim Verlassen des Hauses wünscht er uns ein frohes Erwarten des Weihnachtsfestes (*»Hyvää joulun odotusta!«*), eine merkwürdige finnische Gruß- und Wunschformel, aber augenblicklich fehlt mir die Muße, mich zu wundern.

Ich gehe ins Wohnzimmer zurück. Senja und Eila sitzen dort und tun so, als würden sie sich immer noch den *Marimekko*-Design-Einrichtungs-Schnickschnack ansehen.

»Könnte mir bitte jemand erklären, von wem hier eben die Rede war?«, frage ich streng.

»Von Marko«, sagt Senja beiläufig und bewundert die Funktionslosigkeit ihres Geschenks.

»Und wer bitte ist Marko?«

»Senjas Freund!«, ergänzt meine Frau wie selbstverständlich.

»*Ein* Freund!«, verbessert Senja.

»Warum weiß ich von nichts?«

Meine Frau macht einen mitleidigen Gesichtsausdruck, als wolle sie ausdrücken, dass Typen wie ich eben immer alles ein bisschen später mitkriegen.

Ich verlange augenblicklich Aufklärung und die detaillierte Nennung aller relevanten Daten: Alter, Wohnort, Haarfarbe, schulische Laufbahn, Religionszugehörigkeit, Schuhgröße, Blutgruppe, Gewicht, Fremdsprachenkenntnisse, Familienstand, besondere Kennzeichen wie Narben, Tätowierungen, Rückenbehaarung oder Nasenringe.

Auf die Hälfte meiner Fragen hat Eila sofort eine Antwort parat.

»Woher weißt du das eigentlich alles?«, fahre ich meine Frau an.

Ohne mit der Wimper zu zucken, zuckt sie mit den Achseln. Während Eila Normalität und Gleichgültigkeit zelebriert, wählt Senja die Taktik des Herunterspielens. Sie und Marko würden sich ja erst seit einigen Wochen kennen und sie wären ja nur Freunde.

»Aha! Jaja!«

Zu meinem Entsetzen muss ich erfahren, dass der Delinquent bereits volljährig und 18 Jahre alt ist.

»Aha! Soso!« Und Senja ist erst 16!

»Was ist denn dabei?!«, wirft Eila ein, »Ich hatte auch meinen ersten Freund in dem Alter!«

»Was? Wieso erfahre ich das erst jetzt?«

Meine Frau wirft mir einen spöttischen Blick zu. »Das hab ich wahrscheinlich schon zigmal erzählt.«

»Ja, aber du kommst aus Österbotten. Auf dem Lande ist das ganz etwas anderes!«

Niemand will mir glauben. Erschwerend hinzu kommt, dass der Delinquent im Besitz eines Führerscheins und Halter eines Personenkraftwagens ist. Ich erbitte weitere Einzelheiten. Bei dem Fahrzeug handelt es sich um einen sportlichen Ford Mustang Coupé, aus den 70er Jahren. Mit Heckspoiler! Farbe: gelb. Genauer gesagt: zitronengelb. Bei mir schrillen alle Alarmglocken. Zitronengelb! Es drängt sich die Frage auf, welcher normale junge Mann mit anständigem Sozialverhalten ein solches Auto besitzt.

»Eigentlich gehört der Mustang Markos Großvater. Das ist so ein Autonarr, weißt du.«

Aha! Der junge Mann hat sogar einen Großvater. Das wird ja immer schöner!

Und wie um mich gnädig zu stimmen, erwähnt Senja, dass die Geschenkidee der WC-Deckel mit Absenkautomatik, die ich zum Vatertag bekommen habe, Markos Einfall gewesen sei!

»Hattest du nicht gesagt, dass die Klodeckel deine ruhmreiche Idee waren?«

Senja schüttelt heftig den Kopf. »Das habe ich nie behauptet!«

Wäre mein Leben ein Roman, könnte ich jetzt zurückblättern und nachschlagen, was Senja am Morgen des zweiten Novembersonntags tatsächlich zu mir gesagt hat. Aber im wirklich wahren Leben sind wir auf unsere bruchstückhaften Erinnerungen angewiesen, die zu Mythen- und Legendenbildung neigen.

»An dem Wochenende, an dem Mutti und ich in Joensuu waren … hattest du da nicht behauptet, keinen Fremden ins Haus gelassen zu haben?!«, knurre ich wie der böse Wolf.

»Ja, aber Marko ist ja kein Fremder!«, grinst Senja. Eila zuckt mit keiner Wimper. Ich stehe auf verlorenem Posten.

32. Ein Skandal: *skandaali*

Das finnischste Wort von allen lässt sich wissenschaftlich ermitteln. Dieser Meinung ist jedenfalls Perttu Poika Penttilä, der schrullige Fachmann für Computerlinguistik. Vor Beginn der Weihnachtsferien hat unsere sechsköpfige Sprachjury nochmals eine Zusammenkunft, allerdings diesmal nur eine virtuelle: eine zirka zweistündige Videokonferenz, bei der wir uns erneut austauschen. Wie beim letzten Treffen, das dreidimensional und in Farbe stattgefunden hat, übernimmt Sprachhistoriker Jussi den Vorsitz. Abermals haben alle Mitglieder der Arbeitsgruppe – außer Perttu – eine ganze Palette neuer Lieblingswörter gesammelt, die sie aus den vielen Einsendungen ausgewählt haben. Alltägliche Wörter wie *kiitos* (danke), Patriotisches wie *erikoisjääkäri* (Spezialeinheit der Streitkräfte) oder Poetisch-Apartes wie *vieno* (sanft). Es gibt Traditionelles wie *vihta* (Saunaquast), Lustiges wie *hölökynkölökyn* (Prösterchen) und Neumodisches wie *itkuporno* (wörtlich etwa: Heul- oder Weinporno; gemeint ist das Herumheulen von Promis in aller Öffentlichkeit), allesamt verbunden mit alltäglichen, patriotischen, poetischen, traditionellen oder lustigen Begründungen. Jeder kommt zu Wort und stellt seine Favoriten vor, die anderen machen wohlwollende Kommentare, aber insgeheim sind alle nur darauf gespannt, was Perttu Poika Penttilä uns an computergestützten Ergebnissen aufzutischen hat. Er lässt sich auch nicht lange bitten, als Jussi ihn dazu ermuntert, sich mitzuteilen.

In seinem furztrockenen Ton hält er einen längeren Vortrag, der in der Videoübertragung noch langweiliger ist als in der direkten Begegnung. Er blubbert von Prämissen seiner Untersuchung, von umfangreichen Textkorpora und allerlei Algorithmen, mit deren Hilfe dies und jenes nachgewiesen werden könne. Von der mathematisch-computerlinguistischen Seite seiner Ausführungen verstehe ich bestenfalls die Hälfte. Immerhin wird klar, dass das finnischste Wort nach Ansicht unseres Experten hochfrequent und allgemein bekannt sein müsse. Damit schieden seltene Wörter und veraltete Ausdrücke bereits aus, ebenso wie Fachtermini oder Dialektales. Auch feste Phrasen oder gar ganze Sprichwörter wie *Ei lapselle kahvia, eikä varsalle kauroja* (Kindern keinen Kaffee und Fohlen keinen Hafer) wären ungeeignet, da zu sehr generationenabhängig. Nicht in Frage kämen zudem

Spontanbildungen, Lehn- und Modewörter. All diese aussortierten Wörter und Ausdrücke könnten natürlich bei Einzelpersonen eine große Rolle spielen, aber niemals ein Ergebnis liefern, das mithilfe nachvollziehbarer Methoden ermittelt werde und eine ganze Sprach- und Kulturgemeinschaft zu erfassen versuche. Für seine Ermittlung führt Perttu gleichermaßen semantische wie lautlich-phonologische Kriterien ins Feld. Ein vollfinnischer Ausdruck, sagt er, müsse tendenziell etwas Konkretes sein und eine hohe emotionale Bindekraft entfalten. Es liefe daher sicherlich auf ein Verb oder – was noch wahrscheinlicher sei – auf ein Substantiv hinaus. An dieser Stelle seiner Darlegung bin ich keineswegs überrascht. Diese Einsicht vermittelt nicht nur die Lektüre der bisherigen Einsendungen, sondern sagt einem bereits der gesunde Menschenverstand. Nur dass Perttu das in wissenschaftlich aufpolierte Formulierungen fassen kann.

Interessanter sind die lautlichen Aspekte, die er vorzubringen hat. Typisch für die finnische Sprache sei das hohe Vorkommen an Zwielauten wie ai oder au, von denen es im Deutschen nur eine sehr spärliche Anzahl gibt, im Finnischen jedoch stolze achtzehn. Typisch seien auch Lautverbindungen wie –ks– und –ts–, die dem Finnischen seine besondere Klangfarbe verleihen würden. Perttu nennt eine lange Liste an Beispielwörtern: *kaksi* (zwei), *sakset* (Schere), *anteeksi* (Entschuldigung) … *otsa* (Stirn), *virtsa* (Urin), *metso* (Auerhahn) …

»Ja, ja, das reicht!«, winkt unser Vorsitzender ab.

Als weitere Besonderheit für Substantive nennt Perttu ein Endungs-i. Auch das würde vor allem von Nicht-Muttersprachlern als typisch finnisch betrachtet und sei auch statistisch eine gewisse Besonderheit: Wörter wie *kahvi* (Kaffee), *hetki* (Moment), *lehti* (Zeitung), *lapsi* (Kind), *koti* (Zuhause). Nicht zu vergessen die vielen entlehnten Wörter auf -i. Insbesondere Letztere mag ich, weil im Deutschen ein -i am Ende meist Kurz- oder Verkleinerungsformen darstellt, die für meine Ohren schlichtweg niedlich klingen. Wörter wie *ministeri*, *bordelli* und *skandaali* reizen mich unweigerlich zum Lachen, während sie für meine finnischen Landsleute todernst sein können.

Zum guten Schluss erwähnt Perttu noch das kräftig gerollte Zungenspitzen-r, das dem Finnischen seinen kernigen Ton verleihe. Wörter wie *riita* (Streit), *rikos* (Verbrechen) oder *raivo* (Zorn). Oder wie *rauha* (Frieden), *rohkeus* (Mut) oder *rakkaus* (Liebe). Ein Konsonant wie ein Trommelwirbel! An dieser Stelle gibt Sirkka, die Fachfrau für Spracherwerb, noch einmal zu bedenken, dass mit Perttus Textkorpora nur die Schriftsprache, nicht aber das Mündliche abgedeckt würde. Bei ihrer Wortmeldung ist selbst auf dem Videobildschirm zu erkennen, wie Perttus linkes Augenlid zittert.

»Die Bewältigung dieses Problems ist in Arbeit!«, meldet Perttu mit mürber Stimme.

»Und wie bitte?«, will Sirkka wissen.

»Ich konnte eine kleine Gruppe von insgesamt zweiundzwanzig Versuchspersonen zusammenstellen«, hebt Perttu an, »zweiundzwanzig Studenten aus Oulu.«

»Weiter ...«

»Sie haben sich bereit erklärt, vier Wochen lang eine Abhörwanze zu tragen, die jedes gesprochene Wort aufzeichnet.«

Perttus Umtriebigkeit und Ideenreichtum sind trotz seiner Marotten bewundernswert. In seiner eintönigen Art zu reden fährt er fort: »Durch eine Spracherkennungs-Software wird das Gesprochene in schriftlichen Text umgesetzt und somit korpuslinguistisch untersuchbar. Auf diese Weise wird auch die mündliche Alltagssprache mit berücksichtigt.«

Auf dem Bildschirm sehe ich, wie Jussi anerkennend nickt und Marina, die Kulturredakteurin, große Augen macht.

»Die Zahl der Versuchspersonen ist zugegebenermaßen sehr klein, der Untersuchungszeitraum kurz«, gesteht Perttu. »Außerdem beschränkt sich die Erhebung auf eine kleine Altersgruppe von 19- bis 24-jährigen. Sie sind nicht repräsentativ ausgewählt. Aber als flankierende Maßnahme zur anderen Untersuchung verspreche ich mir wenigstens einige aussagekräftige Hinweise.«

Damit nicht genug. Perttu hat noch ein weiteres Novum mitzuteilen. »Ich habe ein Programm entwickelt, dass nicht nur Mündliches in Schriftliches umsetzt, sondern auch besondere Betonungen und, bis zu einem gewissen Grad, die Lautstärke mit verzeichnet. Dadurch sind Wörter erkennbar, die nicht nur häufig vorkommen, sondern auch mit besonderer Inbrunst gesprochen werden.«

Perttu ergänzt noch, dass die zweiundzwanzig Versuchspersonen angehalten seien, möglichst viel und vielseitig zu sprechen, Kneipen zu besuchen, unter

Leute zu gehen, viele Telefonate zu führen, auch an Bushaltestellen und in Läden Gespräche zu führen.
»Das Ergebnis wird durch künstlich provozierten Smalltalk hoffentlich nicht verfälscht«, hüstelt Perttu ein wenig verlegen. Wir anderen sind jedenfalls vorläufig zufrieden.
Abschließend betont unser Vorsitzender noch einmal, dass Perttus Forschungsergebnisse nur ein Nebenprodukt unseres Projekts seien. »Uns geht es ja – salopp gesagt – darum, dem Volk aufs Maul zu schauen! Darum, die Wortmeldungen auf unserem Portal durchzusehen und die schönsten auszuwählen. Und ein paar eigene beizusteuern!«
»Das ist aber alles nicht wissenschaftlich!«, brummt Perttu dazwischen, »Nicht objektiv!« Seine alten Einwände.
»Vielleicht nicht wissenschaftlich, wie du es verstehst!«, kontert Jussi, »aber intersubjektiv und von Fachleuten ausgewählt.«
So kann man's auch sehen.

Der vierte Adventssonntag steht an. An diesem Tag soll Marko bei uns vorbeikommen. Senjas Freund! Senja hat ihn mit mütterlicher Erlaubnis und in Untergrabung väterlicher Autorität eingeladen.
»Es ist doch nett, dass wir den jungen Mann mal kennenlernen«, grinst Eila. »Ich werde Weihnachtstörtchen backen.«
»Bitte nicht!«
»Wieso nicht? Du magst doch Weihnachtstörtchen!«
Das schon. Leichter Plunderteig mit Pflaumenmus, obenauf viel Puderzucker. Ein Gedicht für den Gaumen. Aber diese Teilchen werden zu Windrädern geformt und erinnern mich deshalb immer an Hakenkreuze.
»Hakenkreuze?« Eila schüttelt ungläubig den Kopf, als sie meinen Einwand hört. »Ich glaube, ihr Deutsche habt einen Komplex. Der Krieg war im letzten Jahrhundert!«
Von wegen.
»Was soll denn nur der junge Mann von uns denken?«
Eila wirft den Kopf in den Nacken: »Gar nichts! Er wird denken, was alle Finnen denken: Weihnachtstörtchen schmecken gut und sehen aus wie Sterne!«
Eilas Entschluss steht fest: Für den Sonntag will sie Weihnachtstörtchen zu-

bereiten. Überdies kündigt Senja an, Pfefferkuchen zu backen. Und Benni verspricht, zum offiziell ersten Besuch von Senjas Freund probeweise die ersten Wunderkerzen abzufackeln, die in seinem Chemielabor entstanden sind.
»Und was tust du, wenn Marko kommt?«, fragt Eila ein wenig spitz.
»Ich? Na ja ... Ich schippe Schnee in der Einfahrt, damit Platz für ein weiteres Auto ist.«

Dann kommt der Sonntagnachmittag und ein zitronengelber Ford Mustang fährt bei uns vor. Ich liege mit Benni hinterm Fenster des Schlafzimmers auf der Lauer, getarnt von halb geschlossenen Jalousien.
»Da kommt er!«, flüstert Benni. Er findet es spannend, auf der Lauer zu liegen. Dem Auto entsteigt eine schmale Gestalt. Der erste Eindruck: kein bullig-gedrungener Lederjackentyp. Etwas unsicher bewegt er sich auf unsere Haustür zu und klingelt. Senja öffnet. In unserem Versteck vernehmen wir Stimmen aus dem Flur, leise und unsicher; sie werden bald darauf übertönt von der Stimme meiner Frau, laut und frenetisch. Ich höre mehrere »*Tervetuloa!*« (Willkommen) mit stark gerolltem *r*.
»Vielleicht sollten wir uns nun langsam unters Volk mischen«, gebe ich Benni zu verstehen.
»Wie macht man das?«
»Möglichst unauffällig. Am besten schlenderst du ganz locker ins Zimmer.«
»Ganz locker?«
»Ja, so als hättest du gerade etwas völlig anderes im Sinn.«
Benni öffnet die Tür, schlendert heraus und pfeift beiläufig »Maria durch den Dornwald ging«. Er ist ein Naturtalent der Tarnung!
Bald darauf schüttle ich dem Delinquenten die Hand. Zu meiner Beruhigung trägt er keinen Nasenring und auf den ersten Blick kann ich weder Narben von Messerstechereien noch flächendeckende Tätowierungen mit Totenköpfen entdecken. Wahrscheinlich hat er auch keine ausgeprägte Rückenbehaarung. Stattdessen hat er braune Knopfaugen und dunkles Haar. Er könnte ebenso gut Südeuropäer sein und womöglich Paskal heißen. Im Übrigen wirkt er sehr jung, und würde er mir unverhofft auf der Straße begegnen, würde ich ihn für jünger halten als meine Tochter.
Die Konversation ist anfangs etwas steif, wird aber aufgelockert durch

Benni, der im Hintergrund feierliche kirchliche Weihnachtslieder summt. Eila befragt den jungen Mann nach dem Unfallhergang des Bläsers und welche Hilfe er geleistet habe. Bei der Gelegenheit übergibt ihm Senja auch das kleine Geschenk, das der Bläser für seinen Retter in der Not bei ihr hinterlegt hatte. In der Schachtel befindet sich, aufwändig verpackt, ein Tankgutschein. Ich mag solche praktischen Geschenke. Ich halte sie jedenfalls für sinnvoller als Design-Schnickschnack.

Meine Frau stellt dem Delinquenten allerlei Fragen: Schule, Wohnort, Elternhaus … Eilas Fragen klingen allerdings überhaupt nicht nach einem Verhör, sondern eher wie ein fröhliches Sing- und Abzählspiel im Kindergarten. Der junge Mann gibt bereitwillig Antwort. Er geht noch zur Schule und macht im nächsten Frühjahr Abitur.

Senja tischt nun auch die Pfefferkuchen auf, die sie gebacken hat. Alle Plätzchen sind herzförmig! Ich finde das nicht gut, finnischer Pfefferkuchen muss blumenförmig sein, so verlangt es die Tradition. In der Weihnachtszeit dürfen sie meinetwegen auch schon mal stern- oder schweineförmig aussehen. Aber einen ganzen großen Teller mit herzförmigen Pfefferkuchen halte ich für übertrieben.

Ich überlege, worüber ich mich mit ihm unterhalten könnte. Über seinen Ford Mustang aus den 70ern? Über verrückte Männer, die im Winter Bäume hacken wollen und vom Ast fallen? Oder gar über Klodeckel mit Absenkautomatik? Mir fehlen die Worte. Irgendwann schlägt Eila vor, dass Benni nun mit mir seine selbstgemachten Wunderkerzen ausprobieren könnte. Zur Feier des Tages!

»Was wird denn heute gefeiert?«, will ich wissen.

»Der vierte Adventssonntag. Das Ende des Schuljahrs. Markos Besuch. Such dir etwas aus!«

Benni und ich gehen nach draußen und stecken mehrere seiner langen, selbstgezogenen Wunderkerzen aufrecht in den Schnee. Ich versuche sie mit einem Feuerzeug anzuzünden, aber sie wollen kaum anbrennen. Es gibt nur ein dürftiges Schmauchen und Glimmen. Überraschenderweise ist Benni nicht sonderlich enttäuscht. Den missratenen Versuch betrachtet er mit dem Interesse eines Unfallforschers, dem bei einem simulierten Auffahrunfall ein Crash-Test-Dummy durch die Windschutzscheibe geflogen ist.

»Ich glaube, ich muss viel mehr Eisen- und Aluminiumpulver verwenden

… wahrscheinlich auch mehr Oxidationsmittel und weniger Bindemittel. «
Als wir wieder ins Haus zurückwollen, fängt Eila uns an der Haustüre ab.
»Wie wär's denn, wenn ihr zwei eine Runde rodeln geht? So viel Schnee hatten wir schon lange nicht mehr!«
Das klingt so, als wolle sie uns aus dem Haus haben.
»Und was macht ihr? Kommt ihr mit?«, frage ich.
»Ich räume den Tisch ab. Senja und Marko können Weihnachten vorfeiern.«
»Ich dachte, das tun wir schon längst …«
Irgendwas verstehen Väter immer erst als Letzte.

33. Das Leben ist

Meine Zehnerkarte für die Sauna von Rajaportti ist mit meinem heutigen Besuch am 21. Dezember, dem Tag der Wintersonnenwende, aufgebraucht. Es überkommt mich fast ein leichtes Gefühl der Wehmut, als ich die letzte Karte am Kassenhäuschen abgebe. Der Innenhof ist dick verschneit und überall sind Laternen aufgestellt, deren Glanz das Gelände in der früh hereinbrechenden Dunkelheit zu einem Wintermärchen macht.
Auch wenige Tage vor Weihnachten herrscht hier reger Betrieb. Im Innenhof sitzt eine Gruppe von Frauen in Bademänteln auf den Bänken, die allesamt eine Wichtelmütze auf dem Kopf tragen und eine Flasche Bier in der Hand halten.
Sie befinden sich alle im 30+ Alter und unterhalten sich angeregt, lautstark und ungeniert, als würde der Rest der Welt nicht existieren. Sie diskutieren über ihre Männer! Im Vorbeigehen schnappe ich Wörter wie *sohvaperuna* und *vatsamakkara* auf (wörtlich: »Sofakartoffel« und »Bauchwurst«, das eine Schimpfwort für faule TV-Sportler, die mit der Tüte Chips in der Hand Sportübertragungen folgen, das andere Bezeichnung für feisten Bauchspeck).
Im Halbdunkel der Männersauna treffe ich auf zwei bekannte Gesichter: meinen Bekannten Urho und einen Bodybuilder, der mir schon mehrmals aufgefallen ist, weil seine Oberarme beachtlich sind und er den Schriftzug *Walhalla* auf der Brust trägt. Urho und ich begrüßen uns kurz, ich setze mich neben ihn.
Mehrere der anwesenden Männer unterhalten sich bei meinem Eintreten hitzig über die passende Größe und Zubereitung eines Weihnachtsschinkens.
Die alten Griechen hatten für den Gedankenaustausch ihre Foren im steinernen Halbrund. Die wilden Germanen versammelten sich zu Beratungen unter heiligen Eichen. Die Finnen besprechen sich seit Urzeiten am liebsten in der Sauna.
Die Diskussion wogt eine Weile hin und her, dann springen mehrere Männer gleichzeitig auf, um sich an der frischen Luft eine Verschnaufpause zu gönnen. Urho, der Bodybuilder und ich bleiben zurück. Halblaut berichte ich Urho von dem missratenen Kauf eines Adventskalenders, der sich

als Hundekuchenkalender entpuppte. »Und ich weiß noch nicht einmal, was ich meiner Frau zu Weihnachten schenken soll.«
Urho wirft mir einen Blick von der Seite zu: »Vielleicht etwas Immateriel-les. Eine nette Überraschung.«
Bevor ich darauf etwas sagen kann, wendet sich Urho gänzlich unerwartet an den Bodybuilder. »Oder was denkst du?«
Walhalla sieht uns aus glasigen Augen an, aber er weiß sofort, worum es geht, und es drängt sich der Verdacht auf, dass er unserem Gespräch genau zugehört hat. Seine Muskeln spannen sich. Sein durchtrainierter Körper hat durchaus etwas Imposantes, obwohl die Muskelberge so aufgepumpt aussehen, als könne man durch einen gezielten Nadelstich die Luft ablassen.
»Was soll ich meinen?«, fragt Walhalla etwas ratlos zurück. Seine Stimme klingt erstaunlich hoch.
Urho lässt nicht locker: »Was meinst du, was Frauen mögen?«
Walhalla reckt seine Glieder und bringt sich in eine aufrechte Sitzposition mit durchgedrücktem Rücken. Seine schweren Arme ruhen auf seinen massigen Oberschenkeln. »Frauen …« beginnt er mit seiner Fistelstimme, »Frauen mögen Männer! Echte Männer!« Mehr sagt Walhalla nicht. Urho und ich blicken uns ein wenig ratlos an. Irgendwie hat der Bodybuilder sicherlich recht, nur fragt sich, was ein echter Mann ist. Urho hebt die Augenbrauen und beendet das Gespräch vorläufig mit einem Spruch, der mal als Werbeslogan Karriere gemacht hat und mittlerweile zur ultimativen finnischen Lebensweisheit geworden ist: *»Elämä on!«* Das Leben ist! Dieser offene Halbsatz sagt alles und nichts und ist deshalb so treffend.

34 Knutsbock: *nuuttipukki*

Ich bin ein großer Freund von Selbstgesprächen. Ich führe sie mit Vorliebe bei den seltenen Gelegenheiten, an denen ich allein zu Hause bin. Selbstgespräche bieten meines Erachtens mindestens drei Vorteile. Erstens weiß ich mit Sicherheit, dass ich mir konzentriert zuhöre. Zweitens verstehe ich genau, was ich meine. Und drittens bin ich mit mir immer derselben Ansicht. Im Vergleich dazu ist die bilaterale Kommunikation zwischen zwei Homo sapiens hochgradig störanfällig. Das zeigt sich erneut am Tag vor Heiligabend. Für diesen Tag gibt es im Finnischen das wunderbare Wort *aatonaatto*, sozusagen den Vorabend vom Heiligen Abend.

Wie auch immer: Am *aatonaatto* stopfen alle Familienmitglieder Koffer, Taschen, Rucksäcke und Tüten in unser Auto, um nach Österbotten aufzubrechen, wo wir im rauen Alahärmä bei meinen Schwiegereltern das Weihnachtsfest verbringen wollen. Arbeitsaufteilung: Ich kümmere mich darum, den Kofferraum zu beladen, meine Frau kümmert sich um die Geschenke, die Kinder kümmern sich ihre sieben Sachen. Außerdem wird die Mieze in einen Katzenkorb gestopft und ebenfalls ins Auto verfrachtet.

Alahärmä wird in keinem Prospekt der finnischen Zentrale für Fremdenverkehr als Ort beworben, an dem man seine Weihnachtstage feiern könnte. Dabei ist die Ortschaft Alahärmä zu Weihnachten geradezu ideal. Die flache Landschaft mit den vielen Feldern bietet optimale Landemöglichkeiten für fliegende Rentierschlitten, die Abstände zwischen den einzelnen Häusern sind so groß, dass man die Nachbarn nicht hört, und es gibt ringsum nichts, was ablenkt, so dass man sich völlig der Familie widmen kann. Außerdem gehört die romantische Steinkirche von Alahämä zu den schönsten des Landes. Diese Steinkirche ist eingerahmt von einem alten Friedhof, der es ins Guinness-Buch der Rekorde geschafft hat, weil dort die meisten Toten ruhen, deren sterbliche Überreste Stichwunden aufweisen. Alahärmä und sein Umland sind das Mekka der Messerhelden, und nicht umsonst befindet sich ganz in der Nähe das weltweit einzige *puukkomuseo*, ein Museum für die traditionellen finnischen Dolche.

In Vorfreude auf die anstehende Bescherung erzählt meine Frau den Kindern auf der Fahrt von Kindheitserinnerungen: Damals hätte der Weihnachtsmann noch ganz anders ausgesehen, erklärt sie. Kein netter Onkel im

roten Mantel, sondern ein wilder Kerl, der zum Fürchten aussah. »Der hatte braune, struppige Tierfelle an und sein Bart war grau und verfilzt. Vor dem hatten wir richtig Angst.«
»Du meinst, etwa so wie ein tierischer *nuuttipukki*?«, bemerke ich.
»So in etwa!«
Ein *nuuttipukki*, eingedeutscht etwa ein Knutsbock, war in alten Zeiten eine tierische Bocksgestalt, die mit ihrem Gefolge am traditionellen Ende der Weihnachtszeit durch die Dörfer strich: Unfug treibend, Leute erschreckend und in die Stuben einfallend, um die Festtagsreste zu plündern und alle Biervorräte wegzutrinken. Der Knutsbock war eine Art Gegen-Weihnachtsmann heutiger Prägung: kein netter Onkel, der Geschenke und Leckereien verteilt, sondern ein Kinderschreck und Störenfried. Zeitpunkt seines Erscheinens war für gewöhnlich der Tag des Heiligen Knut, der 13. Januar. In einer Übergangszeit, die sich über mehrere Generationen erstreckte, trug der Weihnachtsmann vom 24.12. noch gewisse erschreckende Züge seines volkstümlichen Vetters, bis sich sein Aussehen weitgehend dem international üblichen harmlosen Großvater-Look anpasste. Die Knutsbock-Tradition hingegen ist fast völlig verschwunden.
In den schillerndsten Farben beschreibt Eila, wie wild und zottelig der Alte damals ausgesehen hat. *»Oi niitä aikoja!«* Das waren Zeiten!
»Schade«, findet Benni, »dass der Weihnachtsmann heute so ein Langweiler ist. So ein gruseliger Knutsbock wäre echt der Hammer!«
»Hat der denn auch Geschenke gebracht?«, fragt Senja.
Ansatzlos wendet sich meine Frau an mich: »Hattest du die Geschenke ins Auto gepackt?!«
»Du meinst den großen blauen Beutel? Nein, ich nicht.«
Wenn meine Frau jetzt einen *puukko* (Finnendolch) zur Hand hätte, müsste ich um meine körperliche Unversehrtheit bangen.
»Nicht? Bist du verrückt?! Der muss unbedingt mit! Warum hast du den Beutel denn nicht eingepackt?«
»Wieso ich? Ich dachte, du kümmerst dich um die Geschenke!«
Ein Wort gibt das andere, aber es hilft leider alles nichts. Kommunikation ist schwierig, wir müssen noch einmal zurückfahren.
Während der Rückfahrt wird nicht mehr von Weihnachtsmann und Knutsbock gesprochen, sondern werden *saatana* und *perkele* angerufen.

Meine Schwiegereltern bewohnen in Alahärmä einen schönen alten Bauernhof weit ab vom Ortskern, ein typisches Gehöft aus rotem Haupthaus und mehreren Nebengebäuden. Dort hausen die beiden mit ihren Katzen Staci und Ossi. Staci ist eine edle grauweiße Rassekatze, die – so viel ich weiß – ihren Namen einer Figur aus der US-Seifenoper *Reich und schön* verdankt. Ossi ist dagegen ein gewöhnlicher finnischer Vorname und sein vierbeiniger Namensträger ein völlig gewöhnlicher Mischlingskater in Tigerfarben, der meinen Schwiegereltern zugelaufen ist. Die beiden Tiere leben in einem Dauerzwist miteinander, der nur gelegentlich abgemildert wird, wenn eine dritte Katze in der Nähe ist. Staci ist dabei das dominante Tier, was verwunderlich ist, denn Kater Ossi ist deutlich größer und kräftiger. Leider werde ich durch die beiden Katzen ständig an die DDR erinnert! Nicht nur, weil der dicke Kater Ossi heißt, sondern weil meine Schwiegereltern den Namen Staci wie Stasi aussprechen. Wenn Ossi also dauernd von der Stasi gejagt wird, dann bringt mir das ein unrühmliches Kapitel deutscher Geschichte in Erinnerung. Das sind nicht unbedingt die idealen Voraussetzungen für ein friedvolles Weihnachtsfest im Kreise der Familie.

Bei unserer Ankunft steht mein Schwiegervater, *Ukki* (Opi) genannt, mit einigen Tannenbäumen im Hof, die er gerade vom Anhänger seines Traktors geladen hat. Wie sich herausstellt, hatte meine Schwiegermutter, *Mummi* (Omi), ihn in den Wald geschickt, einen Weihnachtsbaum zu holen. Um den Wünschen seiner Frau gerecht zu werden, hat er vorsichtshalber ein halbes Dutzend Bäume geschlagen, die er in den Schnee bohrt und *Mummi* vorführt. Sie blickt kritisch durch das Küchenfenster und ruft hinaus: »Nimm den zweiten von links!«
»Geht klar!«
Die übrigen Bäume werden hinter den Stall geworfen und vermutlich in einem Vierteljahr für ein Osterfeuer verwendet. In Österbotten kann man absolut nicht verstehen, wie man für Tannenbäume Geld ausgeben kann, in Tampere werden Weihnachtsbäume dagegen vor den Supermärkten für gutes Geld verkauft.
»Denk jetzt bloß nicht: die armen Bäume!«, raunt mir Eila zu.
Nach der Baumauswahl werden wir freudig begrüßt. Voller Stolz überreicht Benni gleich beim Eintreten seine selbstgemachten Wunderkerzen als

Vorab-Weihnachtsgeschenk, die morgen zur Bescherung im Vorgarten abgefackelt werden sollen. *Ukki* klopft ihm stolz auf die Schulter.
Mummi hat das Haus heimelig hergerichtet, sie ist eine Meisterin der Gemütlichkeit. Überall stehen Lichterbögen in den Fenstern, von den Decken glitzern beglühbirnte Sternchen. Jede Tischdecke, jeder Vorhang, ja selbst die Bettwäsche zeigt weihnachtliche Motive. Aus der Küche dringt der Duft von süßem Gebäck.
Das Haus meiner Schwiegereltern bietet viel Platz. Es gibt eine erkleckliche Zahl an Gästezimmern, die die meiste Zeit des Jahres leerstehen, was daran liegt, dass der Hof früher von mehreren Generationen bewohnt wurde. Wir beziehen sozusagen den Westflügel des Hofes, wo wir Fiona ein Katzenklo herrichten; die Ärmste musste fast vier Stunden in ihrem Korb ausharren. Wir stellen ihr Näpfe mit Frisch- und Trockenfutter hin sowie eine Schale mit Trinkwasser, und wie immer bei solchen Gelegenheiten sorgen wir dafür, dass die Verbindungstür zwischen West- und Ostflügel des Hauses stets verschlossen bleibt, damit die Katzen nicht aufeinander losgehen. So lebt unsere verhätschelte Fiona im Westen in Luxus und Überfluss, während im Osten, jenseits der abgeschirmten Grenze, Stasi den armen Ossi jagt. In Österbotten scheint die Zeit stehengeblieben zu sein.

Am Abend lassen sich Senja und Benni von ihren Großeltern nach allen Regeln der Kunst verwöhnen, Eila und ich nutzen die Gelegenheit zu einem kurzen Verwandtenbesuch bei Eilas Vetter Topi und seiner Frau Vilma. Topi ist leidenschaftlicher Jäger, der uns häufig mit frisch erlegtem Wild versorgt. Vor einiger Zeit habe ich ihn einmal auf eine Elchjagd begleiten dürfen und bin zu dem Schluss gekommen, dass mir das Fleisch zwar schmeckt, die Jagd auf Großwild aber nicht unbedingt mein Ding ist. Jedes Mal, wenn wir zu Besuch kommen, hat Topi neue Geweihe, Stangen und Hörner zu präsentieren, die er als Trophäen an allen möglichen Außenwänden seiner Stallungen und Schuppen hängen hat.
Topis Frau Vilma ist eine alte Klassenkameradin von Eila und die zwei haben immer viel miteinander zu bereden.
Vilma und Topi haben keine Kinder, daher ist Topi auch am Heiligabend abkömmlich und in der weitverzweigten Sippschaft seit Jahren ein gefragter Weihnachtsmann.

Im Laufe des Abends begleite ich ihn zu einer seiner vielen Zigarettenpausen hinaus auf den verschneiten Hof, um mit ihm ungestört ein paar Worte wechseln zu können. Mir ist da nämlich eine Idee gekommen.
»Sag mal«, beginne ich vorsichtig, »hättest du morgen Abend noch Zeit für einen zusätzlichen Auftritt als Weihnachtsmann?«
»Wo denn? Bei Eilas Eltern?«
»Genau!«
Topi zieht sein Smartphone aus der Hosentasche und kontrolliert seine Termine für morgen. Dabei bläst er seinen Rauch wie ein wütender Stier durch beide Nasenlöcher. »Joo … Ich könnte einen Stopp bei euch einlegen. Der Hof liegt eh auf dem Weg zwischen zwei Einsätzen!«
»Bestens!« Wir verständigen uns grob über die Uhrzeit und ich erläutere, wo ich einen Geschenkesack deponieren könnte, den er bei seinem Kommen mit ins Haus schleppen soll.
»Ich hätte da allerdings noch eine besondere Bitte!«, fahre ich fort.
Topi zündet sich eine weitere Zigarette an. »Lass hören!«
»Hast du vielleicht auch so ein altes Knutsbock-Kostüm?«
Topi überlegt kurz. »Ja, kann sein. Irgendwo müsste ich noch so ’n alten Fummel haben. Einen langen zerrissenen Pelzmantel und eine Bärenfellmütze, glaub ich. Mit einem fiesen dunklen Bart, der bis zum Gürtel reicht.«
»Das wäre klasse! Je altmodischer und je furchteinflößender, desto besser!«
Topi grient. »Na, wenn das so ist, binde ich mir noch ein Geweih um den Kopf und nehm ’nen Knüttel mit.«
Mich ergreift eine heftige Vorfreude auf den morgigen Abend. Das wird ein Spaß! Eila wird froh sein, wenn ihre Kindheitserinnerungen aufgefrischt werden und in Form ihres Vetters neue Gestalt annehmen. Benni wird sich freuen, dass der Weihnachtsmann in Österbotten kein Langweiler ist, und Senja ist sowieso eine aufgeschlossene Person, die immer gerne Neues erlebt. Mein Saunafreund Urho hatte doch recht: Es ist viel schöner, etwas Immaterielles zu schenken, seine Lieben zu überraschen, statt Krempel aus Warenhäusern anzukarren.
Am nächsten Tag wird der Geruch von süßem Gebäck durch den deftigen Duft eines mehrere Kilo schweren Schinkens überdeckt, den *Ukki* über viele Stunden im Backofen seines Specksteinkamins garen lässt. Ansonsten

besteht der Heilige Abend für die Kinder vor allem aus Warten. Benni möchte unbedingt ein Pfefferkuchenhaus bauen, das ihm *Mummi* in Fertigteilen aus dem nächsten Laden mitbringt, der vierzehn Kilometer entfernt liegt. Es wird eine ziemliche Kleckserei mit Zuckerguss und Sirup, bis die einzelnen Teile miteinander verklebt sind und das Ganze einigermaßen steht. Anschließend dekoriert Benni das Dach mit Mandelsplittern und Schokostückchen, bis das Pfefferkuchenhaus aussieht wie eine Ferienhütte, über die ein Frühjahrssturm hinweggefegt ist und einen Teppich der Verwüstung aus Tannenzapfen und Zweigen zurückgelassen hat.
»Und wann sollten wir das Haus aufessen?«, frage ich.
»Am Ende der Weihnachtszeit!«

Früh wird es dunkel. Der Heilige Abend ist angebrochen. Der magische Moment rückt näher.
»Wann gibt's denn die Geschenke?«, fragt Senja etwas gelangweilt.
»Bald!«
»Wo ist denn der große blaue Beutel mit den Geschenken schon wieder geblieben?«, fragt Eila.
»Keine Sorge! Um den kümmere ich mich diesmal!«
»Sollten wir nicht allmählich essen?«, fragt *Mummi.*
»Wenn's geht, dann noch ein wenig Geduld ...«
Wo bleibt Topi nur? Die Zeit verstreicht. Von unserem Überraschungsgast keine Spur! Ich erwarte, dass er jeden Moment an die Tür klopft und in Verkleidung in die Wohnung poltert. Immer wieder luge ich unauffällig aus dem Fenster. Wo steckt der Kerl bloß? Plötzlich sehe ich im Dunkel des Hofs ein rotes Lichtlein glimmen, ganz in der Nähe des Stalls. Das kann nicht wahr sein! Dort steht Topi halb verdeckt und raucht noch eine Zigarette zu Ende. Verärgert greife ich zu meinem Telefon und simse ihm: »Wann kommst du endlich?«
Ich sehe den Lichtpunkt einer Zigarettenkippe über den Hof schnippen und zeitgleich leuchtet auf dem Display meines Mobiltelefons die Antwort: »Jetzt!«
»Was guckst du denn dauernd nach draußen?«, will Benni neugierig wissen und drängt sich neben mich. Im selben Augenblick zuckt ein greller Blitz durch den Garten. Wir schrecken zusammen. Dann knallt und zischt es,

und ein Feuerwerk an Funken stiebt wild in alle Richtungen. Es rattert und pufft. Hell zuckt und flammt es. Feuerzungen schießen ziellos umher, erst nur aus einer Ecke des Hofes, dann aus mehreren. Aufgeregt stürzen alle ans Fenster und glotzen hinaus. Uns bietet sich ein schauderlicher Anblick. Wie im Stakkato von Maschinengewehrsalven sprühen helle Funken sternenartig umher. Der Hof wird durch das gleißende Licht gespenstisch ausgeleuchtet. Und im Hintergrund springt ein gehörntes Wesen in zotteligen Tierfellen von einem Bein aufs andere und flucht: *»Saatana!!«* Das Wesen hat einen langen Bart, der bis zum Gürtel reicht. Er hat Feuer gefangen! Wie der Schweif eines Kometen fliegt der Bart hin und her und macht lichterloh brennend jede Bewegung des Feuertänzers mit. Mummi und *Ukki*, die Katzen Stacy und Ossi, Eila, Senja, Benni und ich starren gebannt nach draußen. Ich bin sicher, von einem Fenster des Westflügels schaut auch Fiona neugierig zu.

»Mitä helevettiä?!« (Was zum Teufel?!), murmelt *Ukki*.

Benni räuspert sich. »Ich glaube, ich habe ziemlich viel Aluminium verwendet. Und zu viel Oxidationsmittel!«

Seine Wunderkerzen! Sie waren draußen im Schnee aufgepflanzt. Dazu Topis Zigarettenstummel!

Der Gehörnte im Hof flucht wie ein Berserker und springt noch ein paar wilde Schritte umher, bevor er sich kopfüber in den Schnee wirft. Als er sich wieder aufrichtet, bietet sein Bart einen kläglichen Anblick: Nur noch ein paar erbärmliche Haarsträhnen sind übrig geblieben, die gespenstisch nachrauchen.

Stille Nacht, Heilige Nacht. Die Reaktionen auf den unheiligen Feuertanz fallen sehr unterschiedlich aus. Die Katzen in Ost und West wissen nicht so recht, was sie von dem Schauspiel halten sollen. Der gebeutelte Knutsbock steht unter Schock und überspielt seinen Schrecken, nachdem er endlich den Weg zu uns ins Haus gefunden hat, durch ein etwa zehnminütiges Dauerfluchen. Lieblos liefert er den Sack mit Geschenken ab und lässt sich von *Ukki* einen Wodka eingießen. Er sitzt mit schmauchendem Bart am Küchentisch. Sein Geweih sitzt ihm schief auf dem Kopf.

Mummi ist aufs Höchste besorgt um den malträtierten Topi, der sich irgendwann trollt, weil er noch woanders hin muss.

Eila ist gar nicht begeistert und macht mir Vorhaltungen, wie ich nur hätte zulassen können, dass Benni hochexplosive Wunderkerzen zusammenbastelt und wie ich Topi hätte engagieren können, ohne irgendwem davon etwas zu verraten.
Völlig entzückt sind dagegen Senja und Benni. Senja hat geistesgegenwärtig die tollsten Szenen mit ihrem Handy im Bild festgehalten und postet die besten Schnappschüsse unter dem Hashtag Weihnachten in Süd-Österbotten in Instagram. Ich erlebe es zum ersten Mal seit Jahren, dass Senja ihren Bruder lobt: »Also deine Feuerwerkskörper waren echt spitzenmäßig!«
»Das waren nur Wunderkerzen …«
»Egal. Die waren jedenfalls absolut genial!«
Benni ist so stolz, als habe er das Schwarzpulver erfunden. Außerdem ist er froh, den gruseligsten Knutsbock-Auftritt seit Menschengedenken erlebt zu haben, einen hollywoodreifen Ausbruch der Hölle! (Endlich mal ein Fest, bei dem man sich nicht zu freuen braucht!) »Den normalen Weihnachtsmann find ich auch nicht schlecht, aber so ein Knutsbock ist das Allerbeste! Könnte der ab jetzt jedes Jahr kommen?«

35. Zwischen den Jahren: *välipäivät*

Der Rest des Heiligen Abends verläuft friedlich. Der Weihnachtsschinken und die guten Aufläufe aus Steckrüben und Kartoffeln, Rote-Bete-Kasserolle und Reisbrei, die zu einem typischen finnischen Weihnachtsmahl gehören, werden vertilgt und die Geschenke werden ausgepackt. Mein Schwiegervater bekommt eine Flasche Lakka-Likör, meine Schwiegermutter das Kochbuch »Schlemmen wie die hohen Herren«, signiert vom Autor. Von Sauerkrautsuppe bis Pferde-Müsli. Meine Frau erhält ein Nachthemd und eine Packung Wiener Nougat von Fazer; das sind die üblichen Geschenke, die sie sich jedes Jahr wünscht. Etwas Originelleres ist mir leider nicht eingefallen, abgesehen vom Auftritt eines *Nuuttipukki.* Benni kriegt unter anderem einen Metalldetektor geschenkt, mit dem er sich auf Schatzsuche begeben kann. Senja bekommt Klamotten und Einkaufsgutscheine; sie freut sich sogleich auf die nächste Gelegenheit zum Umtausch der Klamotten und zum Einlösen der Gutscheine.

Von *Mummi* und *Ukki* bekommt die ganze Familie eine Woche Hüttenurlaub im Ski- und Urlaubsgebiet von Iso-Syöte geschenkt, möglich gemacht durch eine Ferienaktie meiner Schwiegereltern und einzulösen im nächsten Februar während der Skiferien. Toll.

Zudem werde ich persönlich noch mit einer Gabe beglückt, über die ich mich fast so freue wie über die spendierten Skiferien: eine neue Zehnerkarte für die Sauna von Rajaportti.

»Ich hab das Gefühl, das tut dir gut!«, meint Eila augenzwinkernd. Diesmal nehme ich das Geschenk gerne an. Das Saunaleben geht also weiter!

Irgendwann nach Mitternacht liege ich im Bett und lausche in die Stille hinein. Die Heilige Nacht ist endlich auch eine stille Nacht, aber ich finde keinen Schlaf. Auf leisen Sohlen stehle ich mich davon und ziehe mich in eines der vielen leerstehenden Zimmer zurück, knipse eine kleine Leselampe an und mache es mir auf einem alten Sessel bequem. Grübelnd blättere ich in der Kladde mit meiner persönlichen Sammlung bemerkenswerter finnischer Wörter. Meine bisherigen Notizen erweitere ich um die Worte *aatonaatto, puukko, nuuttipukki* und *piparkakkutalo* (Pfefferkuchenhaus). Sie kommen mir allesamt zutiefst finnisch vor.

Während ich schreibe, schleicht Fiona mit federndem Schritt zu mir ins Zimmer. Sie ist auf einem nächtlichen Streifzug durch den Westflügel des Hofes und genießt es offenkundig, hier ausgiebig ihrem »Reingehdrang« zu frönen und in alle Schränke, Nischen und Öffnungen kriechen zu können. Nun aber gesellt sie sich zu mir und platziert sich graziös wie eine Statuette auf dem Tischchen mit der Lampe.

»Na, schreibst du dir wieder Wörter auf?«, fragt sie leise.

»Wie? Du kannst sprechen?«

»Ja, natürlich!« Fionas Stimme klingt sehr sanft. »Aber nur einmal im Jahr. Zur Heiligen Nacht!«

»Ich dachte immer, das sei nur eine Geschichte!«

Fiona lässt ihren Schwanz hin und herschweifen. »Was heißt denn hier *nur*? Geschichten sind das Wichtigste, was ihr habt.«

»Findest du?«

»Oh ja! Wir Katzen erzählen uns keine Geschichten. Daher ändert sich auch nichts in unserem Leben.«

»Was soll das heißen?«

»Geschichten sind der Grund, warum ihr Menschen euch abmüht. Und warum ihr immer an ein Happy End glaubt.«

»Oder warum wir uns gegenseitig die Köpfe einschlagen ...«

»Das auch, wenn es die falschen Wörter und die falschen Geschichten sind. Aber wir Tiere machen das andauernd. Wusstest du, dass ich in meinem Leben schon viele Mäuse gemeuchelt habe, obwohl ihr mich ja nur an einer Leine in den Garten lasst. Und rate mal, warum ich Mäuse kille? Und glaub mir, es hat nichts mit Hunger zu tun!«

Ich zucke mit den Achseln. »Warum?«

»Weil wir Katzen eben so sind! Schon vor Tausenden von Jahren haben meine Vorfahren Mäuse gekillt. Und meine Artgenossen werden es in tausend Jahren auch noch tun. Wir kämen nie auf die Idee, mit Mäusen einen Friedensvertrag abzuschließen!«

»Und warum jagt Staci immerzu den armen Ossi?«

»Keine Ahnung. Die zwei sind eben so. Und sie werden so sein für den Rest ihres Lebens. Ossi würde es nie einfallen, all seinen Mut zusammenzunehmen und Staci zum Teufel zu jagen, obwohl er der Stärkere ist. Bei euch Menschen wäre das möglich!«

»Für eine Katze bist du ziemlich schlau.«

Wir sitzen eine Weile im Schein der kleinen Lampe.

Die seltene Gelegenheit, mit Fiona ein Gespräch zu führen, muss ich ausnutzen.

»Was hältst du denn davon, dass ich bedeutungsschwangere und vielsagende Wörter sammle? Muss das einer Katze nicht lächerlich vorkommen?«

»Nein, überhaupt nicht! Nur dank eurer Wörter habt ihr euch an die Spitze der Nahrungskette kämpfen können.«

»Soll das ein Kompliment sein?«

»Durchaus!«

Dieses Kompliment muss ich erst einmal sacken lassen, denn manchmal kommen mir Worte wie die Wurzel allen Übels vor.

Ich seufze tief: »Wörter sind die Hauptursache für Missverständnisse!«

»Wörter sind das beste Mittel zur Verständigung! Obwohl«, befindet Fiona mit säuselndem Unterton, »ein wenig mehr Geruchssinn könnte euch manchmal nicht schaden.«

»Hast du eigentlich ein Lieblingswort?«

»*Totta kai!*« Klar doch!

Im selben Moment raschelt es in einer Ecke der Zimmers hinter einem alten Webstuhl. Fiona spitzt die Ohren.

»Was ist?«, frage ich.

»Nur eine Maus!« Fiona streicht sich mit der Vorderpfote über ihre Schnauze. »Aber weil heute Heilige Nacht ist, werde ich sie leben lassen.«

Ich hätte nie geglaubt, dass ich mich einmal mit einer Katze unterhalten würde. Behutsam kraule ich Fionas Nacken. Sie schnurrt leise.

»Als Katze bist du gar nicht so übel. Ich mag nur nicht, dass du nie deinen Futternapf leerfrisst. Ich glaube, du bist ziemlich verwöhnt.«

»So sind wir Katzen eben. Kraul bitte weiter!«

Weil Weihnachten ist, leiste ich ihrem Wunsch Folge.

»Weißt du«, sage ich gähnend, »ich bin sicher, morgen früh wache ich auf und werde feststellen, dass dies alles nur ein Traum war.«

»Wenn du meinst! Aber es ist doch eine schöne Geschichte, oder?«

Der Erste Weihnachtsfeiertag verstreicht friedlich mit dem finnlandüblichen Überangebot an Weihnachtsschinken, süßen Sachen und Kaffee. Nur die Katzen kennen keinen Weihnachtsfrieden. Vor allem Senja zum Gefallen fahren wir am zweiten Weihnachtstag schon wieder nach Tampere zurück, um dort die *välipäivät*, die Zwischentage, zu verbringen, jene unbeschwerte Zeit zwischen den Jahren, zwischen Weihnachten und Neujahr. Senja möchte unbedingt ihren Freund wiedersehen und den Jahreswechsel in der Stadt feiern.

Wir stopfen also wieder Koffer, Taschen, Rucksäcke, Tüten, Miezekatze und Katzenklo ins Auto, bedanken uns herzlich bei *Mummi* und *Ukki* für ihre Gastfreundschaft und treten die Rückfahrt an. Der Heiligabend mit der schönen Bescherung wird uns sicher unvergesslich bleiben.

36. Alkohlfreier Januar: *tipaton tammikuu*

In den nächsten Tagen steht häufiger ein sportlicher Ford Mustang auf unserer Einfahrt. Allmählich gewöhne ich mich an das Zitronengelb im Winterweiß unserer Vorstadtlandschaft. Bislang hat sich der Wagenhalter keiner kriminellen Handlung schuldig gemacht. Abgesehen davon, dass er Pfefferkuchen mit Blauschimmelkäse isst, scheint er ein netter Kerl zu sein. Zu Silvester darf Senja auf die Fete einer Freundin, auf der auch Marko mitfeiern wird. Er verspricht, Senja spätestens um 3 Uhr nachts bei uns abzuliefern und den ganzen Abend keinen Tropfen Alkohol anzurühren. Eila schenkt den jungen Leuten ihr vollstes Vertrauen. Ich willige nur unter Protest ein, weil Markos museumsreifer Wagen aus den 70ern noch nicht einmal Kopfstützen hat.
»Könntest du uns für die Fete ein paar von deinen Wunderkerzen basteln?«, fragt Senja ihren Bruder.
Auf gar keinen Fall! Explosive und leicht entzündliche Stoffe kommen nicht mehr ins Haus. Ab jetzt kann Benni mit seinem Metalldetektor nach Kronkorken suchen.

Da Eila und ich zum Jahreswechsel nichts Besonderes vorhaben, weder ausgehen noch Gäste im Haus haben, darf Benni seine beiden Freunde Carl und Kalle einladen, mit denen er am Abend erst eine Stunde rodeln und dann in die Sauna geht. Zwischen den Saunagängen springen die Jungs nackig in den Schnee und setzen sich zu einem Silvester-Selfie auf das alte Sofa im Garten. Eila bereitet für sie die Speise zu, die alle finnischen Kinder bis zum 32. Lebensjahr am liebsten essen: Makkaroni-Auflauf. Mit viel Ketchup schaufeln die drei Jungen die Portionen in sich hinein.
Die Freunde Carl und Kalle wirken in ihren Gesichtszügen und in ihrem Auftreten schon viel erwachsener als unser Sohn, aber Benni hat die Gabe, auch aus anderen den kleinen Jungen herauszukitzeln, und es macht den Eindruck, als gefiele es den beiden, sich für einen letzten Abend vor Beginn des neuen Jahres noch einmal so aufzuführen, als seien sie erst zehn.
Die restliche Zeit bis Mitternacht überbrücken die Freunde mit einem Film, einer makaberen finnischen Gruselkomödie über einen Horror-Weihnachtsmann, dessen gefräßige Wichtelmänner Kindern nachstellen.

Sie gucken den Film auf einem Laptop in Bennis Hochbett. Dort hocken die drei eng beisammen, lachen an den Stellen, an denen man sich gruseln sollte, und essen dabei Kartoffelchips.
»Die Jungs scheinen ihren Spaß zu haben!«, meine ich zu Eila.
»Sollen sie nur! Ein Jahr geht schnell vorbei und bald sind sie junge Männer. Wer weiß, in zwölf Monaten interessiert sich Benni nicht mehr für sein Chemie-Labor oder einen Metalldetektor …«
»Sondern?«
»… sondern für Mädchen und seine Frisur.«
»Für seine Frisur?«
Eila nickt bestimmt: »Lass es dir gesagt sein: Die jungen Männer von heute sind so! Ich bin Lehrerin an einer finnischen Schule, ich kenne mich aus.«
Der Silvesterabend ist die Gelegenheit, um auf das zu Ende gehende Jahr zurückzublicken und dem neuen entgegenzuschauen. Weltbewegende Dinge sind in unserer Familie nicht passiert, und das ist gut so. Keine schweren Krankheiten, keine Todesfälle, keine Schicksalsschläge, keine Dramen. Landesweit gab es keine Kriege, keine Epidemien, keine Erdbeben. Auch keine Tsunamis oder Springfluten, aber die sind in Finnland eh selten. (Österbotten ist da wieder einmal eine Ausnahme. Dort gibt es jedes Frühjahr zur Schneeschmelze großflächige Überschwemmungen und die Bauern kriegen in ihren Scheunen nasse Füße.) Der zurückliegende Sommer war warm und Weihnachten weiß. Was will man mehr? Das Projekt zu den Grundwörtern finnischer Befindlichkeiten ist vielversprechend angelaufen. Im Job ist alles im grünen Bereich, auch wenn das Gespenst der Einsparung durch unsere Flure spukt und gelegentlich mit seinen Ketten Entlassung und Schließung rasselt. Die Kinder wachsen und gedeihen und Senja hat auf einmal einen Freund!
Die schlimmste Erfahrung des zurückliegenden Jahres war sicher der Chaos-Flug von Berlin nach Helsinki mit Notlandung in Tallinn. Bei dem Gedanken an die Schrecksekunden rutscht mir immer noch das Herz in die Hose. Und wenn man Frau und Kindern im Angesicht des Todes über der Ostsee – oder sagen wir: beim Anblick des Hotels Olümpia in Tallinn – mitteilen will, wie lieb sie einem sind, dann ist das gar nicht so einfach. Im finnischen Alltag verpuffen große Worte im Nichts und nur in Hollywood-Filmen kann man sich am Telefon mit *»I love you«* verabschieden. Aber ich

will positiv denken: Ich habe im ausgehenden Jahr nicht nur eine interessante Künstlerin wie Synnöve kennengelernt, sondern auch einen umgänglichen und netten Saunabruder. Mit Benni ist mir geglückt, dass er nach dem Zombie-Walk zu mir aufgesehen hat wie die Finnen zu ihrer Eishockey-Nationalmannschaft. Auch mit Senja ist mir gelungen, dass sie mich nach ihrem Einsatz als Santa Lucia für den besten Vater der Welt gehalten hat. Nur bei Eila (und unserer Mieze) will mir Ähnliches nicht gelingen.

»Was schaust du denn so trübselig in den Nachthimmel?«, fragt Eila.

»Wieso trübselig? Ich denke nur nach.«

»Woran denkst du denn?«

»Och, nichts Besonderes …«

Gut gelaunt trällert Eila: »Hast du den Sekt schon kaltgestellt?«

»Natürlich!«

Sie sieht mich erstaunt an, als sei das alles andere als selbstverständlich.

»Wie wäre es denn, wenn du uns schon ein Gläschen einschenkst?«

Bis Mitternacht bleibt zwar noch Zeit, aber in Ozeanien ist die Datumsgrenze längst überschritten worden. Global gesehen hat das neue Jahr also schon begonnen.

»Warum nicht?«

Leider schießt mir der Korken beim Öffnen der Flasche bis an die Decke und hinterlässt dort einen hässlichen Fleck, etwa ein Drittel des Sekts ergießt sich über die Tischdecke. Dennoch gelingt es mir einigermaßen, uns zwei Gläser einzuschenken.

»Auf das alte Jahr, *puupää*!«, sagt Eila halb grimmig, halb versöhnlich. »Das alte Jahr war sehr schön!«

»Ja, auf das alte!« Wir stoßen an und nippen an dem süßen Gesöff.

»Und auf das neue Jahr!«, fährt Eila fort. »Hast du irgendwelche Vorsätze und Wünsche?«

»Ja, hab ich! Ich will …«

»Halt!«, unterbricht mich Eila, »die darfst du natürlich nicht verraten!« Um ihre Warnung zu unterstreichen, legt sie den Finger auf die Lippen.

Hinter diesem Stillschweigenmüssen steckt wohl derselbe Aberglaube wie hinter der eigenartigen finnischen Sitte, die Namen von Neugeborenen bis zur Taufe geheim zu halten. Der Teufel kann nur holen, was und wen er mit

Namen benennen kann. So muss ich meine Wünsche und Vorsätze für mich behalten. Ich habe ihrer genau drei!
Erstens: Das Projekt um das finnischste Wort soll zum Abschluss geführt werden.
Zweitens: Eila und ich müssten noch einmal so glücklich sein wie am Tage unserer Hochzeit, so sorglos-unbeschwert und dem Alltag enthoben wie bei einem Mittsommernachtsfest, bei dem man zu viel selbstgebrautes Bier getrunken hat. Dazu ein hingebungsvoller Kuss, der sich so festsaugt, dass er sich nur mit einem lauten Plopp wieder löst.
Und drittens will ich Walhallas Tipp berücksichtigen. »Frauen mögen Männer. Echte Männer!«, hat er gesagt, der Bodybuilder mit der breiten Brust und den aufgepumpten Oberarmen. Ich nehme mir daher vor, im nächsten Jahr deutlich mehr Sport zu treiben und fleißiger zu trainieren.
Die Uhr läuft unaufhaltsam auf Mitternacht zu. Noch bevor der Jahreswechsel in finnischen Breiten offiziell ist, wird in der Nachbarschaft bereits ordentlich geböllert und geballert. Ich mag Feuerwerk, aber mir fällt schwer zu begreifen, wie jemand Hunderte von Euro ausgeben kann, nur um zu zündeln und Krach zu schlagen. Vielleicht mit Ausnahme von meinem Sohn, aber der tut es aus rein wissenschaftlichem Interesse. Silvester ist das Gegengewicht zu Heiligabend: Das eine wird still und zurückgezogen mit der Familie begangen, das andere darf zum Lärmen unter Freunden genutzt werden. Wer allzu sehr unter Weihnachten hat leiden müssen, kann nun Staumauern der Zwangsbesinnlichkeit sprengen und Kracher in die Luft jagen. Und von diesen Personen muss es in den Straßen der Umgebung eine ganze Menge geben.
Die ersten Knaller locken Benni und seine Freunde aus ihrem Zimmer, sie kommen zu Eila und mir in die Küche, um zum großen Fenster hinauszuglotzen. Die ersten Raketen zerplatzen am Himmel in roten Lichtsternen.
»Wusstet ihr«, höre ich Benni zu seinen Freunden sagen, »dass man für die Herstellung von rotem Feuerwerk Lithium benötigt?«
»Schlaumeier!«, denke ich. Aber Carl und Kalle nehmen Benni seine Belehrungen kein bisschen übel, sie sind viel zu sehr damit beschäftigt, sich die Nase an der Scheibe platt zu drücken. Dann beschließen die drei, sich Stiefel anzuziehen und auf die Terrasse zu marschieren, um sich den Silvesterspaß ungefiltert ansehen zu können. Glücklicherweise besteht keine Gefahr,

dass Fiona entweichen könnte. Offenstehende Türen stellen für sie als Katze, die nur im Haus und an der Leine gehalten wird, eine unwiderstehliche Versuchung dar, allerdings nicht, wenn Schnee liegt. Sobald das feuchte Weiß ihre verwöhnten Pfoten berührt, zieht sie sich schüttelnd wieder in die warme Wohnung zurück. Sie ist ein verwöhntes Weichei. Auch Eila und ich begeben uns mit unseren Sektgläsern nach draußen und verfolgen das bunte Farbenspiel am Himmel.

»Wie ist man eigentlich auf die Idee gekommen, zum Jahreswechsel rumzuschießen?«, fragt mich Benni.

»Tiefster Aberglaube! Mit Lärm und Licht dachte man früher, böse Geister verscheuchen zu können!«

»Ach so … Und glaubst du, das funktioniert?«

»Die bösen Geister von damals waren wahrscheinlich wilde Tiere, die ums Lager schlichen. Und die kann man mit Licht und Lärm durchaus vertreiben!«

Während unseres Gesprächs hat Fiona ein paar vorsichtige Schritte durch die offene Tür hinaus gewagt und setzt ihre Pfoten auf den schmalen Streifen unterm Vordach unserer Terrasse, wo kein Schnee liegt. Doch kaum ist in der Nähe ein lauter Böller zu hören, schreckt sie zusammen und hetzt in großen Sätzen ins Haus zurück.

»Es funktioniert!«, sagt Benni sachlich.

Leider hat Fionas Flucht noch eine unschöne Nebenwirkung: Sie springt in Panik durch die Küche über eine Anrichte und reißt einen großen hölzernen Kerzenständer um, der unglücklich auf Bennis Pfefferkuchenhaus landet und das Dach zertrümmert. Unter Aufbietung der höchsten Vorsichtsmaßnahmen hatte Benni sein süßes Bastelwerk von Alahärmä zu uns nach Hause transportiert und heil hier abgestellt. Das Missgeschick bemerken wir aber erst im neuen Jahr, nachdem die meisten Raketen in den Himmel geschossen worden sind und wir wieder hineingehen.

Benni ist völlig entrüstet. »Was ist denn hier passiert? Mein schönes Pfefferkuchenhaus ist ganz zerdeppert!« Er verdächtigt sogleich Fiona, die sich vor den Raketen in Senjas Zimmer geflüchtet hat.

»Vati, hast du nicht mal behauptet, jedes Schlechte hätte auch sein Gutes?«, schnaubt Benni. »Was soll denn daran jetzt gut sein? Das Haus wollte ich noch aufbewahren!«

»Das Gute daran ist, dass du mit Carl und Kalle dein Haus sofort aufessen kannst!«
Carl und Kalle finden diese Lösung super und überzeugen schließlich auch Benni. Das neue Jahr ist vorerst gerettet.
Wenige Minuten vor drei Uhr nachts liefert ein zitronengelber Wagen Senja bei uns zu Hause ab und der Wagenhalter entgeht damit um Haaresbreite seiner Liquidierung.

»Der schwachsinnigste Ausdruck, den man je lanciert hat, ist *tipaton tammikuu* (Januar ohne einen Tropfen)«, schreibt eine Frau aus dem Küstenstädtchen Kotka, die sich als Mari K. auf unserem Portal angemeldet hat. »Das zeigt doch, was für ein Pack wir Finnen sind. Über die ganzen Festtage wird gesoffen und dann rufen die Moralapostel dazu auf, dass man einen Monat lang abstinent ist. Haben wir das nötig?« Bei diesem Eintrag bleibt mir ein wenig unklar, worüber sich Mari K. aus Kotka aufregt: über das vermeintliche Trinkverhalten ihrer Landsleute, über die Aktion eines alkoholfreien Starts in das neue Jahr oder über den Wechsel von einem Extrem zum anderen. Das Netz lädt dazu ein, sich aufzuregen, ohne klar argumentieren zu müssen.

Rund eine Woche nach dem Jahreswechsel beginnt wieder der Unterricht an Schulen und Unis. Der Alltag ist zurück, und bald darauf ist bei uns Weihnachtskehraus. Jetzt gilt es durchzuhalten und auf Mittsommer zu hoffen.
Wie ich's mir vorgenommen habe, treibe ich in meiner spärlichen Freizeit eifrig Sport und erobere die Skiloipen, die auf dem Landrücken hinter unserem Haus in den Schnee gespurt wurden. Mitte Januar setzt allerdings eine überraschende Tauwetterphase ein, die die weiße pulvrige Pracht erst in einen schweren feuchten Quark verwandelt und dann in eine hässliche graue Suppe.
Die Straßen und Gehwege der Stadt sind bald wieder völlig schneefrei. An der Uni müssen die Hausmeister einige Passagen entlang der Gebäude absperren, weil gefährliche Eisklumpen von den Dächern rutschen. Immerhin bleiben in den Wäldern die Skimöglichkeiten weitgehend erhalten. Passend zu den Wetterkapriolen finde ich auf unserem Portal einen ausführlichen

Eintrag über die vielen Schneewörter, von denen es im Finnischen knapp ein Dutzend gibt.
Nach rund einer Woche Tauwetter schlägt der Winter erbarmungslos mit einer arktischen Kaltwetterfront zurück. Das Thermometer stürzt innerhalb von 48 Stunden von +4 auf unter -20 Grad. Ein solch winterliches Temperatur-Pingpong ist leider keine Seltenheit und ein harter Belastungstest für Mensch und Material. Nur einen Vorteil bietet dieses Auf und Ab von Warm- und Kaltluft: Die großen Seen im Raum Tampere verwandeln sich in gigantische Eisflächen, fest gefroren und bombensicher, aber frei von frischem Neuschnee. Das sind die idealen Bedingungen zum sportlichen Tretschlittenfahren, wobei ein Tretschlitten in etwa wie ein Tretroller auf zwei Kufen funktioniert.

Eilas Bewunderung sichere ich mir durch meine sportlichen Aktivitäten allerdings nicht. »Bist du dir sicher, dass das Eis auch trägt?«, fragt sie mit Sorge und leichtem Zweifel an meinem gesunden Menschenverstand.
»Na klar!« Außerdem gibt es keinen schöneren Nervenkitzel, als wenn es unterm Eis knackst und gluckst.

Gegen Ende des Monats wird Senja 17. Sie bejubelt diesen Geburtstag wie die Befreiung aus der Sklaverei und lässt sich in den sozialen Medien die Huldigungen ihrer Freundinnen gefallen. So vergeht die Zeit – und aus Kindern werden junge Erwachsene. Klammheimlich beobachte ich manchmal morgens beim Aufstehen, ob Benni bereits damit begonnen hat, sich für seine Frisur zu interessieren. Aber bisher besteht keine Gefahr.

37. Turku. Åbo

Turku ist die älteste Stadt Finnlands. Sie ist der Sitz des finnischen Erzbischofs und ihr stolzer Dom beherbergt die bekannteste Reliquie des Landes: die Knochen eines heiligen Bischofs, dem ein Bauer im 12. Jahrhundert den Schädel eingeschlagen hat und ihn damit zum Märtyrer machte. Trotz seiner langen Geschichte und seiner vielen Sehenswürdigkeiten wird Turku in meiner Wahlheimat Tampere bestenfalls wegen seines Senfs geschätzt. (Das ist bei Köln und Düsseldorf nicht anders.) Der Senf schmeckt und macht selbst eine Pappschachtel zur genießbaren Zwischenmahlzeit. Ansonsten ist Turku für Tampere der Spucknapf aller erdenklichen Abneigungen. Als Zugereister und Wahl-Tamperaner ist das schwer nachvollziehbar …

In Tampere gibt es beispielsweise ein Immobilienbüro, das mit der Zusicherung wirbt, dass all seine Objekte mindestens einhundert Kilometer von Turku entfernt liegen.

Es gibt einen Verein der Technik-Studenten, dessen Ziel es ist, alle Nicht-Turkuer Studenten des Landes zu vereinigen.

Damit nicht genug: In Tampere gibt es eine Kneipe mit dem Namen *Sisubaari*, deren Pissoire den Aufdruck »Turku« tragen – und zwar genau da, wo man hinzielen soll. Entsprechend findet sich im Porzellan der WC-Schüsseln der Aufdruck »Åbo«. So heißt Turku auf Schwedisch.

Wie dem auch sei, das nächste Treffen unserer Jury für das Projekt zu den Grundworten finnischer Befindlichkeiten findet Anfang Februar ausgerechnet in Turku statt. Gründe dafür gibt es mehrere: Einer davon ist, dass Marina, die Kulturredakteurin, dort zu Hause ist. Ein weiterer Grund ist, dass unser Projekt-Etat noch genügend Reisegelder aufweist, die verbraten werden müssen. Außerdem sollte man Turku unbedingt besuchen, bevor es das nächste Mal abbrennt. Das ist in der langen Geschichte der Stadt schon mehrfach passiert.

Marina, die diesmal als Gastgeberin fungiert, hat für uns einen kleinen Versammlungsraum in einem Hotel in der Innenstadt reserviert. Wie beim letzten Mal in Oulu treffen wir uns an einem Freitag kurz nach Mittag und haben für unsere Zusammenkunft knapp anderthalb Arbeitstage eingeplant. Unter anderem soll es diesmal um Fragen der Buchgestaltung gehen,

um künstlerische Fotografien, die den geplanten Band illustrieren sollen. Unserem Vorsitzenden Jussi gegenüber, dem Sprachhistoriker aus Joensuu, habe ich in diesem Zusammenhang die Künstlerin Synnöve Qvist ins Spiel gebracht. Und nicht nur deswegen, weil ich sie angelegentlich kenne! Mittlerweile kenne ich auch viele ihrer Werke, zumindest virtuell aus dem Internet. Am meisten fasziniert hat mich eine Bildserie, die Synnöve »Baum-Menschen« genannt hat und die mir geradezu prädestiniert erscheint, unsere Texte zu illustrieren. Und weil es viele Reisegelder zu verbraten gibt, ist mir zugestanden worden, dass ich im Anschluss an unser Turku-Treffen eine Kurzreise nach Åland unternehme, um Synnöve in ihrem Atelier zu besuchen und Einzelheiten abzusprechen.
Am meisten gespannt sind alle auf die Forschungsergebnisse von Perttu Poika Penttilä. In einer Mail an die gesamte Arbeitsgruppe hat unser genialer Computer-Linguist bereits vor dem Treffen angekündigt, dass seine Untersuchung mittlerweile abgeschlossen sei. Er habe genauestens ermitteln können, welches Wort das finnischste von allen sei. Daran bestünde keinerlei Zweifel, die Ergebnisse seien recht eindeutig und kaum anfechtbar. Wir sind also entsprechend neugierig. Nach unserem Eintreffen stärken wir uns erst einmal an einer Lachssuppe, zum Nachtisch gibt es traditionelle Törtchen zum Runebergstag. Schiller hat seine Locken, Mozart seine Kugeln, dem Dichter Runeberg ist ein Törtchen gewidmet. Bedauerlicherweise muss ich bei dem Namen Runeberg nicht mehr an Finnlands Nationaldichter denken, sondern nur noch an die Fratze eines Stammgasts in der Sauna von Rajaportti: ein dickbäuchiges Männlein mit rosa Haut und erbärmlichem Haarkranz um den kahlen Kopf, der zu viel redet und wie eine Ziege lachen kann. Und der jeden, ob gewünscht oder nicht, mit seinen deftig-derben Lebensweisheiten beglückt. Dennoch kann ich mich dazu durchringen, ein Törtchen zu essen. Immerhin erinnern mich diese Törtchen nicht an Hakenkreuze.
Mit dem Runebergstag ist auch die Möglichkeit für Besucher unserer Internetseite zu Ende gegangen, Einsendungen zu finnischen Wörtern an uns zu verschicken. Nun beginnt für unsere Arbeitsgruppe die Nachbearbeitung und abschließende Sichtungsarbeit.
Zu Beginn unseres Treffens machen wir wieder eine Runde an Wortmeldungen. Wie üblich werden Lese-Erfahrungen ausgetauscht. Vorschläge wie

rönttävaatteet (Schmuddelklamotten), *sikahyvä* (schweinegut) oder *ruska* (Zeit der Laubfärbung) werden erörtert. Schließlich erteilt Vorsitzender Jussi dem schweigsamen Perttu das Wort, der – wie es seine Art ist – bisher nur teilnahmslos dabeigesessen hat.

»Du hattest uns Ergebnisse deiner Untersuchung versprochen?«

Perttu erweckt durch eine wischende Bewegung auf dem Bildschirm sein Tablet aus dem Dornröschenschlaf und beginnt mit seinen Ausführungen. Wieder zittert er leicht mit dem linken Augenlid. »Ich erinnere noch einmal daran, dass mir persönliche Stellungnahmen zu unwissenschaftlich sind. Sie sind nur nichtverifizierbare Einzelmeinungen.«

Jussi nickt heftig. Das wissen wir alles schon! Perttu fährt fort:

»Über den Zeitraum von zwölf Wochen haben 478 repräsentativ ausgewählte Versuchspersonen Online-Zeitungen gelesen und dazu Spezialbrillen getragen. Ich nehme an, ihr erinnert euch!« Interessanterweise hat er diesmal zur Anschauung mehrere dieser Brillen mitgebracht, die er auf unserem Tisch ausbreitet. Die meisten unserer Runde greifen zu und setzen sich neugierig eine auf die Nasenspitze. Die Brillen sind klobig und haben drückend enge Bügel.

»Die Brillen zeichnen, wie erwähnt, Augenbewegungen auf und erkennen Vergrößerungen der Pupillen infolge von Erregung sowie erhöhten Puls durch emotionale Involviertheit.«

Ich frage mich, ob eine solche Brille auch bei Perttu funktionieren würde. Die Emotionslosigkeit seines Sprechens lässt annehmen, dass er jeden Text mit einer Gleichgültigkeit liest, mit der man normalerweise durchs Telefonbuch blättert!

»Es ließ sich ein Wort eruieren, das deutlich hervorstach und bei einer klaren Mehrheit der Probanden signifikante Gefühlswallungen hervorgerufen hat!«

Jussi wird ungeduldig. »Und welches?«

Aber Perttu lässt sich nicht drängen. Während er in seiner monotonen Weise vorträgt, blickt er abwechselnd auf seinen Bildschirm oder an die Zimmerdecke. Nur selten schenkt er seinen Gesprächpartnern die Gnade des direkten Blickkontakts.

»Wie zu erwarten eignen sich Substantive, die Konkretes bezeichnen, am ehesten dazu, eine emotionale Bindekraft zu entwickeln.« Perttu benutzt fast dieselben Formulierungen wie beim letzten Mal. »Das finnischste Wort von allen, das Ergebnis der Untersuchungen, ist zudem hochfrequent und allgemein bekannt. Außerdem erfüllt es alle phonologischen Kriterien.«

»Und die waren?«, frage ich dazwischen, nur um die strafenden Blicke der anderen zu ernten. Eine leichtfertig hingeworfene Zwischenfrage kann bedeuten, dass Perttu Poika Penttilä zu zwanzigminütigen Exkursen ansetzt. Leider wiederholt er tatsächlich noch einmal, was er vor Wochen bei der Videokonferenz von sich gegeben hat: zungenbrecherische Zwielaute (wie –öy–, –äy–, –yö–), knackend-zischende Lautverbindungen (wie –ts– oder –ks–), ein Endungs-i sowie ein stürmisch gerolltes finnisches r.

»Erstaunlicherweise gibt es ein Wort, das all diese Kriterien erfüllt«, versichert Perttu.

Erstaunlich ist, dass Perttu überhaupt etwas erstaunlich finden kann, denn sein Stil ist von einem Gleichmut und einer Leidenschaftslosigkeit geprägt, die beim absoluten Gefrierpunkt liegen muss. Zeitgleich steigt die Spannung bei seinen Zuhörern auf den Siedepunkt.

»Dieses Wort ist für unsere Kultur höchst bedeutsam!« Wieder zuckt eines seiner Augenlider, diesmal das rechte. »Bemerkenswert war übrigens auch«, erklärt er mit dem Feuer einer Schlaftablette, »dass dieses Wort in allen Teilen aktueller Online-Zeitungen hochfrequent ist und auch in all seinen Formen des Vorkommens starke Emotionen bei den Versuchslesern weckte: im politischen Teil der Zeitung, in der Wirtschaft, im Kulturteil und im Sport.«

»Würdest du uns freundlicherweise endlich verraten, wie das Ergebnis deiner Untersuchung lautet?«, fordert Jussi mit Nachdruck.

Perttu sieht sich mit ungläubigem Blick um. »Aber das tue ich doch die ganze Zeit.« Er sammelt sich einen Moment und setzt dann wieder an. »Dieses Wort ist statistisch gesehen in der finnischen Zeitungssprache der Gegenwart nicht wegzudenken. Es ist sozusagen omnipräsent.«

»Spann uns doch nicht länger auf die Folter!«, stöhnt Marina und wirkt plötzlich so ungehalten, als wolle sie Perttu eine von den Versuchsbrillen an den Kopf werfen.

Perttu schließt die Augen wie ein Guru bei der Meditation. »Das finnischste Wort von allen ist…« und hier legt er eine Sprechpause ein, die zirka siebzehn Sekunden dauert, »…ist nach Auswertung aller Daten und unter Berücksichtigung aller Kriterien eindeutig das Wort: *Ruotsi!*«

Das Wort trifft uns wie ein Schlag. Ja, und es ist ein konkretes Substantiv, hochfrequent, allgemein bekannt! Seine hohe emotionale Bindekraft sorgt allerorten für erhöhten Puls und geweitete Pupillen. Ein brandendes r, ein Endungs-i und alles was sonst noch dazugehört. Omnipräsent, omnipotent. *Ruotsi.* Das heißt nichts anderes als: Schweden. Der Nachbar im Westen. Die einstige Ostsee-Macht. Die alten Herrscher. Der große Bruder. Das historische Vorbild. Und der ewige Konkurrent. Jussi läuft rot an. Heljä wird bleich im Gesicht. Marina japst nach Luft. Sirkka bekommt Schweißausbrüche. Perttu zeigt keinerlei Regung. Nur ich schüttle ungläubig den Kopf. »Ich glaube, ihr Finnen habt einen Komplex. Die Loslösung von Schweden war im vorletzten Jahrhundert!«

38. Den Teufel an die Wand malen

Die Verkündung von Perttus Forschungsergebnissen hat eine verheerende Wirkung auf die meisten Mitglieder der Arbeitsgruppe. Vor allem unser Vorsitzender ist vollkommen am Ende. Das dürfe auf keinen Fall an die Öffentlichkeit dringen, keucht er. »Wir sind nicht seit mehr als 100 Jahren unabhängig, nur um zu einem solchen Ergebnis zu kommen!«, poltert Jussi.

»Das ist Wissenschaft!«, beharrt Perttu trocken.

Ruotsi, Schweden. Ein Wort, das seine finnischen Leser in Wallung versetzt. *Ruotsi*: beäugt, beneidet, bewundert, belächelt, verspottet, aber die Messlatte in Politik, Wirtschaft, Sport und Kultur.

Hitzig werden Lösungen aus der Bedrängnis erörtert. Sogar die Möglichkeit, das ganze Projekt abzublasen, wird in den Raum gestellt. Ich versuche die Gemüter zu beruhigen und fordere dazu auf, Ruhe zu bewahren: »*Ei kannata nyt maalata pierua seinille!* (Man sollte jetzt nicht den Teufel an die Wand malen)«. Dieses wunderschöne Idiom gibt es im Deutschen wie im Finnischen.

Kaum habe ich den Satz ausgesprochen, geht mir an der Reaktion der Jury-Mitglieder auf, dass mir einmal mehr ein dummer Fehler unterlaufen ist. Peinlich! Der Höllenfürst hat viele Namen: Teufel, Satan, Beelzebub, Luzifer, Mephisto … Im Finnischen ist das nicht anders, und eine weitere Bezeichnung für Teufel ist *piru*. Leider habe ich dieses Wörtchen mit *pieru* verwechselt. Ein winziger Unterschied, aber verhängnisvoll, denn tatsächlich habe ich gesagt, dass man nicht den »Furz« an die Wand malen solle. Wenn die vielen Klöpse, die mir unterlaufen, einen Sinn ergeben, dann wenigstens den, dass ich zur Belustigung meiner Mitmenschen beitrage. Marina lacht erleichtert auf, Heljä und Sirkka schmunzeln, selbst Jussis schockgefrorenes Gesicht sprengt kurz seine Versteinerung. Nur Perttu Poika Penttilä sieht mich ungerührt an und murmelt: »Deine Bemerkung war nicht idiomatisch.«

Jussi schlägt vor, eine zusätzliche Kaffeepause einzulegen und ein paar von den übrig gebliebenen Runeberg-Törtchen zu essen. Tatsächlich ist die Laune nach der Kaffeepause deutlich besser. Der erste Schock ist jedenfalls überwunden. Die Gemüter sind abgekühlt, von panikgeweiteten Augen keine Spur mehr. Nun erinnert Sirkka, die Sprachpädagogin, an die Nebenuntersuchung, bei der nicht die aktuelle Zeitungssprache, sondern das mündlich Gesprochene untersucht wurde. »Wie sieht's denn damit aus?«, fragt sie Perttu.

Das Gesicht des Angesprochenen verrät keinerlei Regung. Stattdessen beginnt er erneut mit einer detaillierten Darlegung: »Ich muss betonen, dass diese Nebenuntersuchung nur begrenzte Aussagekraft besitzt. Wie schon im Dezember erklärt, konnten zweiundzwanzig Studenten als Versuchspersonen gewonnen werden. Allesamt junge Studenten. Eine Person ist leider abgesprungen. Übrig geblieben sind sieben junge Frauen und vierzehn Männer. Ich bedaure dieses Ungleichgewicht bei der Verteilung der Geschlechter.« Dafür zeigen alle Verständnis.

»Die Versuchspersonen haben von Mitte Dezember bis Mitte Januar kabellose Abhörgeräte getragen. Sie wurden rund um die Uhr getragen, auch beim Saunieren, beim Schlafen oder beim Sport.« Diesmal stellt Perttu eine Schachtel auf den Tisch, die er umständlich öffnet. Darin befinden sich, auf Schaumstoff gebettet, Mini-Abhörgeräte, die etwa die Größe eines Fingernagels haben. Sie wurden mit Spezialpflastern hinterm Ohr befestigt.

»Die Funkübertragung aller Geräte hat gut funktioniert, nur bei einem Gerät gab es in der Silvesternacht einen Aussetzer von fünfeinhalb Stunden«, werden wir von Perttu aufgeklärt. »Die Spracherkennungs-Software war in der Lage, Nebengeräusche wie Automotoren, Musik, Hundebellen oder Toilettenspülungen herauszufiltern. Alles hörbare Gesprochene wurde aufgezeichnet und transkribiert. Natürlich anonymisiert und nicht nachverfolgbar.« Perttu erklärt zudem, dass die ersten 24 Stunden des Versuchszeitraums nicht mit berücksichtigt worden seien, weil sich Versuchspersonen erfahrungsgemäß in den ersten Stunden zurückhalten und nicht natürlich verhalten würden. Erst danach würden die Sprecher allmählich vergessen, dass sie quasi abgehört werden. »Nach Ende der Zeit hatten wir ein Volumen von beinah 15.000 Stunden Audiomaterial. Es wurde natürlich nicht die ganze Zeit gesprochen. Leider waren auch knapp 11 % von allem Gesprochenen unverständlich und konnten maschinell nicht verschriftet werden.«

Perttu bestürmt uns mit statistischem Zahlenmaterial: wie viele Seiten im Papierausdruck, wie viele Silben, wie viele Zeichen.

Die Ergebnisse, die Perttu dann präsentiert, sind nicht überraschend. Die Wörter, die am häufigsten vorkamen, waren Pronomen wie *mä* (umgangssprachlich: ich) oder Verben wie *olla* in all seinen Formen (das Verb »sein«: bin, sind, war …), Alltagswörtchen wie *joo* (das saloppe »Ja«) oder *ei* (nein), Verben wie *mennä* (gehen) oder *laittaa* (ein Allzweckwort für »stellen, legen, hintun, anziehen«).

»Und das ist alles?«, fragt Jussi etwas enttäuscht.

»Das kommt auf die Interpretation des Materials an«, meint Perttu. Wenn man eine Einschränkung vornähme auf Substantive, die eine stärkere emotionale Bindekraft hätten, gelange man zu einem gänzlich anderen Ergebnis.

»Das Wort *joulu* (Weihnachten) kam anfangs ziemlich häufig vor, aber das ist wohl dem Zeitraum der Untersuchung geschuldet. Gegen Ende des Untersuchungszeitraums, Mitte Januar, wurde es kaum mehr verwendet. Deswegen sollte man es als sogenanntes saisonales Wort auch nicht weiter berücksichtigen.« Perttu zuckt wieder mit den Augenlidern und ich befürchte Schlimmes. Dann verweist er noch einmal darauf, dass das Spracherkennungsprogramm bis zu einem gewissen Grad auch Lautstärke und Betonung verzeichnen konnte. Wörter, die mit besonderer Inbrunst gesprochen wurden! »Wenn man nur diese Worte herausfiltert«, sagt Perttu, »gibt es eines, das deutlich hervorsticht.«

»Und das wäre?«, wollen wir wissen.

Es sei ein Wort, erläutert Perttu, das ohne Ausnahme von allen Versuchspersonen verwendet wurde, zwischen männlichen und weiblichen hätte es keine signifikanten Unterschiede gegeben. Außerdem sei dieses Wort mit dem absolut stärksten Nachdruck ausgesprochen worden. Benutzt wurde es zudem über den gesamten Untersuchungszeitraum relativ gleichmäßig, ein leicht erhöhtes Vorkommen war jedoch am Heiligabend und am Morgen des Neujahrstages feststellbar. »Ansonsten war die Verteilung sehr ausgeglichen und unabhängig von Tageszeit oder Wochentag«, schließt Perttu.

»Nun lass endlich hören!«, verlangen wir anderen beinah im Chor.

Perttu setzt sich zurecht. Dann antwortet er ungerührt: »Das Ergebnis ist: *vittu!*«

Wenn es einen Untergang des Abendlandes geben wird, dann zündet in diesem Moment die erste Vorstufe mit dem Absaufen des 1000-Seen-Landes.

Erneut verfallen alle in Schockstarre. *Vittu.* Das vulgärste aller denkbaren finnischen Schimpfwörter. Es herrscht betretenes Schweigen. In allen Köpfen scheint die Frage zu rattern, welches Untersuchungsergebnis das schlimmere von beiden ist: das der Versuchs-Zeitungsleser oder das zur mündlichen Alltagssprache. Was ist nur los mit den Finnen! Alle Blicke richten sich nun auf unseren Vorsitzenden. Jussi räuspert sich.
»Diese Ergebnisse sollte man sicher nicht überinterpretieren«, sagt er und schüttelt sich leicht, als müsse er eine Wolldecke von seinen Schultern abwerfen. »Wir müssen bedenken, dass die Versuchspersonen junge Leute waren, und die drücken sich nun mal anders aus als der Rest der Gesellschaft.«
Alle blicken stumm vor sich hin.
»Außerdem«, fährt Jussi fort und versucht unbeschwert zu klingen, »stammen die Versuchspersonen aus Oulu. In anderen Teilen des Landes muss das Ergebnis nicht zwangsläufig genauso ausfallen.«
Heljä kaut auf ihrer Unterlippe, Sirkka zieht die Augenbrauen hoch. Alle wissen, dass Jussi Unrecht hat, aber alle wollen ihm glauben.

Unser zweiter Arbeitstag, der folgende Samstag, geht fast ganz damit hin, weitere gelungene Zuschriften auszuwählen und Detailfragen der Drucklegung zu klären. Über Perttus Ergebnisse (*Ruotsi* und *vittu*) wird vorerst der Mantel des Schweigens gebreitet. Quasi aus Gründen der Staatsräson!
Am Sonntagmorgen beginnt in aller Frühe meine kurzfristig geplante Reise nach Åland. Der finnische Name für die Inselgruppe übrigens ist *Ahvenanmaa.* Es gilt, Reisegelder zu verbraten! (Mein Schiffsticket kostet allerdings kaum mehr als zwei Bier in einer Mittelklasse-Kneipe.) Mit Synnöve hatte ich per Mail ausgemacht, dass ich sie am frühen Nachmittag in ihrem Atelier besuche, das sich in der Inselhauptstadt Mariehamn nicht weit vom Hafen auf der Norra Esplanadgatan befinden soll, ganz in der Nähe der Stadtkirche. Meine Fähre verlässt Turku gegen 9 Uhr und erreicht die Hauptstadt der Åland-Inseln rund fünf Stunden später. An Bord ist kaum etwas los. Im Februar gibt es so gut wie keine Touristen oder Ausflügler, nur LKW-Fahrer und Pendler, und ich frage mich ernsthaft, wie die Schifffahrtsgesellschaften der Ostsee auf ihre Kosten kommen.
Die Schären an der Küste vor Turku haben selbst im Winter ihren Reiz, je-

denfalls durch dicke Glasscheiben betrachtet und ohne sich an Deck die Nase abzufrieren. Die kleinen roten Häuschen, die man auf den felsigen, kaum bewaldeten Inseln immer wieder sieht, verleiten zu dem Gedanken, sich in so einer Unterkunft einzumieten und vom Rest der Welt zu verabschieden. Die Fähre kämpft sich anfangs durch zerstoßenes Eis, später ist das Meer nahezu eisfrei.

In Mariehamn ist es nasskalt und ungemütlich. Mein Fußweg von der Anlegestelle zum Atelier beträgt nur rund einen Kilometer. Rappelnd ziehe ich meine kleine Reisetasche auf Rollen hinter mir durch den Schneematsch. Nach einigem Suchen finde ich das Atelier auf der Norra Esplanadgatan. Ein unauffälliges Holzschild verrät, dass sich in dem großen gelben Holzhaus mit den weißgepinselten Fensterrahmen und Zierleisten und seinem massiven Bruchsteinsockel die Werkstätte einer Künstlerin befindet. Ich klingle erst vorne an der Haupttüre, aber niemand öffnet. Dann versuche ich es bei einem Nebeneingang. Erst nach mehrmaligem Klopfen wird mir aufgetan. Die Tür öffnet sich einen Spaltbreit, das verkniffene Gesicht eines alten graubärtigen Mannes glotzt mir entgegen. Er trägt einen braunen Trainingsanzug und Pantoffeln. Zur Begrüßung nuschelt er zwei Worte auf Schwedisch. Ich frage auf Finnisch, ob Synnöve zu Hause sei. Statt zu antworten, lässt er mich eintreten und winkt mich in eine geräumige Wohnküche mit alten weißgetünchten Möbeln, in der das kreative Chaos eines Künstlerhaushalts herrscht. Ein großer Kachelofen verströmt hier wohlige Wärme. Mit einer müden Handbewegung bietet mir der Graubärtige einen Platz an. Meinen Mantel werfe ich über eine Stuhllehne.
»Willst du trinken?«, fragt er in brüchigem Deutsch. Die Wahl der Sprache zeigt, dass er weiß, wen er vor sich hat. Immerhin wurde ich erwartet.
»Willst du Tee? Oder Kaffee? Oder Rum?«
»Kaffee mit Rum, bitte!«
Das war eher als Gag gemeint, aber Graubart zögert keinen Moment, meinem Wunsch nachzukommen.
»Ich bin Björn«, sagt er, während er mit Flaschen klirrend nach Rum aus Jamaika sucht.
»Synnöves Mann?«
»Ja!« Er dreht sich zu mir um und sieht zum ersten Mal freundlich aus.

»Aber ohne Trauschein. Wir leben in wilder Ehe.« Er kichert heiser.
»Ist Synnöve nicht zu Hause?«, frage ich noch einmal.
Björn stellt den Rum und drei hohe Tassen auf den Küchentisch, der zur Hälfte von einem hohen Stapel alter Zeitungen bedeckt ist. Dann lässt er sich auf einen der Stühle fallen.
»Ja, Synnöve ist zu Hause. Aber …«
Ich bemerke, wie er nach Worten sucht und biete ihm an, uns auf Finnisch oder Englisch weiter zu unterhalten. Nur Schwedisch würde ich leider nicht sprechen.
»Finnisch hab ich in Schule gelernt«, meint er grinsend und immer noch in seinem schwerfälligen, leicht fehlerhaften Deutsch. »Aber heute ich kann nur noch ein Wort!« Er grinst verschmitzt und vertraut mir das angeblich letzte finnische Wort an, das er noch beherrscht. Dieses deckt sich zu einhundert Prozent mit jenem Forschungsergebnis zur mündlichen Kommunikation von Perttu Poika Penttilä.
Dann wird Björn wieder ernst. »Synnöve geht nicht gut.«
»Ist sie krank? Komme ich ungelegen? Sollte ich wieder gehen?«
»Nein. Warte!«
Er steht auf und verschwindet im Flur. Etwas verloren sitze ich in der Küche herum und sehe mich um. Und zu sehen gibt es hier eine ganze Menge: alte Kaffeemühlen, eine arabische Wasserpfeife, ein Schweizer Raclette-Besteck, einen russischen Samowar, leere Weinflaschen aus allen Ländern der Welt. Während ich mich noch umschaue, betritt Björn auf leisen Sohlen wieder die Küche.
»Synnöve braucht noch ein Moment.« Nun füllt er für uns zwei Tassen mit Rum und Kaffee, holt dazu Zucker und Sprühsahne aus dem Kühlschrank und setzt sich wieder zu mir.
»Sie hat den ganzen Morgen geweint«, sagt er leise.
»Was ist denn passiert?«
»Ein Leben ist zu Ende. Ein kleines Leben nur. Aber für Synnöve wichtig. Sehr wichtig.«
»Oh, das tut mir leid. Wer ist denn gestorben?«
»*Snövit*. Unsere Katze.«
»Wann?«, frage ich hilflos, als ob das eine Rolle spielen würde.
»Heute früh. Snövit lag nur in ihrem Körbchen und hat nicht … geatmet.«

Björn spricht langsam und sucht häufig nach Worten.
»Snövit war fast zwanzig Jahre«, brummt er.
Das ist für eine Katze ein gesegnetes Alter.
»Jetzt denkst du vielleicht«, meint Björn, »das ist sehr alt für eine Katze«, und ich fühle mich ertappt. »Aber der Schmerz ist immer derselbe.«
Wir trinken unseren Kaffee mit Rum. Schließlich betritt auch Synnöve die Küche. Sie sieht aus, als käme sie frisch aus der Dusche. Diesmal trägt sie kein extravagantes Künstlerhütchen, sondern eine Art Palästinensertuch über ihren feuchten Haaren. Ihr Gesicht ist vom Heulen völlig verquollen. Bekleidet ist sie mit einem weiten rosa Jogginganzug, und wäre der Tag nicht so traurig, könnte man über ihren Anblick laut lachen. Wir begrüßen uns mit einer sachten Umarmung.
»Das tut mir sehr leid mit deiner Katze«, sage ich mit trockener Kehle.
Synnöve setzt sich und trinkt einen kräftigen Schluck Rum ohne Kaffee und Sahne. »Ja, so ist das!«, seufzt sie und ringt um Fassung, »So ein Tier ist wie ein Familienmitglied.«
Unaufgefordert beginnt Björn damit, uns eine kleine Mahlzeit zuzubereiten, Rührei mit Zwiebeln und Speck, dazu selbstgebackenes malzig-süßes dunkles Brot.
Wir greifen zu, Synnöve schnieft hin und wieder während des Essens, aber nach der Stärkung scheint es ihr besser zu gehen. Ich traue mich kaum, über profane Dinge wie Buchillustrationen zu sprechen. Als wir fertig sind, gibt sich Synnöve einen Ruck: »Komm mit!« Alle drei gehen wir in ein Zimmer, von dem ich auf Anhieb nicht sagen kann, ob es ein Wohnzimmer, eine Bücherei oder eine Kuriositätensammlung ist. Es ist vollgestopft mit Büchern, Andenken und Reisemitbringseln. Auf einem Seitentischchen liegt in einer Art Vitrine ein Betonbrocken mit farbigen Graffiti, darunter der Schriftzug »Berlin 1989«. Aber Synnöve schreitet geradewegs auf ein Sofa mit hohen Polsterlehnen zu. Dort liegt auf einem roten Samtkissen die tote Snövit. »Das ist sie!«, sagt Synnöve und streichelt das Tier zärtlich, als sei es noch lebendig. Beim Anblick der toten Katze kommen ihr wieder die Tränen. Auch ich fahre vorsichtig mit den Fingerspitzen über das makellos weiße Fell und habe das Gefühl, bei der Berührung spüren zu können, wie wichtig die Mieze für Synnöve gewesen ist. Traurigkeit ist ansteckend.
Derweil macht sich Björn lautstark hinter uns an dem Seitentischchen zu

schaffen. Ich sehe mich um. Er hat die Vitrine geöffnet, in der ein Stück von der Berliner Mauer liegt.
»Das ist nur ein Stein!«, sagt er und legt den Betonbrocken beiseite. Dann nimmt er Snövit behutsam auf, als würde sie nur schlafen, trägt sie hinüber, bettet sie liebevoll in die Vitrine und schließt diese sorgsam wieder.
Er fasst Synnöve bei der Hand und sagt: »Schneewittchen sollte in einem gläsernen Sarg liegen.«

39. Heimatland: *kotimaa*

Wenn es zwei Deutsche gibt, die sich den Ruhm der Nachwelt verdient haben, dann sind es Jacob und Wilhelm. Die beiden Brüder aus Hessen haben uns Geschichten beschert, die Jahrhunderte nach ihrer Erstveröffentlichung zum Allgemeingut der ganzen Welt zählen. Sie haben diese Geschichten nicht erfunden, aber gesammelt, aufgeschrieben und verbreitet. Ohne die Märchen der Brüder Grimm wäre unsere Welt ärmer. Ohne Jacob und Wilhelm wüssten wir wahrscheinlich nichts von Schneewittchen und ihrem gläsernen Sarg. Jedem ist klar, dass es nur ein Märchen ist, aber auch Geschichten, die nicht wahr sein können, sind imstande, uns zu trösten.

Obwohl sich Synnöve sehr bemüht, ist es ihr unmöglich, sich meiner länger anzunehmen oder Fragen einer Buchbebilderung zu besprechen. So ist es Björn, der mich später rundführt und mir das Atelier zeigt. Dieses befindet sich im Obergeschoss des Hauses, das aus einem einzigen großen Raum besteht und schätzungsweise hundert Quadratmeter umfasst, aufgeteilt nur durch mehrere leicht verstellbare Trennwände. In einer Ecke steht auf einer Arbeitsplatte ein Computer mit gewaltigem Bildschirm, mit Tastatur und elektronischem Zeichenbrett, daneben ein beeindruckender Spezialdrucker. Beherrscht wird der Raum jedoch von rund zwei Dutzend außergewöhnlichen 3D-Kippbildern, die – je nach Blickwinkel – Bäume oder Menschen zeigen. Bei allen handelt es sich um computernachbearbeitete Fotografien in stattlichen Vergrößerungen. Sie stecken in Holzgestellen mit Gelenken, die es dem Betrachter erlauben, die Bilder ganz nach Wunsch zu drehen und zu wenden. Gegen das Licht gekippt werden Schriftzüge sichtbar, die (mehrsprachig) den Titel des Bildes verraten.

»Sieh dich nur um!«, muntert Björn mich auf.

Ein Bild mit dem Titel »Zusammenwachsen« zeigt von der einen Seite eine ausgewachsene Fichte, zu deren Wurzeln eine kleine Birke wächst. Das Birkenbäumchen wächst in einer leichten Neigung, so dass der Eindruck entsteht, es würde sich der großen Fichte zuwenden. Dasselbe Bild von der anderen Seite besehen zeigt einen stämmigen Mann mit gutmütigem Gesichtsausdruck, der ein kleines Kind mit südländischem Äußeren an der

Hand hält. Sie sehen aus, als würden sie auf den Bus warten. Das Kind schaut zu dem Mann auf und lächelt ihn an.

Ein weiteres Bild heißt »Ungefällt«. Von der einen Seite sieht man eine knorrige alte Buche, die wie angeschossen aussieht. Ein kräftiger Ast ist – wahrscheinlich infolge eines Blitzeinschlags – abgerissen worden. Trotzdem macht der Baum den Eindruck, jedem Unwetter trotzen zu können. Von der anderen Seite sieht man einen alten Herrn in Uniform, der mehrere Orden an der Brust hängen hat. Ihm fehlt ein Arm. Der leere Ärmel ist eingeklappt und mit Sicherheitsnadeln an seiner Jacke befestigt. Trotzdem schaut der Mann mit festem Blick in die Kamera, unerschrocken, fast ein bisschen schelmisch.

»Tolle Ideen! Hat Synnöve diese Technik selbst entwickelt?«, frage ich Björn.

»Weiterentwickelt«, antwortet er bescheiden.

Während ich mich weiter umschaue, berichtet Björn davon, dass hinter der Finanzierung der Werke eine finnische Stiftung stecke, deren Wunsch es sei, der Serie den Namen *kotimaa* (Heimatland) zu geben. Dies hätte Synnöve aber abgelehnt und auf dem Namen *maailma* (Welt) bestanden. Letztlich habe man sich auf *kotimaailma* (Heimatwelt) geeinigt.

Ein weiteres sehr gelungenes Bild heißt »In der Blüte«. Es zeigt einen Kirschbaum und einen Flieder, die mit weißen und lila Blütenblättern in voller Pracht stehen und deren Zweige zu einem frühlingshaften Farbenspiel ineinander wachsen. Fast zu schön, um wahr zu sein. Beinah kitschig. In Kipplage betrachtet sieht man ein junges Liebespaar in inniger Umarmung. Ihre unterschiedlichen Haarfarben, Goldgelb und Pechschwarz, fließen harmonisch ineinander. Die Farben sind unnatürlich-märchenhaft und mit einem Bildbearbeitungsprogramm grell überzeichnet. Den Hintergrund bildet dagegen ein hellzarter Teppich aus traumtrunkenen Pastellfarben.

»Süß die zwei, oder nicht?«, grinst Björn, während er mir über die Schulter linst.

Jedes Bild ist eine kleine Entdeckungsreise. Mein Favorit ist eindeutig ein Werk, das von der einen Seite betrachtet ein altes Ehepaar mit schlohweißen Haaren zeigt, das sich aneinanderlehnt, als müssten sich die zwei gegenseitig stützen. Die beiden kommen mir bekannt vor. Auch dieses Fotos ist künstlerisch verfremdet, das Weiß der Haare geht in Tupfer von kleinen Wölkchen über. Von einer anderen Seite zeigt es einen knorrigen Eichenstamm mit einem Baumloch, darin kauern zwei verängstigte Eichhörnchen. Schneeflocken rieseln vom Himmel. Eng aneinandergeschmiegt schauen die Eichhörnchen mit ihren Knopfaugen in die winterliche Welt hinaus. Das Bild heißt: »Die wahre Kunst.«

Beinah ebenso interessant wie die Kunstwerke ist eine Stellwand, auf der die Künstlerin Notizen, Skizzen und Leitgedanken festgepinnt hat. Das meiste ist in ihrer Muttersprache, auf Schwedisch, aber einiges kann ich erschließen, ansonsten hilft mir Björn beim Verstehen. Auf den Zetteln steht:
»Die Gegenwart ist die Zukunft von gestern.« –
»Gedanken, Worte, Taten.« –
»Gott ist die Mutter des Anfangs und der Vater aller Enden.« –
»Wenn Kinder spielen, wissen sie nicht, was sie tun.« –
»Liebe lebt nicht von Fakten.« –
Björn sieht mir eine Weile zu. Er hat keine Eile. Dann fragt er: »Was denkst du?«
Eine schwierige Frage. »Soll ich ganz ehrlich sein?«
Björn nickt.
»Und kein Wort davon an Synnöve?«
Björn nickt noch einmal.
Ich räuspere mich. »Also, wie soll ich das sagen? Im Moment ist für mich schwer zu glauben, dass diese umwerfenden Kunstwerke, diese Bilder und all die klugen Gedanken von einer Frau stammen, die ein Stockwerk unter uns im rosa Jogginganzug um eine Katze weint, die Schneewittchen heißt.«
Björn sieht mich fast mit Bedauern an. Er schüttelt kaum merklich den Kopf und sagt langsam: »Das ist kein Widerspruch!«
Sein knapper Kommentar trifft mich fast wie eine Ohrfeige. Mit einem Male wird mir klar, dass Graubart Recht hat. Nur wer auch um eine alte Katze weinen kann, kann die ganze Welt als seine Heimat begreifen.

40. Abenteuer: *seikkailu*

Synnöve gibt sich auch für den Rest des Tages ihrer Trauer hin und ist kaum ansprechbar. Björn verfällt daher auf die Idee, mir Sehenswürdigkeiten der Insel zeigen zu wollen. Davon lässt er sich auch nicht abhalten, obwohl ich ihm versichere, schon auf Åland gewesen zu sein. Er schlägt vor, mir die Burg Kastelholm zu zeigen. Angeblich kenne er eine Fremdenführerin und könne uns jederzeit einen kleinen Rundgang organisieren. Oder ob ich Interesse an der Kirche des Heiligen Georg habe, fragt er. Er würde den Küster kennen und könne uns Zugang verschaffen. Ich frage zurück, ob es auf der Insel jemanden gebe, den er nicht kennen würde.
»Nur die Touristen nicht!«, lacht er.
Ich entscheide mich für Kastelholm. Wir steigen in einen alten Volvo und knattern los. Unterwegs führt Björn mehrere kurze Telefonate per Freisprechanlage. Ich kann immerhin heraushören, dass es um die Führung auf der Burg geht. Bei unserer Ankunft, kaum eine halbe Stunde später, steht auch schon eine junge Frau in einer dicken Winterjacke bereit, um uns zu empfangen. Sie begrüßt Björn freundlich mit Wangenkuss, schüttelt auch mir herzlich die Hand und scheint hocherfreut, spontan für einen wildfremden Menschen an einem Sonntagabend eine Führung zu machen. Die junge Frau heißt Krista und ist mit Björn verwandt. Und sie kann vorzüglich Finnisch.
Durch ein hölzernes Tor mit quietschenden Scharnieren betreten wir die teilrenovierte Burg, deren kalte Mauern den Winter eingefangen haben. »Wir machen es wie bei einer Führung für Kinder!«, sagt Krista fröhlich, »Wir leuchten uns den Weg mit Taschenlampen.« Das macht die Sache interessant. Auf der Führung vermittelt Krista professionell den üblichen Mix aus Jahreszahlen und Herrschernamen, gewürzt mit einigen Anekdoten aus dem Leben der Burgbewohner, einer Spukgeschichte und Angaben zum Stand der Renovierungen. Mir zum Gefallen hält sie die Führung auf Finnisch ab, Björn hört stumm zu und nickt bisweilen verständig, was beweist, dass er doch mehr Finnisch beherrscht als nur ein einziges Wort. Da Krista weit in die Geschichte zurückgreift, benutzt sie häufig das Wort *Ruotsi*, und ob ich will oder nicht, gehen mir die fragwürdigen Untersuchungen zum finnischsten Wort durch den Kopf.

»Auf dem finnischen Festland gibt es drei mittelalterliche Burgen«, erläutert Krista, »in Hämeenlinna, in Savonlinna und in Turku. Alle anderen finnischen Burgen und Festungen sind nur noch als Ruinen erhalten oder weit neueren Datums. Die Festung Suomenlinna vor Helsinki wurde zum Beispiel erst im 18. Jahrhundert erbaut.« Krista legt eine bedeutungsvolle Pause ein. »Dank Åland kommt ganz Finnland demnach auf vier mittelalterliche Burgen!«
Hier spricht scheinbar die Lokalpatriotin. Aber ich muss ihr beipflichten, dass Finnland ohne Åland ein Stückchen ärmer wäre.
Krista zeigt uns auch einige wohl gepflegte Räume, in denen Kulturveranstaltungen abgehalten werden oder die für private Events zu mieten sind. Hier schaltet sie das Deckenlicht an. Die Taschenlampenführung durch die weniger renovierten Teile, durch kalte Gänge und den Innenhof gefällt mir aber besser.
Das Interessanteste behält sich Krista für den Schluss vor. Sie berichtet am Ende unseres Rundgangs von einer Erhebung, die sie für ihre Masterarbeit in Geschichte selbst durchgeführt habe.
»Du darfst raten«, fragt sie mich, »womit sich die meisten Besucher einer Burg während einer Führung gedanklich beschäftigen!«
»Sie denken an ferne Zeiten?!«
Krista schüttelt heftig den Kopf. Sie hat braune Locken, die aus ihrer Pudelmütze hervorgucken und wild um ihre Schläfen fliegen.
Mein zweiter Versuch: »Die meisten Leute freuen sich, in Wohnungen zu leben mit Fußbodenheizung, fließend Wasser und elektrischem Licht?«
»Auch nicht!«
Ich rate ein letztes Mal: »Die Besucher einer Burg stellen sich vor, wie es wäre, mit einer Zeitmaschine in frühere Jahrhunderte zurückzureisen.«
»Nein!«, meint Krista, »Die Antwort lautet: Eine relative Mehrheit aller Burgbesucher beschäftigt sich bei Führungen am ausgiebigsten mit dem Gedanken, wie es wäre, König zu sein. Und zwar in unserer Gegenwart. Wie es wäre, in solchen Mauern unumschränkter Herrscher zu sein mit uneingeschränkten finanziellen Mitteln. Sie malen sich aus, wie sie die Zimmer einrichten könnten, was sie umbauen würden, wo ihr Schlafzimmer wäre, ihr Privatkino, der Swimmingpool und der Speisesaal.«
Das sorgenlose Märchenschloss! Daran also denken die meisten, wenn sie

durch alte Gemäuer geführt werden. Vielleicht sind an solchen Hirngespinsten auch die Brüder Grimm schuld. Bevor wir uns verabschieden, möchte ich noch wissen, wie sie so gut Finnisch gelernt habe. Grundkenntnisse habe sie aus der Schule, erzählt sie, aber sie habe in Vaasa und Kuopio studiert und sei nun mit einem Finnen verheiratet.
»Mit einem Finnen?«, frage ich verwundert. »Seid ihr nicht alle Finnen?«
Doch, doch, wiegelt sie lachend ab, aber das sage man hier manchmal so.
»Zum Glück sind wir Finnen!«, bekräftigt sie, »und keine Schweden! Das erspart uns einen König!«
»Vorsicht«, flüstert mir Björn ins Ohr, so dass es allgemein zu hören ist, »Krista ist eine Linke! Und zwar eine von der radikalen Sorte.«
»Oh ja!«, grient Krista kämpferisch, die Björns Bemerkung (auf Deutsch) durchaus verstanden hat! »Präsidenten, die man wählen und wieder abwählen kann, sind mir entschieden lieber als Könige, die in den Puff gehen oder in Afrika Elefanten schießen!«
Ich bemerke, dass Krista es drauf hat! Und es ist gut, dass es junge Menschen gibt, die sich die Brüder Grimm und ihre Geschichten für die Kinderstube aufbewahren, ohne den Blick für die Realitäten zu verlieren.

Am nächsten Tag geht es kurz nach Mittag mit der Fähre zurück nach Turku. Vor meiner Abreise finde ich glücklicherweise doch noch Zeit, mit Synnöve das ein oder andere zu besprechen, was unsere Buchillustrationen angeht. Da sich die Finnen dem Wald sehr verbunden fühlen, halte ich einige von Synnöves Baum-Mensch-Bildern für sehr geeignet. Es ist dennoch kaum zu übersehen, dass Synnöve fahrig und unkonzentriert ist und sich lieber über anderes unterhält als Buchprojekte. Sie möchte wissen, wie es um meine Familie steht, will mehr hören von der Tigerente und ihrer glücklichen Besitzerin, fragt mich zu Senjas Freund aus und ist brennend daran interessiert zu erfahren, ob ich all meine Vorsätze wahr gemacht hätte, von denen wir nach unserem Luftloch-Erlebnis über der Ostsee gesprochen hätten.
»Das ist gar nicht so einfach!«, muss ich zugeben, »Der Alltag schluckt oft die besten Vorsätze und der Zufall verhindert die ehrenvollsten Absichten.«
»Dann muss man eben auf die Gelenkstellen des Lebens warten«, meint Synnöve.

»Gelenkstellen des Lebens?«
»Ja! Das sind die Stellen im Leben, an denen die Weichen gestellt werden. Die Momente, die nicht alltäglich sind. An denen etwas passiert. Leider oft etwas Unschönes.«
»Zum Beispiel?«
»Zum Beispiel gestern! Als Snövit gestorben ist. Björn hat nicht viel gesagt. Er hat auch nicht geweint wie ich. Aber als er Snövit in die Vitrine gelegt und meine Hand gehalten hat, als er gesagt hat, dass Snövit in einen gläsernen Sarg gehört, da hab ich wieder gewusst, dass Björn der Richtige für mich ist. Und darum leb ich hier mit ihm auf dieser kleinen Insel, wo das ganze Jahr nichts los ist und von wo jede Reise in die Welt beschwerlich ist.«
Auf einer Insel in einem gelben Holzhaus voller Merkwürdigkeiten und ungewöhnlicher Bilder.
Bevor wir uns verabschieden, frage ich Synnöve, die ja leidlich Finnisch spricht, ob auch sie ein finnisches Lieblingswort habe. Sie überlegt nicht lang. »Ich mag das Wort *kissanpäivät*« (wörtlich: Katzentage). Eine gute Wahl! So nennt man Tage, an denen man unbeschwert faulenzt und es sich gutgehen lässt.

Mittlerweile gehe ich nicht mehr nur sporadisch und an wechselnden Tagen zur Sauna von Rajaportti, sondern regelmäßig mittwochs. Ein Grund dafür ist, dass auch Urho fast jeden Mittwoch kommt. Mittlerweile würde ich ihn als guten Bekannten bezeichnen. Wir freuen uns jedes Mal uns zu sehen, es hat sich daraus eine Art Ritual entwickelt. Beim nächsten Wiedersehen erzähle ich ihm von Marianhamn und von Synnöve und von ihrer Bemerkung über die Gelenkstellen des Lebens. Vielleicht erlebe ich von selbigen in meinem eingefahrenen Leben als Lektor viel zu wenig.
»Das Aufregendste, was mir jemals passiert ist«, erzähle ich Urho bei einem Schluck aus der Trinkflasche, »ist, dass ich in meinem Büro beim Lesen einmal vom Stuhl gefallen bin. Weil mein Stuhl auf Rollen nach hinten umgeschlagen ist.«
»Aber du nimmst doch an interessanten Projekten teil«, entgegnet er, »und du bist schließlich oft auf Reisen.«
»Ja schon«, gebe ich zu, »aber das sind keine Abenteuer!«
Urho nimmt einen kräftigen Schluck aus seiner Trinkflasche und leckt sich

die Lippen. »Weißt du, was ein Abenteuer ist? Ein Abenteuer besteht aus einer Gefahr und einem Beinah-Erlebnis!«
»Und was bitte verstehst du unter einem Beinah-Erlebnis?«
»Wenn man beinah von einem Bären gefressen wird, dann kann das ein Abenteuer sein. Oder wenn man beinah von einem Berg abstürzt. Wenn man glimpflich davonkommt, ist das ein Abenteuer.«
»Wie meinst du?«
»Wenn man von einem Bären aufgefressen wird oder von einem Berg stürzt und sich den Hals bricht, dann ist ja keiner mehr da, der das Abenteuer erzählen könnte.«
Das leuchtet mir ein. Abenteuer müssen Überlebende haben.
Nach einem weiteren Schluck sagt Urho: »Und wenn man von einem Bären in Stücke gerissen wird und überlebt ohne Arme und Beine, dann ist das auch kein Abenteuer. Das wäre höchstens eine tragische Geschichte.«
»Du meinst also, man muss unbeschadet davonkommen?«
»Ja, oder zumindest so, dass man nach einiger Zeit wieder heil an Körper und Seele ist. Ein Beinbruch heilt wieder aus. Einen Schrecken kann man überwinden.«
Es ist schön, mittwochs in die Sauna zu gehen.
»Abenteuer sind aber relativ!«, sagt Urho noch.
»Und was soll das wiederum heißen?«
»Für ein kleines Kind, das zum ersten Mal allein mit dem Zug zu den Großeltern aufs Land fährt, kann die Zugfahrt ein großes Abenteuer sein.«
Das finnische Wort für ›Abenteuer‹ ist *seikkailu* und interessanterweise ist es verwandt mit dem Wort *seikka* (Gegebenheit, Umstand, Gesichtspunkt).

Die guten Wetterverhältnisse für Tretschlittenfahrten auf dem Eis halten an. Sobald ich dazu Gelegenheit habe, wage ich mich nach Feierabend auf den See Näsijärvi. Langanhaltendes Frostwetter garantiert eine feste Eisdecke, wenig Schnee ermöglicht ein problemloses Gleiten. Und das Schönste ist: Abseits der gepflegten Schlittschuh-Strecken ist kaum jemand unterwegs, nur einige Eislochangler hocken stumm in der Gegend herum. Nur wenige Kilometer vom Ufer entfernt hat man das Gefühl unendlicher Eiswüsten und grenzenloser Natur. Der Verkehrslärm der Großstadt gefriert in der Ferne. Der Alltag des Berufslebens schrumpft zur Silhouette einer Stadt am

Horizont. Alles, was man braucht, sind ein sportlicher Tretschlitten, ein warmer Overall, eine Pelzmütze, gute Handschuhe, Spikes unter den Winterschuhen, Rettungspickel um den Hals und eine Sonnenbrille auf der Nase. Denn die Februarsonne ist gleißend und hell, und die Tage sind schon deutlich länger als um den Jahreswechsel.

Finnland ist ein Land, in dem es rund ums Jahr Tote und Verletzte der Saison gibt: In jedem Frühling brechen Unvorsichtige im Eis ein und zu Mittsommer gibt es die meisten Betrunkenen, die vom Ruderboot plumpsen. Zu Silvester gibt es Verletzungen mit Feuerwerkskörpern, zum 1. Mai die meisten Schlägereien in Innenstädten, und Weihnachten ist Hochsaison für Familiendramen. Vergiftungen infolge von Pilzgenuss ereignen sich verstärkt gegen Ende des Sommers. Die meisten Autounfälle wegen Wildwechsel passieren im Herbst. So hält jede Jahreszeit und jeder Festtermin seine kleinen Überraschungen bereit, und die Überlebenden können von ihren Abenteuern erzählen.

Eines Abends gleite ich im letzten Sonnenlicht des Tages auf meinem Tretschlitten an einem Eislochangler vorbei, in dessen Nähe ich eine Verschnaufpause einlege. Er winkt mir zu und ich nähere mich seinem Eisloch, wo er auf einem wackligen Klappstühlchen kauert. Neben ihm liegen ein Bohrer und ein großer grüner Rucksack. Zu seiner Seite sitzt ein Wolfsspitz mit flauschigem, grau-weißem Fell, der einem riesigen Wollknäuel in der Landschaft gleicht. Seine Nase schnuppert im Wind, ansonsten vermeidet er jede unnötige Bewegung und spart seine Wärmereserven. In einem Eimer bewahrt der Eislochangler seine Beute auf. Ich krame in meinem Gedächtnis, ob es auch Zuschriften auf unserem Portal gab, die das Wort *pilkkiä* (eislochangeln) erwähnt haben.

»Beißen die Fische?«, frage ich.

»Ja, ja. Andauernd. Es sind viel zu viele.« Das Gesicht des Mannes verrät, dass er ein Kerl ist, der viel Zeit unter freiem Himmel verbringt. Es ist wie eine Landschaft von Wind und Wetter geformt und von der Sonne gegerbt. Der Mann wischt sich mit dem Ärmel über die Nase und blinzelt mich gegen die Abendsonne an. »So viele kann ich gar nicht gebrauchen. Meine Alte will auch nicht, dass ich Fisch mit nach Hause bringe. Sie schimpft immer, weil ich zu viel Fisch fange. Jeden Tag. Manchmal frisst Tomppa den Fisch, aber der Ärmste ist ja kein Fischotter!« Tomppa muss der Hund sein, denn der Wolfsspitz legt neugierig den Kopf schief, als er seinen Namen hört. »Manchmal verschenke ich Fisch in der Nachbarschaft. Aber die Nachbarn gehen mir schon aus dem Weg. Willst du ein paar mithaben?« Meine Zustimmung vorwegnehmend, beginnt der Eislochangler damit, aus seinem grünen Rucksack eine Plastiktüte zu kramen, und mit seinen großen Fäustlingen schaufelt er mehrere Handvoll Plötzen in die Tüte hinein. »Hier! Kannste mitnehmen!«

»Katzenfutter!«, denke ich. »Wenn die Fische zu Hause niemand haben will, dann verwenden wir sie als Katzenfutter!«

Ich binde die Tüte an den Lenker meines Tretschlittens. »Danke!«

Der Eislochangler fasst sich an seine Mütze wie zu einem militärischen Gruß. Kurz darauf setze ich meine Fahrt fort. Es gibt manchmal seltsame Begegnungen. Aber Männer in Not müssen einander beistehen.

Gegen Ende meiner Tour, als ich mich wieder dem Ufer nähere, sehe ich in der Dämmerung eine große Eule auf dem Geländer eines Stegs sitzen. Ein prachtvoller Vogel, der einen imposanten Anblick bietet. Langsam nähere ich mich dem Steg, um die Eule möglichst von Nahem betrachten zu können. Welch ein Abenteuer, denke ich! Bei der beachtlichen Schulterhöhe des Vogels muss er auf eine enorme Spannweite kommen. Sein gelber Schnabel leuchtet respekteinflößend in der untergehenden Sonne. Mit großen Augen funkelt er mich wachsam an. Ob so ein wehrhaftes Tier sich auch gestört fühlen und zum Angriff übergehen kann? Ähnliche Geschichten habe ich jedenfalls von Auerhähnen gehört. Majestätisch und unbeweglich sitzt die Eule auf ihrem Platz und starrt mir unerschrocken entgegen. Vielleicht könnte ich die Eule mit frischem Fisch füttern …

Ab einem gewissen Punkt zerbröckelt meine Begeisterung in Zweifel und wandelt sich dann zur herben Enttäuschung. Die Eule kann mich nicht angreifen und wird auch keine Fische fressen. Die Eule ist aus Plastik. Sie wurde wahrscheinlich im letzten Sommer hier aufgepflanzt, um Möwen vom Steg fernzuhalten. Ich schliddere die letzten Meter auf den Steg zu. »Hallo Eule!«, sage ich keuchend, »Schade, dass du nicht echt bist. Ich wollte Abenteuer erleben!« Eine falsche Eule an einem finnischen See. Wieso stehen hier eigentlich kleine Tannenbäumchen auf dem Eis? Ich komme zum Stehen und steige von den Kufen meines Schlittens, da höre ich ein verdächtiges Knacken unter mir. Was dann passiert, geht viel zu schnell, um noch reagieren zu können. Das Eis unter mir gibt nach, es kracht und ich breche ein. Zuerst bin ich nur verdutzt und denke mir, das kann ja wohl nicht wahr sein. Dann spüre ich das eisig kalte Wasser an den Unterschenkeln. Es ist so kalt, dass es körperliche Schmerzen hervorruft, die wie tausend Nadelstiche wirken. Am übrigen Körper spüre ich zunächst noch nicht viel, unter meinem Overall müssen sich Luftpolster gebildet haben. Im Grunde weiß ich genau, was zu tun ist, denn Verhaltensmaßnahmen bei solchen Unglücksfällen habe ich mir mehrfach durchgelesen und eingeimpft. Die erste Regel lautet: Ruhe bewachen. Das ist leichter gesagt als getan, denn mein Herz schlägt bis zum Hals und meine Augen müssen schreckgeweiteter sein als die der Plastikeule. Ich spüre panikartig, wie das Wasser in meine Kleider dringt, wie sie sich vollsaugen und schwerer werden. Die zweite Regel lautet: Nicht strampeln und herumhampeln, um wärmende Luftpolster in der Kleidung zu erhalten. Aber ich beginne wie wild mit den Armen zu rudern und um mich zu schlagen. Die schmerzhaften Nadelstiche nehmen zu. Die dritte Regel lautet, unnötiges Gerät, Ballast und Zubehör abzuwerfen. Aber ich klammere mich aus unerklärlichen Gründen krampfhaft mit einer Hand an meinen Tretschlitten. Die vierte Regel lautet, sich in die Richtung zu drehen, aus der man gekommen ist. Denn nur von dem Eis, auf dem man vorher noch gestanden hat, kann man mit Sicherheit sagen, dass es einen getragen hat, was man von dem unbekannten Eis vor einem nicht weiß. Aber ich mache alles falsch, was man falsch machen kann. Ich strample in Richtung Steg, der zum Greifen nahe scheint und von dem ich mir Rettung verspreche. Die fünfte Regel lautet, Eispickel oder andere Hilfsmittel zur Hand zu nehmen und sich auf tragendes Eis zurückzuziehen. Ich vergesse aber völlig, dass ich so ein Rettungsset um den Hals trage. Stattdessen versuche ich, den Steg zu fassen zu bekommen. Die sechste Regel lautet, nicht lauthals um Hilfe zu rufen, sondern lieber in eine Rettungstrillerpfeife zu blasen. Deren Ton trägt weiter und braucht weniger Atem. Aber solch eine Pfeife besitze ich nicht und ich würde es wahrscheinlich auch nicht zustande bringen, sie hervorzuziehen. Nur wenige Meter trennen mich von dem Sicherheit verheißenden Steg. Eine kurze Metallleiter ist an seiner Seite angebracht. Um mich herum schwappen dünne Eisschollen, das dunkle Wasser gurgelt. Die Plastikeule blickt spöttisch auf mich herab und unternimmt nichts, um mir zu Hilfe zu eilen. Ich glaube, sie betrachtet meinen Einbruch ins Eis als einen Erfolg ihrer abschreckenden Wirkung. Sie hat einen hämischen Gesichtsausdruck. Die Tannenbäumchen im Eis erkenne ich zu spät als Markierungen für ein Eisloch. Ein eisiger Schwall Wasser schwappt mir in den Mund, ich pruste und huste. Neue Panik überkommt mich. Doch nur Überlebende können von ihren Abenteuern erzählen.

Da spüre ich unverhofft Grund unter meinen Füßen. Tatsächlich! An dieser Stelle des Ufergewässers ist es flach genug, um einigermaßen stehen zu können. Ich drücke mehrere Eisschollen zur Seite und stemme mich gegen die kalte Flut. Mühselig wate ich auf den Steg zu. Nur zwei, drei Schritte, und ich bekomme die Metallleiter zu fassen. Mit hastigen Stößen breche ich hinderliches Eis weg und ziehe mich ächzend an der Leiter empor. Meinen Tretschlitten stemme ich mit auf den Steg. Dabei reißt die Plastiktüte mit den Fischen ein, die am Lenker festgebunden ist. Sie war voll Wasser gelaufen und schwer wie ein Eimer Putzwasser. Ihr Inhalt klatscht auf die Planken des Stegs und die meisten Plötzen fallen ins aufgebrochene Eisloch zurück. Wenn mich meine Sinne in der Aufregung nicht täuschen, leben einige der Fische noch, sie zappeln kurz mit ihren Schwänzen und verschwinden in der schwarzen Tiefe des Sees.

Ich atme heftig und rasselnd. Etwa bis zur Gürtellinie bin ich klatschnass, aber überraschenderweise ist mein Oberkörper unter dem Overall noch weitgehend trocken, auch Kopf und Mütze sind, von ein paar Spritzern abgesehen, kaum benetzt. Meine ellenlangen Handschuhe, die mit Klettverschlüssen zugezurrt sind, haben verhindert, dass Wasser in meine Ärmel gelaufen ist. Glück im Unglück!

Weit und breit ist keine Menschenseele zu sehen. Auch die Hütte, zu der der Steg gehört, liegt dunkel und verlassen. Ich muss zurück zu meinem Auto, zu dem Platz, von wo ich gestartet bin. Und zwar so schnell wie möglich! Die Kälte beißt mir in die Knochen und lähmt jede Bewegung. Mir ist klar, dass das Eis jenseits der Tannenbäumchen-Markierung fest wie Beton ist und tragen muss. Über den See geht es am schnellsten zum Parkplatz zurück. Bevor ich den Steg wieder verlasse und mich auf sicheres Eis zurückwage, versetze ich der Plastikeule einen wütenden Boxhieb. Sie zerbricht in zwei Teile. Das Plastik ist spröde vom Frost und leicht zerbrechlich.

Bis zum Auto in der Nähe eines Strands, an dem sich im Sommer die Badenden tummeln, sind es höchstens 500 Meter. Sie werden zu einer qualvollen Reise. Mein Overall kommt mir wie ein tonnenschwerer Bleianzug vor, die Kälte presst mich wie mit einer Eisenfaust zusammen. Unter Aufbietung aller Kräfte erreiche mein Auto. Mir ist hundeelend. Mein Unterleib ist nass und unter meiner Mütze steht mir der Schweiß der Anstrengung. Mit meinen plumpen Fausthandschuhen öffne ich einen Reißverschluss meines Overalls und hole aus einer Hüfttasche den Autoschlüssel hervor. Ich drücke auf das Knöpfchen der Fernbedienung, aber die Zentralverriegelung reagiert nicht. Ich reiße mir die Handschuhe von den Händen und fingere aus der Fernbedienung einen kleinen Notschlüssel hervor, mit dem man die Wagentür altmodisch mittels Türschloss öffnen kann. Dieses Türschloss befindet sich unter einer Zierleiste des Handgriffs, die ich erst umständlich ablösen muss. Dazu brauche ich gefühlte zwei Stunden. Mittlerweile ist es auch ziemlich dunkel, die Sicht ist schlecht. Endlich ist die Fahrertür entriegelt, auch die Heckklappe lässt sich nun öffnen und ich wuchte meinen Tretschlitten aus Leichtmetall in den Wagen. Mit meinem nassen Overall lasse ich mich auf den Fahrersitz fallen und bete, dass das Auto anspringt. Ja, der Motor geht an. Ich stelle sofort die Sitzheizung an und drehe, kaum dass ich angefahren bin, die Heizung auf Höchststufe. Der Wagen ruckelt los, denn mir fehlt das Feingefühl dafür, dosiert Gas zu geben und die Kupplung vorsichtig kommen zu lassen. Meine Beine kommen mir wie tot vor. Bei Gelegenheit nestle ich mein Mobiltelefon aus einer Brusttasche hervor. Es fühlt sich feucht an, aber es funktioniert. Ich rufe zu Hause an, Benni meldet sich.

»Stell die Sauna für mich an!«, bitte ich ihn.

»Könnte ich machen!«, antwortet Benni leichthin. Er stellt keine langen Fragen.

»Bis später!«

Mit der Sauna könnte ich Fehler Nummer sieben bei einem Eiseinbruch begehen: ein schockartiges Wiederaufwärmen. Die Autofahrt nach Hause dauert keine Viertelstunde. Beim Einparken unter unserem Abstelldach streife ich einen Pfeiler mit dem Außenspiegel, aber das ist mir in diesem Moment scheißegal! Ich schleppe mich zur Tür unserer Waschküche. Der Overall klebt mir wie eine dicke, schwere Schleimschicht am Körper. Mir fehlt der Nerv, den Hausschlüssel ins Schlüsselloch zu stecken, stattdessen bollere ich wild gegen die Tür. Senja öffnet mir.

»Du sagst mir doch immer, ich soll meinen Schlüssel benutzen, statt behämmert rumzuklopfen«, sagt sie vorwurfsvoll. Dann erst bemerkt sie, dass ich tropfe wie ein nasser Schwamm und wohl einen Gesichtsausdruck aufgesetzt habe, als hätte ich einen Kampf mit einem Schwarm Eulen hinter mir.

»Was ist denn mit dir passiert?«

»Ich bin im Eis eingebrochen.«

»Nein! Echt?« Senja klingt, als wäre sie neidisch, dass ihr nie solche aufregenden Dinge widerfahren.

Ich lasse mich auf einen Holzhocker nieder. Senja hilft mir dabei, meine nassen Schuhe und Strümpfe auszuziehen. Meine Zehen spüre ich so gut wie nicht mehr.

41. Held: *sankari*

Geht's dir gut? Sollten wir nicht lieber zum Arzt fahren? Bist du sicher, dass Sauna eine gute Idee ist? War es schrecklich? Wie kann man denn eine Plastikeule für echt halten? Und wie kann man so dumm sein und die Markierungen für ein Eisloch übersehen? Warum bist du nicht …? Wie kann man nur …?

Nach einem Abenteuer ist man nicht zwangsläufig ein bewunderter Held. Ebenso leicht wird man mit lästigen Fragen bestürmt und mit Vorwürfen konfrontiert. Aber Hauptsache ich habe überlebt, auch die anschließende Sauna! Noch während ich mich aufwärme, durchforsten die weiblichen Familienmitglieder das Internet nach Tipps und Infos. Da ist von Unfallopfern die Rede, die bei vollem Bewusstsein aus dem eiskalten Wasser gezogen wurden und im Nachhinein an den Folgen der Unterkühlung gestorben sind. Da wird vor Dummheiten beim Wiederaufwärmen gewarnt. Dort steht zu lesen, dass gut 80 Prozent aller Erwachsenen, die im Wasser umkommen, Männer sind. Es heißt, dass aus Panik auch Erwachsene zuweilen in ruhigen Gewässern ertrinken, wo sie eigentlich stehen könnten. Dass in Finnland mehr Menschen ertrinken als in anderen nordischen Ländern. (Spitzenpositionen in Statistiken sind in Finnland normalerweise immer ein Anlass des Stolzes.) Dass Plastikeulen mit der Zeit ihre abschreckende Wirkung auf Möwen oder Enten verlieren.

In der folgenden Nacht schlafe ich sehr unruhig und am nächsten Morgen fühle ich mich wie gerädert. Selbst für die Arbeit an der Uni ziehe ich mir Skiunterwäsche an, ich habe ein überhöhtes Bedürfnis nach wärmender Kleidung. Den Fahrersitz unseres Autos muss ich für die Fahrt in die Innenstadt mit einer Plane und mit Decken auslegen, um darauf sitzen zu können. Am Lenker meines Tretschlittens hängen noch die Reste der eingerissenen Plastiktüte. Darin findet sich ein einziger übrig gebliebener kleiner Fisch, den ich Fiona zum Fraß in ihren Futternapf lege. Unsere Mieze schnuppert vorsichtig an der ungefragten Gabe, dann wendet sie sich angewidert ab. »*Roskakala*« (Abfallfisch), wird sie sich denken – ein widerwärtiges Wort für den ungewünschten Beifang, das eine Spezies unseres Planeten zum Müll degradiert.

Jussi hat ein Machtwort gesprochen. Der Vorsitzende unserer Arbeitsgruppe hat entschieden, dass die fragwürdigen Untersuchungsergebnisse von Computer-Linguistik-Perttu nicht an die Öffentlichkeit gelangen dürfen, jedenfalls nicht in naher Zukunft und nicht im Zusammenhang mit unserem Projekt. Kein Wort von *Ruotsi* und *vittu*! In einer Mail teilt er allen mit, dass Perttu stattdessen alle Einsendungen, die uns in den vergangenen Monaten erreicht haben, nach rein quantitativen Kriterien durchsehen solle. Jussis Ton ist streng und duldet keinen Widerspruch. Ein letztes Treffen soll im April stattfinden. Bis dahin sind alle Juroren aufgefordert, ihre persönlichen Favoriten auszuwählen und ein Schluss-Statement zu schreiben.

Anfang März haben die Schulen in Pirkanmaa eine Woche Skiferien. Seit Jahren streitet Benni mit uns darüber, ob diese Woche Ferien vom Skilaufen oder Ferien fürs Skilaufen sind. Unser Sohn ist überzeugter Anhänger der ersten Lesart. In diesem Jahr wird er aber nicht vor die Wahl gestellt: Wir haben knapp eine Woche Urlaub in einer Hütte im Ski- und Erholungsgebiet von Iso-Syöte abzufeiern, die uns *Mummi* und *Ukki* zu Weihnachten geschenkt haben. Auch Senja, die viel lieber in Tampere und bei ihrem Marko bleiben würde, wird gnadenlos zum Mitreisen gezwungen. Wieder einmal werden bei uns Koffer, Taschen und Tüten gepackt. Nur die Mieze bleibt diesmal verschont. Eine alleinstehende Kollegin hat sich freundlicherweise dazu bereit erklärt, sich für diese Tage bei uns einzuquartieren und die Aufgabe einer Katzen-Sitterin zu übernehmen.
Die Gegend um Iso-Syöte ist landschaftlich und kulturell der südlichste Außenposten Lapplands, obwohl das Gebiet nominell nicht zu Finnisch-Lappland gehört. Der namengebende Fjäll bringt es auf eine Höhe von über 400 Metern, was in diesen nördlichen Gefilden ausreicht, um die Baumgrenze hinter sich zu lassen. Von Tampere bis zu unserer Ferienhütte im Wintersportzentrum von Iso-Syöte sind es rund 600 zähe Kilometer mit dem Auto, weshalb wir uns entschließen, einen Umweg über Alahärmä zu nehmen, um den finnischen Großeltern einen Kurzbesuch abzustatten und die lange Anfahrt in zwei Etappen zurückzulegen.
Am zweiten Tag unserer Reise diskutieren wir im Auto darüber, was ein Abenteuer ist. »Ich habe einen Sauna-Freund«, erkläre ich den Kindern, »der meint, ein Abenteuer ist ein Beinah-Erlebnis. Zum Beispiel wenn man beinah ertrinkt, aber noch gerettet wird.«

»Ist es auch ein Abenteuer, wenn man sich doof anstellt?«, fragt Senja. »Zum Beispiel wenn man an einem Ast sägt, auf dem man sitzt, und dann vom Baum stürzt.«

Eine schwierige Frage.

»Ich finde«, meldet sich Benni, »dass ein Abenteuer immer einen Helden braucht.«

»Und was ist deiner Meinung nach ein Held?«, fragt Senja.

»Das ist einer, der keine Angst hat. Und der sich selber rettet. Wenn jemand in ein Loch fällt und wird von der Feuerwehr gerettet, dann ist das kein Abenteuer und der Gerettete ist auch kein Held. Aber wenn einer in ein Loch fällt und kämpft in dem Loch gegen drei Schlangen und schlägt alle Schlangen tot und bindet sich aus ihnen einen Strick, und mit dem Strick kann er sich aus dem Loch befreien, dann ist das ein Abenteuer und der Gerettete ist der Held.«

»Ich glaub, du spielst zu viele Videospiele«, winkt Senja ab. »Ich finde nämlich, jemand kann auch ein Held sein, wenn er in ein Loch fällt, sich alle Knochen bricht und viele Tage ohne Essen und Trinken in dem Loch liegt, aber dann nicht aufgibt und immer weiter hofft und irgendwann gefunden wird.«

»Wahrscheinlich hat Heldsein gar nichts mit Abenteuern zu tun!«, befindet Eila. »Es gibt auch Helden des Alltags!«

Für Benni ist das unklar. »Was soll das denn für 'ne Art von Held sein?«

»Wenn sich zum Beispiel jemand jahrelang um alte und kranke Angehörige kümmert. Das sind Helden!«

Benni rümpft die Nase. Krankenpflege findet er im Gegensatz zu Schlangenkämpfen langweilig.

Bei dem Gespräch schmunzle ich ein wenig in mich hinein, weil ich seit ewig und drei Tagen die finnische Sitte ulkig finde, auch jeden, der Geburtstag hat, Held zu nennen. Das Geburtstagskind ist im Finnischen ein *syntymäpäiväsankari* (wörtlich: Geburtstagsheld).

Kurze Zeit nach unserer Diskussion beginnt unser Wagen plötzlich zu schlingern. Ich spüre, wie das Auto auf der linken Seite absackt und auszubrechen droht. Etwas zu heftig steuere ich dagegen und verstärke ungewollt den Schlingerkurs. Eila, Senja und Benni stoßen fast gleichzeitig einen

Schrei aus, der dreistimmig Schrecken, Überraschung und Warnung ausdrückt. Glücklicherweise haben wir keinen Gegenverkehr und die Spikes der Winterreifen tun ihren Dienst. »Was ist los?«, fragt Eila beunruhigt.
»Irgendwas stimmt nicht mit dem linken Vorderreifen!«
Mit deutlich verringertem Tempo fahre ich die nächste Haltebucht an, einen kleinen Rastplatz im waldigen Nirgendwo. Ich lasse den Wagen ausrollen, stelle den Motor ab und steige aus.
»Mist! Der Vorderreifen ist platt!«
»Und jetzt?«
Im Kofferraum befinden sich Wagenheber, Schraubenschlüssel und Reservereifen. Aber um daran zu gelangen, muss der voll bepackte Kofferraum erst einmal ausgeladen werden. »Zieht euch Jacken und Mützen an! Das kann dauern!«
Alle helfen beim Ausladen des Kofferraums in dem Gefühl, ein gemeinsames Abenteuer bestehen zu müssen. Das Aufbocken mit dem Wagenheber ist kein großes Problem. Nur das Lösen der Schrauben stellt sich als extrem kräftezehrend und langwierig heraus. Nach vielen Flüchen und noch größeren Anstrengungen ist endlich auch die letzte Schraube gelöst und der platte Reifen abgenommen. Während der Arbeiten hat ein weiteres Auto bei der Raststelle gehalten, ein alter Kombi, in dem ein einzelner Mann sitzt. Zuerst hege ich die Hoffnung, dass mir ein zweites Paar starker Arme behilflich sein könnte oder sich wenigstens jemand erkundigt, ob wir Hilfe benötigen. Aber der Fahrer hält nur an, um bei laufendem Motor in den Schnee zu pinkeln. Dann zündet er sich eine Zigarette an und schlendert zu uns hinüber.
»Iiiih, der hat sich nicht mal die Finger gewaschen!« wispert Senja. (Das geht nach Pfadfinderart auch mit frischem Schnee.) Der Fahrer des Kombis raucht seelenruhig seine Zigarette und sieht wortlos zu uns hinüber. Ich werfe ihm einen verärgerten Blick zu. Mittlerweile bin ich dabei, den Reservereifen festzuziehen, der beschädigte platte Reifen liegt am Straßenrand im Schnee. Da tritt der Kombifahrer entschlossen näher, als würde er einem plötzlichen Impuls folgen. Er presst seine Zigarette zwischen die Lippen, holt sein Mobiltelefon aus der Jackentasche hervor, geht leicht in die Hocke und macht in aller Ruhe von dem kaputten Reifen ein Foto. Dann schlendert er gleichgültig zu seinem Auto zurück und fährt unverdrossen weiter. Wir sind alle viel zu verdattert, um irgendetwas hervorzubringen. Senja

findet als Erste ihre Worte wieder: »Was war das denn für ein Arsch?!«
Die Ausdrucksweise meiner Tochter ist nicht die schönste, aber von der Sache her muss ich ihr absolut Recht geben!
Bei nächstbester Gelegenheit halten wir bei einer Autowerkstatt. In dem platten Reifen steckt ein spitzer Gegenstand, der von einer Nagelkette stammen könnte, wie sie Polizisten über die Straße legen, um Raser zu stoppen. Innerhalb kurzer Zeit ist der Reifen wieder repariert.
Im Verlauf der weiteren Fahrt überlegen wir, ob der Zwischenfall mit dem platten Reifen als Abenteuer gelten kann. Einig sind wir uns darüber, dass in vielen Abenteuern Arschgestalten eine Rolle spielen.
Bevor wir Iso-Syöte erreichen, legen wir bei einer Raststätte an der Schnellstraße nochmals eine Pause ein. Schon auf dem Parkplatz bemerkt Senja: »He, ist das nicht das Auto von dem Typen, der unseren kaputten Reifen fotografiert hat?« Senja ist von uns allen am meisten vom Verhalten des Kombi-Fahrers empört und sie stampft in die Raststätte, als würde sie sich vornehmen, dem Kerl ihre Meinung zu geigen. Auf den ersten Blick ist er aber nirgends zu entdecken. Erst als wir die Raststätte schon wieder verlassen, erblicken wir den Gesuchten vor dem Gebäude auf einer schweren Holzbank. Trotz der winterlichen Temperaturen sitzt er hier draußen und raucht, vor sich einen Pappbecher mit Kaffee und eine angebissene Grillwurst, abgelegt auf einer Serviette. Senja setzt ihr Kampfgesicht auf und marschiert zornbebend hinüber.
»Was hat sie vor?«, fragen Eila und ich uns.
Unerschrocken geht Senja auf den Kerl zu, baut sich vor ihm auf, scheint erst nach den passenden Worten zu suchen, zückt dann ihr Mobiltelefon – und fotografiert die angebissene Wurst. Dann macht sie kehrt und kommt zu uns zurück. Wir nehmen sie lachend in Empfang. Der Kombi-Fahrer ist aufgestanden und sieht Senja eine Weile aufgebracht hinterher, als hätte man ihm in den Kaffeebecher gespuckt. Er schimpft ihr irgendetwas hinterher, lässt sich dann aber wieder auf seine Holzbank fallen und verschlingt mit wütenden Bissen seine Restwurst.
»Ich weiß jetzt nicht, ob das ein Abenteuer war«, meint Benni beim Weiterfahren zu seiner Schwester, »aber für mich bist du eine Heldin!«

42. Jenseits der Wolfsgrenze. *Susiraja*

Der erste Eindruck von unserem Ferienziel: Die lange Fahrt hat sich gelohnt! Unsere Ferienhütte, ein Blockhaus mit der Nummer 7, ist von verwunschenem Aussehen, wunderschön gelegen an einem schneebedeckten Hang und weitläufig umgeben von ähnlich schnuckeligen Hütten. In unmittelbarer Nähe befinden sich gespurte Loipen. Die tief verschneite Landschaft sieht traumhaft aus. Trotz ihres rustikalen Äußeren ist die Hütte mit allem Komfort ausgestattet, wohlig warm und sehr gemütlich. Der Urlaub kann beginnen. Erfreulicherweise hält das Feriengebiet viel mehr bereit als nur Skimöglichkeiten. Das kommt vor allem Benni entgegen, der sich maximal einmal täglich auf die Bretter zwingen lässt. Alternativ unternehmen wir daher an einem Tag auch eine Schneeschuhwanderung mit Führung, wir statten dem Wellness-Bad *Arctic Spa* einen Besuch ab, und natürlich muss neben Ski-Langlauf auch Abfahrtsski ausprobiert werden, worin die Kinder bisher kaum Erfahrung haben. Jeder Ferientag endet mit Sauna und Spieleabend, wobei die Sauna beruhigend wirkt und die Spiele Spannung bringen.

Senja lädt in Iso-Syöte eine kostenlose App herunter, die des Nachts meldet, ob, wann und wo in der Umgebung Polarlichter zu sehen sind. Das trägt leider dazu bei, dass unsere Nächte eher unruhig sind und der Schlaf mehrfach unterbrochen wird, obwohl meist so gut wie nichts am Himmel zu erkennen ist. Benni hingegen hat seinen Spaß an Satellitenbildern, die er in unregelmäßigen Abständen mit seinem Handy abrufen kann und die Aufnahmen von einem Wolfsrudel zeigen, das angeblich irgendwo in diesen Breiten herumstreift. Meist sind auf dem Display nur drei, vier kleine dunkle Pünktchen auf weißem Grund zu erkennen, aber den Gedanken, dass man fast in Realzeit Bilder von Raubtieren empfängt, die durch die finnische Wildnis streifen, findet Benni mindestens so interessant wie den Bau von Wunderkerzen im eigenen Chemie-Labor. Aus Tierschutzgründen wird der genaue Standort der Wölfe nicht allgemein mitgeteilt. Die Ortung funktioniert allerdings über ein Halsband, das dem Rudelführer angelegt wurde.

Sicherlich nicht das typisch finnischste Wort, aber möglicherweise typisch Helsinki ist der Ausdruck *susiraja*, Wolfsgrenze, mit dem die Bewohner der

Hauptstadt den Autobahnring III bezeichnen, der die Metropolregion umfängt. Mit diesem Ausdruck wird alles jenseits dieser Grenze zum wilden Hinterland degradiert. Es verrät die latente Arroganz der Hauptstädter gegenüber dem großen Rest des Landes. Unbestreitbar ist jedoch, dass wir uns im Raum von Iso-Syöte mitten im potenziellen Wolfsgebiet befinden. *Susiraja* ist es jedenfalls wert, in meine Kladde aufgenommen zu werden.

An einem Tag unternehmen wir einen Ausflug zu einer Rentierfarm, die am Rande des Nationalparks *Syötteen kansallispuisto* liegt. Das Besitzer-Paar gibt sich als waschechte Sami. Sie tragen blaue Trachten mit bunten Streifen und versprühen für Besucher jeden erdenklichen Lappland-Zauber. Das Paar stellt sich als Esko und Aamu vor. Auf der Farm gibt es für kleine Kinder einige Rentiere, die in einem Gehege gehalten werden. Sie sind handzahm, lassen sich streicheln und füttern. Andere Tiere laufen halbwild durch das Umland.

Durch Gastgeber Esko erfahren wir allerlei Wissenswertes über das Leben der Züchter. Bei der Gelegenheit fällt mir ein, dass ich schon immer einmal eine Rentierscheide sehen wollte. Das ließe sich vorexerzieren, meint Esko rührig, und führt uns zu einem abgelegenen mannshohen Gatter aus Holzlatten, das für diese Zwecke vorgesehen ist. Die Rentiere würden erst weitläufig zusammengetrieben, erläutert er, und dann auf das abgezäunte Gebiet verbracht, von wo hölzerne Schleusen oder Durchlässe in verschiedene Nebengatter mündeten. Im Gatter oder an den Durchlassstellen könne man Tiere genauer in Augenschein nehmen. Zum Zählen, zum Markieren und zum Aussortieren. Mit der Handvoll Rentiere, die im Streichelgatter friedlich auf ihren Flechten kauen, und mithilfe zweier Karelischer Bärenhunde zeigt uns Esko eindrucksvoll, wie das vonstatten geht. Fast nach Belieben treibt er die Tiere, wohin er will. Allerdings habe ich den Eindruck, dass die Rentiere vom Hof an dieses Prozedere gewöhnt sind und alles über sich ergehen lassen, um bald wieder in Ruhe ihre Flechten fressen zu dürfen.

Später machen wir auch Fahrten mit dem Rentierschlitten, kleinere Runden um das Gehöft, wobei jeder, der will, auch die Möglichkeit bekommt, die beiden vorgespannten Tiere lenken zu dürfen. Esko gibt dazu knappe Anweisungen. Im Anschluss macht er von allen Schlittenführern ein Foto, wofür er jedem eine lappländische Vierwindemütze über den Kopf stülpt.

Der Besuch wird abgerundet durch eine kleine Mahlzeit, eine würzige Rentiersuppe, die wir in einem Lappenzelt, einer *kota*, bei offenem Feuer einnehmen. Die Suppe schmeckt vorzüglich, man muss nur den Gedanken verdrängen, dass die Fleischzutaten von den freundlichen Rentieren mit den dunklen Kulleraugen stammen. Bei der Mahlzeit trägt Aamu zu unserer Unterhaltung einige lappländische Lieder vor. Die Zeit verstreicht.
Zur Verabschiedung überreicht uns Esko frisch ausgedruckte und säuberlich laminierte Dokumente: Jeder erhält einen »offiziellen« und von ihm höchstselbst unterzeichneten Rentierschlittenführerschein mit eigenem Foto. Esko hat sie auf die Schnelle an seinem Computer erstellt, als Aamu uns vorgesungen hat. Auf der Rückfahrt zur Hütte lege ich meinen neuen Führerschein stolz ins Handschuhfach: Man weiß ja nie, wozu eine Fahrerlaubnis für Rentierschlitten mit Stempel und Unterschrift einmal gut sein kann.

Die Urlaubstage vergehen sorglos und viel zu schnell. Am vorletzten Abend unternehmen wir noch eine kurze abendliche Skitour vor dem Saunagang, nichtsahnend, dass uns noch ein haarsträubendes Abenteuer bevorstehen soll. Mehr Abenteuer, als manchem von uns lieb ist ... Wir laufen über gespurte Loipen, ganz in der Nähe unserer Hütte. Alle vier bevorzugen wir den traditionellen Langlaufstil. Von offenem Gelände führt die gespurte Route in ein kleines Wäldchen mit unübersichtlicher Landschaft. Es ist schon dunkel geworden, aber die Wege sind gut beleuchtet. Der Wind weht Schnee von den Zweigen der Nadelbäume.
Wie meistens mache ich Tempo und laufe vorneweg, denn in diesem Winter bin ich fit wie nie. Hinter mir folgen Eila und Senja, Benni bildet für gewöhnlich das Schlusslicht. Hin und wieder mache ich kehrt, laufe einen Teil der Strecke zurück und stelle sicher, dass niemand verlorengeht. Dabei muss ich manchmal Benni mit meinem Skistock pieksen und zum Weiterlaufen antreiben. Als ich an besagtem Abend eine Kehrtwende mache, um das Feld erneut von hinten aufzurollen, mahnt Eila mich zur Eile: »Benni ist ziemlich weit zurückgefallen. Schau mal nach, wo er steckt!«
Ich laufe los. Eila und Senja bleiben schnaufend zurück und legen ein Päuschen ein. Nach wenigen Minuten habe ich Benni entdeckt. Er steht am Rande der Loipe und schaut auf sein Handy.

»Wo bleibst du denn so lange?«
»Ich musste mal ’ne Pause machen.«
»Und dann spielst du mit deinem Handy rum?!«
»Hier guck mal«, meint er und hält mir sein Mobiltelefon entgegen, »die Wölfe!«
Ich schiele hastig auf seinen Bildschirm. Wie üblich sind nur ein paar Pünktchen in undefinierbarer Landschaft zu erkennen.
»Ja, ja, komm jetzt! Die Wölfe kannst du dir auch später in der Hütte noch ansehen.«
»Sieht die Gegend nicht aus wie hier?«
Ein weiteres Mal schaue ich mir den Bildschirm an, diesmal etwas kritischer. Nach wie vor sehe ich nur zwei, drei Pünktchen zwischen grauweißem Schnee und dunklem Wald. Die Pünktchen bewegen sich zügig in eine bestimmte Richtung. Das bringt mich auf die Idee, dass heute Abend die Verbreitung einer Prise Angst die richtige Methode sein könnte, um Benni zum Weiterlaufen zu animieren: »Mensch, du könntest Recht haben! Ich würde sagen, wir sollten uns beeilen und sicherheitshalber unsere Runde schnellstens zu Ende laufen.«
Mein Sohn sieht mich mit schreckgeweiteten Augen an. Der Ernst in meiner Stimme hat ihn aufgeschreckt. Unverzüglich steckt er das Handy ein, packt seine Skistöcke und nimmt Fahrt auf. Ich laufe mit gedrosselter Geschwindigkeit hinter ihm her. Es ist zu merken, wie er sich anstrengt. Nie ist er in seinem jungen Leben mit mehr Einsatz Ski gelaufen. Wir mühen uns einen kleinen Hügel hinauf. Als wir seine Kuppe erreicht haben, stößt Benni sich kräftig ab und schliddert mit Schwung seiner Mutter und Schwester entgegen, die mittlerweile in Sichtweite sind. Bevor ich ihm folge, schaue ich über meine Schulter zurück. Waren da nicht eben aus dem Wald verdächtige Geräusche zu hören? Mir wird ein wenig mulmig zumute. Dann folge ich Benni den Hügel hinunter und bald schließen wir zu den anderen auf.
Eila sieht ihren Sohn bekümmert an: »Wo warst du denn so lange?!«
Die Frage ignorierend, keucht Benni: »Wir müssen uns beeilen! Hier sind Wölfe unterwegs!« Und ohne anzuhalten, läuft er weiter.
»Was ist denn mit dem los?«, fragt Senja mit schiefem Lachen.
»Der hat zu viele Satellitenbilder von Wolfsrudeln geguckt!«, spöttle ich,

aber deute an, dass ich ebenfalls dafür bin, rasch zur Hütte zurückzulaufen. Es dauert nicht lange, Benni einzuholen, auch angstbeflügelt läuft er von uns allen am langsamsten. Wieder geht es einen leichten Hügel hinauf. Dummerweise fahre ich als Letzter in unsrem Vierertross auf Eilas Skier auf und wir verheddern uns leicht; ich komme ins Straucheln. Während Eila und die Kinder schon weiterlaufen, halte ich inne, um meine Skier zu sortieren, und luge dabei ein weiteres Mal zurück. Sehe ich da nicht in der Entfernung durch die lichten Bäume etwas durch den Wald stieben? Höre ich nicht das Hetzen von Pfoten im Schnee und ein Hecheln? Ich bin sicher, dass ich mir alles nur einbilde, aber wohl ist mir nicht mehr in meiner Haut. Wolfssichtungen sind selbst in Finnland höchst selten und tödliche Begegnungen mit Wölfen gibt es so gut wie keine. Statistisch gesehen ist die Gefahr, bei einem Spaziergang im Wohngebiet von einem Dobermann oder Schäferhund gebissen zu werden, deutlich höher. Aber was nutzen einem statistische Daten, wenn man mitten im Wald steht?
Die Strecke, die wir laufen, ist mir gut bekannt. Ich weiß, dass der Weg durch das Wäldchen nur noch einen Bogen von maximal zwei Kilometern beschreibt, bevor er uns zu den Ferienhütten und damit in den sicheren Schoß der Zivilisation zurückführt. Wir haben es also nicht mehr weit. In kurzer Zeit habe ich die anderen wieder eingeholt. Da geht auf einmal gänzlich unvermittelt die Loipenbeleuchtung aus. Alle Lichter verlöschen mit einem leichten Nachglimmen. Mit einem Male tappen wir im düsteren Walde. Unser kleiner Trupp hält an.
»Was ist denn jetzt los?«, fragt Senja. »Ist es schon so spät, dass die Lichter ausgehen?«
Ich versuche uns allen Mut zu machen. »Das ist sicher nur ein kurzzeitiger Stromausfall!«
»Ich will nach Hause!«, wimmert Benni.
Nach einer kleinen Weile gewöhnen sich die Augen an die Dunkelheit. Der helle Schnee, ein voller Mond und die Lichter aus der Ferne sorgen dafür, dass man genügend erkennen kann.
»Na, dann weiter!«
Plötzlich reißt Eila den Arm hoch und weist mit einem unterdrückten Aufschrei auf einen der Hügel zurück, die wir eben hinter uns gelassen haben. Alle Blicke folgen ihrem Fingerzeig. Uns sträuben sich die Nacken-

haare. Wölfe!! Kein Zweifel! Mit kaltem Entsetzen erkennen wir alle, wie zwei, drei grauweiße Tiere in wildem Lauf über eine Kuppe hetzen und dann in der Senke zwischen den Hügeln wieder verschwinden. In der Dunkelheit hat man deutlich die Augenpaare funkeln sehen.
»Bloß weg hier!«
Doch statt voranzukommen, purzelt Benni über seine Skier, Senja stolpert über ihren Bruder und auch Eila verfährt sich in das entstehende Kuddelmuddel. Flucht ist zwecklos. Ein Wimmern, Kreischen und Zetern setzt ein. Mit zwei schnellen Griffen reiße ich mir die Langlaufskier von den Füßen und hocke mich zum Knäuel aus Familienmitgliedern.
»Nehmt eure Skistöcke!«
Wie eine Herde Moschusochsen bilden wir kauernd einen Schutzkreis, in dessen Mitte das Jungtier (Benni) Unterschlupf findet. Er hält sich die Hände vors Gesicht und wünscht sich nach Hause. Wir anderen halten sternenförmig die Skistöcke zur Abwehr bereit. Schleifende Geräusche kommen näher. Eindeutig: heranstürmende Tiere! Wilde Bestien mit geifernden Lefzen und gebleckten Zähnen. Hungrige, gnadenlose Ungetüme. Die Angst schnürt uns beinah die Kehle zu. Außer, dass wir uns am Wegesrand einigeln, fällt uns nichts ein, was wir zu unserer Verteidigung tun könnten. Zum Beispiel Krach schlagen, um wilde Tiere zu vertreiben! Die Handys auf Taschenlampenmodus schalten und zur Abschreckung auf unsere Angreifer richten! Telefonisch Hilfe herbeirufen! Alle (außer Benni) starren gebannt auf die nächste Hügelkuppe, über welche die Wölfe gleich angerannt kommen müssen. Jetzt, nach all den Monaten, wäre das der richtige Moment, um Frau und Kindern zu sagen, dass ich sie alle liebe. Stattdessen kämpfe ich mit Harndrang. Wir bangen dem Unvermeidlichen entgegen. Mit belegter Stimme krächzt Eila hinter mir: »Glaubst du, dass das mit den Skistöcken etwas nutzt?«
»*Totta kai!*«
Und da kommen sie! Zwei Tiere. Für einen winzigen Moment sind nur ihre Köpfe zu sehen: die spitzen Ohren, die dämonisch leuchtenden Augen, die Schnauzen mit ihren spitzen Zähnen. Sie schießen geradezu über den festgewalzten Schnee der Skistrecke dahin. Der Mondschein umglänzt ihre kräftigen Körper, das grauweiße, struppige Fell. Blindlings schleudere ich mit einem Wutschrei einen der Skistöcke auf die Mordbrut. Der Stock

fliegt aber in eine völlig falsche Richtung und landet wirkungslos in der Wegböschung. Die beiden Wölfe kommen unerbittlich näher. Ich spüre eine Hand, die sich von hinten an meinem Ski-Overall festkrallt. Schon haben die wilden Biester die letzte Anhöhe ganz überwunden. Die Wölfe rasen ungebremst auf uns zu. Und hinterdrein erscheint – mein Herzschlag setzt ruckartig aus – der leibhaftige Teufel! Der Fürst der Unterwelt steht auf Skiern und wird von seinen Höllenhunden gezogen. Das Gespann jagt auf uns zu und zischt, kaum dass sie von uns Notiz nehmen, an uns vorbei. Im Vorbeifliegen wirft mir der Teufel einen mitleidigen Blick zu. Er trägt ein sportliches dunkles Trikot mit dünnen roten Streifen. Es dauert nur ein paar Sekunden und der Spuk ist zu Ende, das unheimliche Trio verschwindet hinter der nächsten Biegung.

»Sind sie weg?«, ertönt Bennis jämmerliche Stimme. Er liegt nach wie vor zusammengekrümmt in unserer Mitte.

»Hast du sie vertrieben?«, fragt Senja mit Zittern in der Stimme.

Und Eila fragt tonlos: »Geht es allen gut?«

»Alles in Ordnung!«, stammle ich. »Ich glaube … Es war wohl nur …« Und mit knappen Worten berichte ich, was ich gesehen habe. Anschließend suche ich mit wackeligen Knien nach meinem fortgeworfenen Skistock. Nachdem sich alle aufgerappelt haben, setzen wir schweigsam unsere Skirunde fort. Nur drei Kurven später schlängelt sich der Weg aus dem Wäldchen heraus, und mit Erleichterung gelangen wir zurück auf offenes Gelände, von wo man die Ferienhütten und, weiter im Hintergrund, ein Hotelgebäude sehen kann. Wie zu unserer Verhöhnung schaltet sich kurz darauf die Loipenbeleuchtung wieder an. In der Ferne bellen ein paar Huskys. Am Ende der Runde bemerke ich ein kleines gelbes Hinweisschild mit der schicksalsschweren Aufschrift: *Koirahiihtoa torstaisin klo* 19-22. (Donnerstags von 19-22 Uhr Hunde-Skilauf).

43. Wem das Windspiel bimmelt

Ist eine Geschichte auch dann ein Abenteuer, wenn die Gefahr, der man begegnet, nur eine eingebildete ist? Braucht jedes Abenteuer strahlende Helden? Als wir an diesem Abend in unserer Ferienhütte bei Iso-Syöte in der Sauna schwitzen und wenig später vor dem Kaminfeuer knusprig geröstet werden, kreist unser Gespräch unter Lachen und Juxen um die wunderlichen Vorfälle im Wald. Jeder erzählt die Geschichte aus seinem Blickwinkel, gleich mehrmals und jedes Mal anders.

Mir kommt der Gedanke, dass dieser Abend das ideale Schlusskapitel sein müsste, wenn mein Leben ein Roman wäre. Denn alles ist in diesen Stunden in der verschneiten Hütte genauso, wie es sein sollte! Senja und Benni sind gut gelaunt und die dicksten Freunde, Eila ist unbeschwert heiter und strahlt vor Glück. Ich selbst bin froh, dass wir alle heil zurückgekehrt sind, und ich fühle mich fast so erlöst wie nach einer Notlandung. Wie eine Sportler-Staffel, die ins Guinnessbuch der Rekorde eingeht, weil ihr als erste gelungen ist, im Sommer auf Stöckelschuhen quer durch die Sümpfe Lapplands zu staksen. So als hätten wir irgendetwas Besonderes geleistet, das uns in Stolz und Siegerlaune zusammenschweißt.

Später, als es Zeit wird schlafen zu gehen, rücken Senja und Benni in ihrem Zimmer die Betten zusammen. Sie tun so vertraulich, als würden sie noch in den Kindergarten gehen.

Auch Eila und ich gehen schlafen. Lächerliche Missverständnisse und Meinungsverschiedenheiten, die das hundsgewöhnliche Eheleben immer bereithält, sind wie weggeblasen und erscheinen an einem Tage wie diesem lächerlich. Eila verrät mir, dass sie es heldenhaft finde, wie ich uns verteidigt hätte. Ich will ihr diesmal nicht widersprechen, obwohl ich bloß ziellos einen Skistock in die Bäume geschleudert habe. Aber ich glaube, die Angst vor den vermeintlichen Wölfen war etwas wie eine kleine Gelenkstelle im Leben. Eila ist jedenfalls so überglücklich wie am Tag unserer Hochzeit. Mit einem Stimmungsmix aus Weihnachtsfrieden und Mittsommerfröhlichkeit. Wir sind so sorglos-unbeschwert und dem Alltag enthoben wie bei einem fröhlichen Fest, bei dem man zu viel selbstgebrautes Bier probiert hat. Sie gibt mir einen hingebungsvollen Kuss, den auch ein Dichter wie Runeberg nicht besser hätte beschreiben können. Mehr an Glück und Zufriedenheit als in jener winterlichen Nacht in dieser märchenhaften Hütte kann man vom Leben kaum erwarten.

Aber das Leben geht weiter! In zwei Etappen geht es für uns bald zurück nach Tampere, die Skiferien sind zu Ende. Nachdem ich schon einen Rentierschlittenführerschein erworben habe, nehme ich mir vor, es im nächsten Winterurlaub auch einmal mit Hunde-Skilauf zu versuchen, bei dem man sich von zwei, drei Huskys über die Loipe ziehen lässt.
Der Erholungseffekt und das verbindende Gefühl des gemeinsamen Abenteuers halten eine längere Zeit an und sorgen für gute Stimmung. Eigenartig führt sich anfangs nur unsere Miezekatze auf. Nach einer Woche zu Hause mit Katzen-Sitterin verhält sie sich abweisend und kaltschnäuzig, als wäre sie beleidigt, von uns alleingelassen worden zu sein.

Die längste Zeit des März ist auch in der Region Tampere noch winterlich weiß, es ist kalt, ohne arktisch eisig zu sein, mit guten Wintersportbedingungen und viel hellem Sonnenschein. Das Semester schleppt sich dahin und die Studenten leiden an Frühjahrsmüdigkeit. Die Osterfeiertage kommen und gehen. In Vorbereitung auf seine Konfirmation besucht Benni eine Messe, am Ostersonntag im Dom von Tampere; ihm gefallen die böse Schlange an der Domdecke und die Totenkopf-Gemälde des Künstlers Hugo Simberg. Senjas Freund Marko ist immer häufiger bei uns zu Besuch und allmählich kommt er mir fast schon wie ein neues Familienmitglied vor.

Gegen Mitte des Monats ist es vorbei mit der weißen Pracht aus Eis und Schnee. Ein grauer Himmel schiebt sich über Tampere und deutet an, dass es mit dem schönen Winterwetter vorüber ist. Das Thermometer steigt zwar deutlich über Null, dennoch machen Wind und Nässe jeden zarten Ansatz gefühlter Wärme zunichte. An einen Frühling mit frischem Grün ist noch lange kein Denken. Stattdessen türmen sich Wolken auf, die Weltuntergangsstimmung verbreiten. Eines späten Abends liege ich im Bett und finde keine Ruhe, während ein aufkommender Sturmwind um unser Haus braust. Obschon ich müde bin, will sich kein Schlaf einfinden. Der Wind rüttelt an den Fenstern und hält mich wach. Er fängt sich im Schornstein und heult unheimlich in den Röhren des Kamins. Das Gebälk unseres Hauses ächzt und stöhnt, als singe es ein Klagelied. Mit jämmerlichem Miauen flitzt die Mieze durch die nächtliche Wohnung, aufgeschreckt von fernem Donnergrollen. Schließlich setzt starker Regen ein, der in heftigen Böen an die Fensterscheiben klatscht. Harte Tropfen prasseln auf das Dach, und aus den übervollen Dachrinnen schwappt das Wasser auf den Hof. Das Windspiel, das unter dem Vordach unserer Terrasse hängt und normalerweise beruhigende Töne von sich gibt, klimpert hysterisch im Sturmwind. Seine Stunde hat geschlagen! Alles, was nicht niet- und nagelfest ist, klappert und rappelt. Allem Toben der Naturgewalten zum Trotz sinke ich irgendwann doch in einen unruhigen Schlaf. Für eine kurze Schonfrist …

44. Ohne Worte

Ein Krachen von brachialer Urgewalt reißt uns alle aus dem Schlaf. Ein ohrenbetäubendes Schmettern und Zersplittern. Es ist ein Erwachen von Null auf Hundert. Durch die grauen Zellen, die eben noch dahindümpelten, schießen Fragen von existenzieller Bedeutung: Wo bin ich? Träum ich oder wach ich? Greifen die Russen an? Ist dies das Ende aller Tage? Wie viel Uhr ist es?

Auf meine erste Frage finde ich als erstes eine Antwort: Ich bin immer noch im Bett. Eila sitzt aufrecht im Nachthemd neben mir, was ich mehr erspüren als sehen kann. Drei Herzschläge später springen Senja und Benni fast gleichzeitig zu uns ins Bett, als wäre es ein Luftschutzbunker. »Hilfe, was war das?«, fragt Senja verstört und kriecht unter die Bettdecke.

»Ich fürchte«, schnieft Benni, »das war ein Meteoriteneinschlag. So sind vor 60 Millionen Jahren die Dinosaurier ausgestorben!«

Womöglich sind jetzt die Finnen an der Reihe mit dem Verschwinden von der Erdoberfläche. Auf meine Frage nach der Uhrzeit finde ich vorerst keine Antwort. Der Radiowecker ist ausgefallen, im ganzen Haus gibt es keinen Strom mehr. Kein Licht, kein gar nichts! Immer noch pfeift ein heftiger Sturm. Zuckende Blitze erhellen für Bruchteile von Sekunden die unheilvolle Nacht. Es gießt wie aus Aufgusskellen. Die Donnerschläge sind so stark, dass es wie Granateneinschläge dröhnt.

Eila drückt die Kinder an sich, als wäre sie eine Glucke, die ihre Küken unter die Fittiche nehmen muss. Dabei ist eines ihrer Küken längst eine ausgewachsene Legehenne und das andere ein spät entwickelter Gockel. »Sieh mal nach, was los ist!«, sagt Eila. Ich bin das Grillhähnchen, das man vorschicken kann. Meine klammen Füße suchen sich den Weg in den Flur, der Boden ist kalt und unbeheizt. Auf einer Ablage taste ich nach meinem Mobiltelefon. Das Display zeigt: 4 Uhr 22. Mithilfe des Telefons leuchte ich mir den Weg in die Küche. Von dort bieten die Erkerfenster die beste Aussicht auf die vom Unwetter heimgesuchte Außenwelt. Nur Schemen von dämonischer Schwärze sind zu sehen und Regentropfen, die gegen die Scheibe gepeitscht werden. Dann wieder ein Blitz, gefolgt von einem scheppernden Donner. Für einen Wimpernschlag wird die unheimliche Szenerie grell ausgeleuchtet. Es sieht so aus, als sei die sonst so friedliche Vorstadt-gartenwelt nur noch ein Wirrwarr aus einem verzwickten und verzwackten Irgendetwas. Aus Streben oder Geflecht in einem bizarren Durcheinander. Zugleich verunsichert und neugierig warte ich auf den nächsten Blitz, der nicht lange auf sich warten lässt. Und diesmal erkenne ich im Lichtgeflacker, dass eine der riesigen Birken aus einem Nachbargarten umgestürzt und knapp an unserem Grundstück vorbeigeschlagen sein muss. Eine von den stolzen, hohen Birken, die es auf beinah dreißig Meter bringt. Die Baumkrone wirkt in der Waagerechten gewaltig, ein blattloses Geäst von beachtlichem Umfang. Trotz des Sturms wage ich es, die Terrassentür zu öffnen und den Kopf hinauszustecken. Der Wind saust mir sogleich um die Ohren und ein feuchter Sprühregen bläst mir entgegen. Soweit ich erkennen kann, ist unser Dach verschont geblieben. Der Baumriese ist auf das Grundstück unseres Nachbarn Seppo gestürzt. Gut zu wissen, dass der alte Kriegsveteran derzeit nicht zu Hause wohnt, sondern bei seiner Tochter ist. Das alte Spielhäuschen, in dem Seppo sein Brennholz stapelt, ist völlig zerschmettert. Wie sehr sein Haus beschädigt worden ist, lässt sich nur schwer abschätzen. Vorerst habe ich genug gesehen! Unter Mühen ziehe ich die Tür wieder zu, die eine Böe mir fast aus der Hand gerissen hätte. Auf meinem Mobiltelefon wähle ich die Notrufnummer. Ohne Erfolg. Es gibt kein Netz oder die Verbindungen sind überlastet. Ich tappe zu unserem Festanschluss und will es damit versuchen, aber die Leitung ist tot. Na ja, denk ich, was soll's? Akute Gefahr besteht derzeit für niemanden. Feuerwehr und Rettungskräfte werden bei diesem Donnerwetter sowieso alle Hände voll zu tun haben. Mit etwas Glück können wir noch zwei Stunden schlafen. Es wird eine unruhige Rest-Nachtruhe voller Hoffen und Bangen, Bibbern und Beten. Mit vier Personen in einem Doppelbett.

Statistiken helfen im Notfall leider überhaupt nichts! Statistisch gesehen sind starke Stürme in Finnland Ende März relativ selten. Aber sintflutartige Regenfälle, Windhosen, heftiger Hagel, Blitzeinschläge und weitere Wetterkapriolen sind in den vergangenen Jahren häufiger geworden und werden allgemein auf den Klimawandel zurückgeführt. Dasselbe gilt für Gewitter aller Art. Sie alle sind der größte Feind der Finnischen Eisenbahn im Kampf um pünktlich eingehaltene Fahrpläne. Umgestürzte Bäume und gekappte Stromleitungen beschäftigen in solchen Krisenzeiten ein Heer von

Helfern. Das Einzige, worauf Verlass ist, sind Sonnenauf- und Sonnenuntergang. Die Sonne lässt sich nicht einmal von der Abholzung der Urwälder oder einem Ozonloch beeindrucken. Selbst eine neue Eiszeit wäre ihr wahrscheinlich ziemlich egal. Gegen halb sieben offenbart ein mattes Morgenlicht das ganze Ausmaß der Verwüstungen. Wir werfen erste zage Blicke aus dem Schlafzimmerfenster. Der Sturm hat sich weitgehend gelegt. Gemeinsam mit seinem Verbündeten, der nächtlichen Dunkelheit, hat er den Rückzug angetreten und hinterlässt Zerstörung und Chaos. Überall liegen abgerissene Äste herum, dazwischen allerlei sonstiger Kram wie eine Schneeschaufel, Bretter, Dachschindeln, eine Lichterkette oder eine Mülltonne. Das Haus von Nachbar Seppo ist am stärksten betroffen. Die Ausläufer der Baumkrone haben das Dach seines Hauses getroffen, mehrere Fenster sind beschädigt und ein Kellerfenster ist eingedrückt. Ich sehe es weit offenstehen. Strom haben wir nach wie vor keinen. Das ganze Haus fühlt sich kalt an. Dennoch kann Benni allem auch etwas Positives abgewinnen: »Ich glaube, wir werden wohl doch nicht aussterben. Beim Einschlag eines Meteoriten würden Staub- und Aschewolken die Sonne verdecken.«

Es gibt allerdings noch eine weitere unliebsame Überraschung, die in der Küche auf uns wartet. Unsere Terrassentür steht offen! Nur einen Spalt breit, doch breit genug! Hatte ich das Ding in den frühen Morgenstunden nicht richtig zugezogen? Ist sie aufgesprungen, nachdem sich die wilden Winde draußen beruhigt hatten?

»Wo ist die Schmieze?«, kreischt Senja.

In fieberhafter Eile suchen wir zunächst das Haus ab. Von unserer Miezekatze keine Spur! Es darf nicht wahr sein!

Wir streifen uns warme Kleider über und schwärmen hinaus, rufen und locken. Unsere Katze bleibt verschwunden. Eila und ich versuchen die Kinder zu beruhigen.

»So eine Katze weiß sich zu helfen!«

»Die kommt schon wieder.«

Es ist kaum anzunehmen, dass die Mieze sich hinausgewagt hat, als noch Donner und Regen übers Land zogen. Sie muss erst vor kurzem abgehauen sein und kann nicht weit sein.

Senja macht sich von uns allen die meisten Sorgen. Die Schmieze ist ihr Ein

und Alles, und erst in jüngster Zeit hat sie in Gestalt von Marko ernsthafte Konkurrenz bekommen. »Fiona weiß sich ja gar nicht zurechtzufinden. Die ist doch sonst nur an der Leine im Garten!«
Insgeheim bin ich mit Senja derselben Meinung. Ich halte unsere Katze nicht nur für verwöhnt, sondern überdies für überdurchschnittlich dumm. Sie nimmt manchmal grundlos vor mir Reißaus, nur weil ich eine Pelzmütze aufhabe, und im Winter liegt sie zuweilen so nah beim warmen Kamin, dass ihr das Fell ansengt. Sie springt in jeden Schrank und jeden Karton, ohne zu bedenken, wie sie später herausfindet. (Ihr Reingehdrang!) Im Sommer killt sie aus reiner Mordlust Mäuse, die ihr gar nicht schmecken, und als kleines Kätzchen hat sie selbst ihr eigenes Spiegelbild angefaucht. Sie verfügt eindeutig über wenig gesunden Menschenverstand, und mit ihren tierischen Katzeninstinkten ist es wahrlich auch nicht weit her.
Da ich heute einen unterrichtsfreien Tag habe, verspreche ich den Kindern hoch und heilig, meine Zeit darauf zu verwenden, Fiona zu suchen. Zunächst aber fahre ich die beiden zur Schule und mache einen kurzen Abstecher ins Büro, um ein paar Unterlagen abzuholen. Auch meine Frau muss zur Arbeit. Auf den großen Straßen fließt der Verkehr beinah problemlos, viele Nebenstraßen und Wege sind dagegen versperrt oder nur bedingt befahrbar. Vom Schnee, der noch vor wenigen Tagen in den Gärten und an den Straßenrändern lag, ist nicht mehr viel übriggeblieben. Die Innenstadt sieht weit weniger mitgenommen aus als die Vorstadtregion. Hier gibt es weniger Windschäden, dafür mehr Keller, die voller Wasser gelaufen sind. In der Schule der Kinder brennt Licht und der Schultag sollte einigermaßen normal abgehalten werden können. In einer Parkbucht schreibe ich Seppos Tochter Jenna eine Textnachricht, um mitzuteilen, dass das Haus des Hundertjährigen in Mitleidenschaft gezogen worden ist.
Bei meiner Rückkehr hoffe ich inständig, dass Fiona vor unserer Haustüre sitzt und um Einlass fleht, weil es in freier Wildbahn kein Gourmet-Essen für Katzen gibt. Leider bestätigt sich diese Hoffnung nicht. Stattdessen heult eine Motorsäge durch die Nachbarschaft. Es ist niemand anderes als der Bläser, der nun voll in seinem Element ist. Neben Laub-, Grill- und Schneegebläsen hortet er auch noch ein ansehnliches Arsenal an Hecken- und Motorsägen in seinem Gartenschuppen und freut sich nun, seine Maschinen real anwenden zu können. Obwohl weder die Birke, die vom

Sturm gefällt wurde, seine war, noch das Grundstück, das hauptsächlich betroffen ist, ihm gehört, hat er – ohne lange auf die Feuerwehr zu warten – damit begonnen, den Baum in handliche Einzelteile zu zerlegen. Muss der Kerl nicht zur Arbeit? Es gibt spontane Nachbarschaftshilfe, auf die ich gerne verzichten würde. Wenn die Schmieze irgendwo in einem Gebüsch der Nachbargärten gehockt haben sollte, müsste sie spätestens das Motorheulen vertrieben haben. Zu allem Unheil kommt hinzu, dass der umgestürzte Baumriese für die nahe Zukunft solchen schrägen Typen wie dem Bläser Argumente dafür liefern wird, alle Bäume der Umgebung abzuholzen, die größer als zwei Meter sind. Gibt es denn niemanden, der wie ich Mitleid mit der alten Birke fühlt? Diesem Wunderkind von Mutter Natur, das uns im Sommer durch das Rauschen seines Blätterkleids erquickt hat? Das uns alle über Jahrzehnte mit herrlich frischer Luft versorgt hat? Müssten nicht die Nachbarn zusammenlaufen, um kollektiv den alten Baum zu beweinen? Nein, stattdessen wird er von einem Eiferer zerstückelt, der sägegeil ist, und dem es Spaß macht, wenn ihm die Späne um die Ohren fliegen. In Gedanken höre ich, wie Eila mir vorwirft, einem lächerlichen Baumkult anzuhängen. Irgendetwas muss in meinem Hinterkopf von den heidnischen Germanen hängengeblieben sein, die uralte, dicke, knorrige Bäume verehrten.

Als der Bläser mich bemerkt, unterbricht er kurz sein Handwerk, schiebt seinen Gesichtsschutz in den Nacken und hebt die Hand zum Gruß. Wahrscheinlich erwartet er, dass ich vor Ehrfurcht und Dankbarkeit auf die Knie sinke. »Ziemliche Scheiße hier!«, ruft er hinüber und wirkt trotz seiner deftigen Wortwahl gutgelaunt.

»Musst du nicht zur Arbeit?«, rufe ich zurück.

»Ich hab mir für heute freigenommen.«

Klarer Fall von sägegeil! Wo ist der Respekt für die Bäume, jene sanften Riesen? Dass sie umstürzen, ist nicht ihre Schuld, sondern die des Sturms. Die Bäume sind Opfer, keine Täter!

Das mächtige Geäst des umgestürzten Baumes hat am Dach von Seppos Haus verschmerzbare Schäden verursacht, soweit ich das nun einschätzen kann. Die Wucht, mit der der Stamm das kleine Spielhäuschen unter sich begraben hat, muss hingegen enorm gewesen sein. Eine ganze Reihe von Grenzsträuchern und kleineren Obstbäumen sind ebenfalls niedergewalzt worden, auch in unserem Garten. Nicht weniger gewaltig ist die Hebelwirkung des Wurzelwerks gewesen. Ein fast kreisrunder Schild von mehreren Metern Durchmesser bestehend aus Wurzeln und Erdreich ist herausgerissen und in eine fast senkrechte Position katapultiert worden. Während der Bläser seine Motorsäge weiter aufheulen lässt, bewege ich mich aufmerksam umherspähend auf den nahen Friedhof zu, den wir sonst bei unseren abendlichen Spaziergängen umrunden. Ich gehe davon aus, dass die Schmieze sich dorthin aufgemacht hat, wo Wald und ruhige Parklandschaften zur Mäusejagd einladen. Immer wieder rufe ich ihren Namen, auf den sie sowieso nicht hört. Das Geschirr, an dem wir sie immer festmachen, habe ich für alle Fälle dabei. Ich streife durch Nachbarstraßen, ein nahes Wäldchen und die nähere Umgebung. Leider ergebnislos. An vielen Stellen hat der Sturm verheerende Schäden angerichtet: Irgendwo hat sich eine Wäschespinne kopfüber in einen Kindersandkasten gebohrt. Ein Trampolin ist auf ein Vordach geblasen worden. Und überall liegen abgerissene Äste. Auch der Friedhof hat gelitten, aber weit weniger als Gärten und angrenzende Waldstreifen. Eine Ausnahme bildet eine einsame Kiefer unweit der Friedhofskapelle, sie wurde vom Blitz getroffen und sieht verrußt aus.

»Fiona!«, rufe ich halblaut und mache lockende Geräusche. Nichts! Unverrichteter Dinge kehre ich in einem Bogen nach Hause zurück. Senja schickt mir halbstündlich Kurzmitteilungen: »Hast du sie schon gefunden?« Ich antworte mit Durchhalteparolen:

»Noch nicht!« –

»Sie ist sicherlich nicht weit!« –

»Katzen haben sieben Leben!«

Als ich von meiner längeren Suche zurückkomme, stehen vor Seppos Grundstück mehrere PKW sowie ein roter Löschzug mit ausfahrbarer Hebebühne. In seinem Garten tummeln sich Feuerwehrmänner in schwarzer Schutzkleidung und mit gelben Helmen auf dem Kopf. Die Mannschaft ist dabei, den Baum professionell beiseite zu räumen und auseinanderzulegen. Das ging schneller, als ich erwartet hätte! Den Bläser erkenne ich irgendwo abseits stehend. Er ist nun zum tatenlosen Zusehen verdammt und macht ein Gesicht wie ein Kind, das man aus seinem Spielhäuschen vertrieben hat. Unter den Personen vor dem Haus sehe ich auch Jenna,

Seppos Tochter, auf die ich zugehe, um sie zu begrüßen. Sie bedankt sich, dass ich sie informiert habe; sie sei auch sogleich losgefahren, um nach dem Rechten zu sehen.
»Meinem Vater habe ich von allem noch gar nichts erzählt«, seufzt sie. »Nur gut, dass Seppo nicht in seinem Haus gewesen ist, als das passierte!«
Jenna berichtet, dass im Haus ihres Vaters soweit alles in Ordnung scheine. Die beschädigten Fensterscheiben seien bereits provisorisch zugeklebt, das aufgedrückte Kellerfenster wieder verschlossen worden. Das Haus sei nun verriegelt und verrammelt. Viele Dachziegel müssten zwar erneuert werden, die betroffene Hauswand sei voller Schrammen und Kratzer, aber das wären alles Schäden, die man später ausbessern könne.
»Mein Vater hat übrigens viel von dir gesprochen!«, meint Jenna. Hoffentlich nur Gutes, denke ich. Zum guten Schluss händigt sie mir einen Zweitschlüssel für die Hintertür des Hauses aus. Falls ich so nett sein könnte, bei Bedarf nachzusehen, dass alles in Ordnung sei. Ich bedanke mich für das Vertrauen und bestelle Seppo die besten Grüße.
Auch in unserem Garten oder vor der Haustüre: weiterhin kein Anzeichen von Fiona! Dafür finde ich im aufgeweichten Boden unser Windspiel. Der Sturmwind hat es abgerissen. Ich binde es wieder an seinen Haken unter das Gebälk des Vordachs und hoffe, dass die vertrauten Töne unsere Mieze herbeilocken werden. Immerhin gibt es im Haus wieder Strom. Ich koche mir einen Kaffee und beobachte durchs Küchenfenster die Feuerwehrmänner bei ihrer Arbeit. Der Kaffee schmeckt bitter und eine gewisse Traurigkeit überkommt mich: Die Schmieze ist fort, die wunderschöne Birke ist dahin, und in mir regt sich die betrübliche Gewissheit, dass der wackere Kriegsveteran Seppo nie wieder unser Nachbar sein wird.

45. Jemanden in den April schicken: *aprillata*

Ich bin schuld! Ich trage die Verantwortung! Ich bin es gewesen, der die Tür zur Terrasse nicht ordentlich zugezogen hat. Nur meinetwegen hat unsere Katze fortlaufen können. Wegen mir herrschen zuhause Sorge und Trübsal. Die familiäre Alarmstufe Rot. Ich rechne es meiner Tochter hoch an, dass sie mir nicht allzu viele Vorwürfe macht. Kaum, dass sie von der Schule nach Hause gekommen ist, beginnt sie mit ausgedehnten Suchpatrouillen. Systematisch durchstreift sie die nähere Umgebung. Längst hat sie über Facebook und Co. Bekannte und Freunde informiert und zur Mitsuche aufgefordert. Auch ihr Freund Marko ist alarmiert. Sobald er es einrichten kann, kommt er in seinem zitronengelben Auto angebraust und beteiligt sich beflissen an allen Maßnahmen. Senja ist nicht zu bremsen. »Wir müssen Fiona wiederfinden. Wir müssen!«

Ganz anders reagiert Benni. In ihm entbrennt kein Sucheifer, er verfällt in eine Mischung aus matter Schicksalsergebenheit und Zweckoptimismus. In einem warmen Overall setzt er sich auf das alte ausrangierte Sofa im Garten und wartet ab. »Wenn ich hier sitze und ganz fest an Fiona denke, wird sie irgendwann wiederkommen!«

Senja weiß nicht, ob sie ihren Bruder weichprügeln oder ihm eine Thermoskanne mit Kakao bringen soll. Schließlich lässt sie ihn gewähren. Im Laufe des Nachmittags telefoniert sie noch mit *Kissojen Katastrofiyhdistys*, dem Katzen-Katastrophen-Verein in Tampere, und mailt eine Reihe anderer ähnlicher Organisationen an. Am Computer gestaltet sie Aushänge und Handzettel, die wir massenhaft ausdrucken und noch am selben Nachmittag an Laternenmasten tackern und in Briefkästen der Nachbarschaft werfen.

Gegen Abend stellen wir einen Napf mit Lieblingsfutter der Schmieze vors Haus, um sie möglicherweise durch den Geruch anzulocken. Leider kommt nur der Speckmoses herbei, jene Nachbarsmieze, mit der unsere Katze auf ständigem Kriegsfuß steht, um über das Fressen herzufallen.

Marko steigt in meinem Ansehen um 150 Prozent, weil er allergrößtes Verständnis für Senjas Nöte aufbringt und sich unermüdlich an allen Aktionen beteiligt. Doch erbarmungslos geht der Tag zu Ende, ohne dass unsere Mieze wieder aufgetaucht wäre. Noch im Dunklen machen wir den x-ten Rundgang durch die Gegend, diesmal mit Taschenlampen. Mit Beklom-

menheit gehen wir auch größere Verkehrswege ab in der Furcht, die Ärmste überfahren am Straßenrand wiederzufinden. Alle Nachbarn, die wir persönlich gut kennen, wissen Bescheid und haben versprochen, die Augen offenzuhalten. Aber niemand meldet sich. Vor dem Schlafengehen ist die Stimmung bei uns zu Hause so gedrückt wie noch nie. Mit echter Anteilnahme hat uns Marko wieder verlassen. Senja lässt sich nur dazu bewegen, schlafen zu gehen, weil ich ihr gelobe, die Nacht über in einem Sessel am Fenster zu wachen und die Augen offenzuhalten. Vor dem Einschlafen trösten Eila und ich die Kinder mit allerlei unglaublichen Geschichten, die man im Internet über vermisste Katzen lesen kann: Miezekatzen, die in einen Laster gesprungen sind und hunderte Kilometer verschleppt wurden, aber nach Monaten zurückgefunden haben. Katzen, die sich wochenlang bei fremden Menschen einquartiert hatten, um schließlich wieder heimzukehren. Katzen, die von Chinesen eingefangen und aufgegessen wurden. (An dieser Stelle findet unsere Internet-Recherche ein abruptes Ende.)
Es wird eine lange, ungemütliche Nacht. Mit bleischweren Lidern sitze ich auf meinem Sessel und horche hinaus. Nach Mitternacht nicke ich ein und schrecke bei jedem Geräusch wieder auf. Mehrfach glaube ich schon, die Schmieze gesichtet zu haben, aber dann ist es doch nur ein Hase oder der Speckmoses. Gegen halb vier löst Eila mich bei der Wache ab und ich sinke benommen ins Bett. Die Nacht vergeht und Fiona ist nicht wiedergekommen. Schweren Herzens fahre ich am Morgen mit den Kindern in die Stadt, liefere sie bei der Schule ab und schleppe mich übermüdet zur Arbeit. An der Uni halte ich Unterricht ab, auf den ich mich kaum vorbereitet habe, der aber trotzdem sehr gut gelingt, und ich frage mich, ob Lektoren viel erfolgreicher wären, wenn sie alles spontan und ohne lange Planung aus dem Ärmel schütteln würden.
So früh wie möglich fahre ich nach Hause zurück. Senja und ich machen noch mehr Aushänge, die wir auch in Läden der Umgebung aufhängen. Zweimal melden sich Personen, die eine streunende Katze gesehen haben wollen, aber die Beschreibungen passen überhaupt nicht. Bei einer Patrouille finden wir einen toten Vogel im Straßengraben liegen und sind froh, dass es nur eine dumme Krähe ist. Einem vorbeiknatternden Kleinwagen mit der Aufschrift *Chinese Meals on Wheels* schauen wir mit Schaudern hinterher. Ein weiterer Tag geht zu Ende und eine gewisse Hoffnungs-

losigkeit macht sich bei uns breit. Senja kämpft! Sie beißt die Zähne zusammen. Es ist, als wäre Fionas Wiederfinden für sie eine Frage von Willensstärke. Senja wird nicht aufgeben, ich sehe es in ihren Augen. Außen weich, doch innen hart wie finnischer Granit. Und nie bin ich auf meine Tochter stolzer gewesen als in diesen Stunden.

Um Senjas Mut aufrechtzuerhalten, lasse ich sie im Internet verbreiten, dass dem Finder unserer Katze ein ordentlicher Finderlohn winkt. Es melden sich daraufhin drei elfjährige Mädchen, die von sich behaupten, ein Detektivbüro gegründet zu haben; sie nennen sich »Die wilden Panter« und würden den Fall gerne übernehmen. Wir klammern uns an jeden Strohhalm und beantworten bereitwillig alle Fragen der Kleinen. Aber auch der dritte Tag geht zu Ende, ohne dass unsere Fiona wieder aufgekreuzt ist.
Ich muss an meinen Besuch auf Åland denken, an Synnöve und ihre Katze Snövit. An Schneewittchen und ihren gläsernen Sarg. Im Märchen darf man immer auf einen guten Ausgang hoffen, aber das Leben ist unberechenbar. Letztlich ist eine Katze nur eine Katze. Aber sie kann auch – wie Synnöve meinte – wie ein Familienmitglied sein. Und plötzlich, wo die Schmieze fehlt, kommt es mir vor, als sei sie die beste Katze auf der ganzen großen weiten Welt. Trotz ihrer verwöhnten Extravaganzen. Trotz ihres jämmerlichen Miauens, wenn es nicht ihr Lieblingsfutter gibt. Ohne sie ist das Haus leer und trostlos. Ihr Verlust ist spürbar wie die Amputation eines Körperteils. Ich weiß, dass es sinnlos wäre, die Kinder damit trösten zu wollen, das eigene Unglück zu relativieren und an all das Leid zu erinnern, das an anderen Ecken der Welt herrscht. Den eigenen Kummer spürt man eben deutlicher als ein Erdbeben in Chile.

Der nächste Tag ist der 1. April. Es kommt mir daher zunächst wie ein schlechter Scherz vor, als Eila von der Arbeit kommt und behauptet, eine ihrer Kolleginnen aus der Schule hätte ihr eine Seherin empfohlen, an die wir uns wenden sollten. Sie wohne im Tamperer Stadtteil Lamminpää und hätte schon die unglaublichsten Dinge vorhergesehen oder erspürt.
»Willst du mich in den April schicken?«, frage ich Eila. Im Finnischen gibt es dafür das schöne Wort *aprillata*, obwohl der vierte Monat des Jahres im Finnischen *huhtikuu* heißt.

Ich halte uns für vernunftbegabte, aufgeklärte Menschen: Kartenlegen und Kaffeesatzlesen sind in meinen Augen der reine Humbug. (Trotz meiner Abneigung für diesen Firlefanz mag ich das Wort *humpuukki.*) Aber vor allem Senja zuliebe wollen wir nichts unversucht lassen. Eila ruft noch heute bei Frau Humbug – wie ich die Seherin nenne – an und fragt, ob wir kurzfristig einen Termin bekommen könnten. Noch in den frühen Abendstunden dürfen wir vorbeischauen und sollen zu diesem Behufe ein Foto von Fiona und irgendwelche Gegenstände mitbringen, die mit ihr zu tun haben. Senja druckt mehrere Farbfotos von Fiona aus, packt eine Spielzeugmaus, Fellbüschel aus der Katzenbürste und ihr Geschirr ein. Benni möchte sogar einen vertrockneten Köttel aus dem Katzenklo mitnehmen. Gegen 18 Uhr stehen wir bei Frau Humbug vor der Tür. Sie bewohnt ein unscheinbares Haus, das von Efeu bewachsen ist. Wie nicht anders zu erwarten, hat sie rot gefärbte Haare mit einem Stich ins Orange. Dazu eine spindellange Nase. Standesgemäß trägt sie einen weiten bunten Rock. Ansonsten sieht sie genauso normal aus wie ihre Wohnung, es gibt weder eine Hexenküche mit eingemachten Affenhirnen, noch ist auf der Zimmerdecke ein Pentagramm aufgepinselt. Immerhin steht in einer Ecke ein alter Besen und ich frage mich, auf wie viel km/h es der Feger bringt. Wir nehmen an einem kleinen runden Tischchen Platz. Ich vermute, nun schleppt Frau Humbug gleich ihre Kristallkugel an. Aber sie entzündet nicht einmal Kerzen oder Räucherstäbchen. Sie setzt sich zu uns und ergreift ganz selbstverständlich Senjas Hand.

»Du machst dir am meisten Sorgen, stimmt es?«

Senja nickt.

»Erzähl mir von deiner Katze!«

Senja erzählt, was sie weiß: Wie die Schmieze aussieht, seit wie vielen Jahren sie bei uns ist, wie sie sich verhält, wann sie entlaufen ist … Senja sieht auf einmal gar nicht mehr aus wie eine junge Frau. Frau Humbug muss sie verzaubert haben, denn sie kommt mir wie verwandelt vor. Wie ein zehnjähriges Mädchen: verschüchtert, ängstlich, hilfesuchend.

»Zeig mir ein Bild von Fiona!«, sagt Frau Humbug.

Senja holt mehrere Ausdrucke aus einer Tasche hervor, die sich Frau Humbug genau ansieht. Dabei berührt ihre lange Nase fast die Bilder. Sie schielt ein bisschen.

»Sehr gut!«, sagt sie nach einer Weile. »Hast du einen Gegenstand von deiner Fiona?«
Ich komme mir beinah übergangen vor, die gute Frau spricht nur mit unserer Tochter. Von einer Gleichbehandlung ihrer Kundschaft hat die Seherin keine Ahnung. In diesem Moment wirft sie mir einen kurzen Blick zu, ihre Augen gebieten: »Schweig still, du Zweifler!« Senja zeigt, was sie mitgebracht hat.
»Haare!«, frohlockt Frau Humbug, »Haare sind sehr gut!« Aus den Katzenhaaren dreht sie einen dünnen Strang, den sie wiederum an einen Bindfaden knotet. Dann lässt sie die geflochtenen Katzenhaare über dem Foto auf dem Tisch kreisen. Endlich beginnt die Show! Frau Humbug macht ein hochkonzentriertes Gesicht und hebt beschwörend die freie Hand.
»Sie lebt!«, haucht sie geheimnisvoll. »Ich spüre kräftige Energien. Sie ist …« Frau Humbug zögert, schließt die Augen und macht eine schmerzverzerrte Miene. »Ein Hindernis! Die Energien können nicht frei strömen.« Sie reißt die Augen wieder auf und starrt mich durchdringend an. »Du trägst die Verantwortung!«
Danke, das weiß ich auch. Ich bin an allem schuld. Mit bedrohlichem Unterton fügt sie hinzu: »Du hältst den Schlüssel zur Lösung in der Hand!«
»Und was soll das heißen?«, frage ich möglichst sachlich. Ich bin nicht hierher gekommen, um mich zum Sündenbock abstempeln zu lassen. Das bin ich sowieso schon! Frau Humbug lässt noch ein wenig ihren Bindfaden kreisen, dann beendet sie ihre Sitzung. »Mehr kann ich nicht sagen!«
Ich komme mir vor wie in den April geschickt. Senja wird von Frau Humbug ermutigt, die Hoffnung nicht sinken zu lassen. Bei Benni bedankt sie sich, keinen Köttel mitgebracht zu haben. (Hatte er diese Absicht erwähnt?) Eila drückt ihr hinter meinem Rücken zur Entlohnung einen Geldschein in die Hand, den sie nur widerwillig annimmt.
Wir fahren nach Hause und sind keinen Schritt weiter.

46. Überfinnisch: *sisu* und *sauna*

Vor allem Senja nimmt es mir übel, dass ich am fünften Tag des Ausbleibens unserer Schmieze eine kleine Dienstreise antrete. Es ist zwar nur eine Tagestour nach Helsinki, aber für Senja ist es beinah unverzeihlich, dass ich nicht jede freie Minute zum Suchen nutze. Senja ist nicht zu stoppen! Mit ihrem Freund im Schlepptau durchkämmt sie weiterhin die Gegend. Marko hat sogar zwei Nachtsichtgeräte aufgetrieben, mit deren Hilfe sie die Suche weiter intensivieren. Nur Benni sitzt nach wie vor stundenlang voller Ingrimm auf dem Sofa im Garten, hält Ausschau mit seinem Fernrohr und hat beschlossen, nicht zur Konfirmation gehen zu wollen, falls unsere Katze nicht wieder auftaucht.

Immer wieder gehen falsche Hinweise bei uns ein. Über Facebook melden sich aber auch ein paar hämische Katzenhasser in schadenfrohem Ton. Zudem geistern Verschwörungstheorien von illegalen Katzenfell-Dealern durchs Netz. Es fällt schwer, einen kühlen Kopf zu bewahren.

In Helsinki habe ich ein abschließendes Treffen mit der Arbeitsgruppe für das Wort der Wörter. Auf der heutigen Sitzung im kleinen Seminarraum eines Tagungszentrums, nicht weit vom Hafen Katajanokka, werden endlich Nägel mit Köpfen gemacht. Wir verständigen uns im Groben auf alle Einsendungen, die wir in das Buch aufnehmen wollen, sowie auf die Preisträger in einzelnen Kategorien. In der Kategorie »Einsendungen von Kindern« stimmen wir mehrheitlich für das wunderschöne lautmalerische und höchst finnische Wort *Känkkäränkkä*, eigentlich der Name einer kleinen nichtsnutzigen Hexe, die in einem populären Kinderlied besungen wird, heute auch gleichbedeutend für Widerborstigkeit und schlechte Laune bei kleinen Kindern verwendet.

In der Kategorie »Einsendungen von Ausländern« fällt die Wahl auf *mäntysuopaliuos*, wörtlich: Kiefernschmierseifelösung, in Finnland zum Teppichwaschen an Seenufern verwendet – für viele ein sommerliches Ritual, das auch im 21. Jahrhundert nicht totzukriegen ist und von vielen Ausländern als besonders exotisch angesehen wird.

In der Kategorie »Alte finnische Wörter« gewinnt *puhdetyö*, wie man die Handarbeit zur Dämmerungszeit nennt, und in der Kategorie »Bereicherungen der finnischen Sprache« sind wir für das Wort *chillata* (von Englisch to chill, eingedeutscht chillen).

Die Spannung steigt, denn der Hauptpreis wird als Letztes vergeben. Da es beschlossene Sache war, die kompromittierenden Forschungsergebnisse von Computer-Fritze Perttu unberücksichtigt zu lassen, war ihm ja ersatzweise auferlegt worden, alle Einträge des Net-Portals nach rein mengenmäßigen Kriterien durchzusehen. Heute rückt er ohne lange Umschweife mit den Ergebnissen heraus:

»Es war kein großer Aufwand, zu überprüfen, welche Wörter mehrfach genannt wurden und am häufigsten vorkamen. Ich habe eine kleine Hitparade aufgestellt.«

Perttu versucht ein Grinsen, das ihm gründlich misslingt. Ich vermute, er wollte spritzig-witzig sein, weil er das unwissenschaftliche Wort »Hitparade« verwendet hat. Mithilfe eines Beamers wirft er ein Säulendiagramm an die Wand.

»Am dritthäufigsten«, verkündet er, »kam das Wort *sisu* vor. Genau genommen 43 Mal von fast 3000 Einsendungen. Die Begründungen habe ich stichprobenartig überfolgen und so gut wie immer war davon die Rede, dass diese Mischung aus Dickköpfigkeit, Unnachgiebigkeit und Härte als eine typisch finnische Eigenschaft angesehen wird. Und das Wort ist quasi unübersetzbar.«

In meinen Erinnerungen kramend kann ich bestätigen, mehrfach über Einsendungen mit *sisu* gestolpert zu sein.

Perttu drückt ein Knöpfchen und eine zweite Säule erscheint, die etwa doppelt so hoch ist wie die erste. »Auf Platz Zwei folgt mit 111 Nennungen das Wort *sauna*. Dafür wurden zwei Hauptgründe genannt: Einmal ist die Sauna in Finnland eine unerschütterliche kulturelle Institution, zum anderen ist das Wort eines der seltenen, das als finnisches Lehnwort in viele andere Sprachen übergegangen ist.«

Auch *sauna* ist ein Wort, das ich in den vergangenen Monaten öfters gelesen habe, ohne zu registrieren, wie oft es vorkam. Vielleicht deshalb, weil es so erwartbar war, ist es mir nicht weiter aufgefallen.

Auf Perttus Folie folgt nun eine dritte Säule, die die anderen beiden nochmals deutlich überragt. Das numerisch meistgenannte Wort. Die Nummer 1! Ich kann es kaum erwarten.

»Das mit Abstand häufigste Wort mit genau 197 Nennungen ist das Wort *rakkaus.*«
In unserer Runde macht sich nach kurzem überraschtem Aufhorchen eine entspannte Zufriedenheit breit, versetzt mit einer gewissen Erleichterung. *Rakkaus* – Liebe. Es ist so, als würde uns allen der Glaube an Land, Leute und Kultur zurückgegeben. Wie schön!
»Wenn man Ableitungen wie *rakas* (Liebling) oder *rakastaa* (lieben) hinzunimmt, steigt die Zahl noch einmal deutlich an«, erläutert Perttu. »Ich habe auch hier versucht, die entsprechenden Einsendungen nochmals stichprobenartig zu lesen, obwohl ich qualitative Analysen für suspekt halte. Es gab im Wesentlichen zwei Argumentationsstränge: Die einen schrieben, dass *rakkaus* für uns alle lebenswichtig sei. Die anderen schrieben, dass das Wort in seiner äußerlichen Gestalt kraftvoll und energisch sei und schon lautlich ausdrücke, was es inhaltlich bedeute. Das ist zwar objektiv nicht verifizierbar, aber intersubjektiv herrscht da wohl ein gewisser Konsens.«
Persönlich halte ich *rakkaus* für ein wunderbares Wort, wenngleich es für mich als Nicht-Finne etwas gedauert hat, bis ich mich daran gewöhnt hatte. Wenn man sich einmal mit diesem Wort angefreundet hat, ist es nicht mehr wegzudenken. Und es ist auf seine Weise unzweifelhaft im Klangbild typisch finnisch: mit einem harten gerollten r vorneweg, einem holprigen Doppelkonsonanten (kk), einem Zwielaut (au) und einem züngelnd zischenden s am Schluss. *Rakkaus* klingt für Nicht-Finnen so, als würde man Nüsse knacken, aber es ist die Kraft, die alles antreibt.
Unser Vorsitzender Jussi klatscht vor Begeisterung in die Hände: »Dann ist ja alles in bester Ordnung! Wir haben unser Wort der Worte gefunden. Neben vielen schönen anderen! Und wir brauchen nicht einmal als Jury ausufernde Urteilsbegründungen zu formulieren. Die Finnen haben gesprochen! Eine Mehrheit hat entschieden!«
Perttu zuckt mit der Unterlippe. »Es gibt da höchstens ein kleines Problemchen …«
»Und zwar?«
»Das Ergebnis ist streng genommen nicht repräsentativ. Wenn man sich das Profil der Einsender ansieht, ist festzustellen, dass es beim Wort *rakkaus* keine gesunde Streuung gibt. 67 % derjenigen, die *rakkaus* genannt haben, sind weiblich.«

Wäre das Leben ein Horrorfilm, würden Marina, Heljä und Sirkka nun zu blutrünstigen Ungeheuern mutieren. Innerhalb von Sekunden zeigen sich Zornesfalten auf ihren Stirnen und geschwollene Adern an ihren Schläfen. Rote Flecken der Erregung erobern ihre Hälse, und ihre Augen verengen sich bedrohlich zu Schlitzen. Ihre Finger verkrampfen sich zu Krallen und ihre Zähne sehen plötzlich spitz und gefährlich aus.

»Was soll das denn heißen?«, faucht Sirkka. »Mehrheit ist Mehrheit! Zählen weibliche Stimmen etwa weniger?«

Perttu macht zu seiner Verteidigung ein stummes Unschuldsgesicht.

»Ohne uns Frauen wäre die Welt ärmer!«, ergreift Marina das Wort, »Und ohne euch Männer sehr viel friedlicher. Männer sind für gut drei Viertel aller Gewaltverbrechen verantwortlich. Sie verursachen mit Abstand die meisten Verkehrsunfälle. Männer haben weniger Geduld, sie sind nervlich weniger belastbar und in schulischen Erfolgen hinken sie den Frauen hinterher. Zumindest wenn man Frauen und Mädchen zur Schule gehen lässt!«

»Deswegen sind auch die allermeisten Selbstmörder Männer«, ergänzt Heljä, »und so gut wie alle Amokläufer! Diktatoren, Kriegshetzer und religiöse Hassprediger: alles Männer!«

Perttu wird auf seinem Stuhl immer kleiner. Im Stillen erwäge ich bereits eine Geschlechtsumwandlung.

»Bitte, bitte, meine Damen!« Jussi versucht die Wogen zu glätten. »Wir wollen uns doch nicht aufregen!« Doch sein versöhnlich-väterlicher Ton ist ein Schuss nach hinten.

»Wir regen uns gar nicht auf. Im Gegenteil: Ihr Männer regt uns auf!«

»Ich hab ja nur gesagt …«, stammelt Perttu und wirkt alles andere als männlich. Er versucht es noch mit einem zweiten lächerlichen Einwand: »Außerdem: Wenn man alle eingesandten Flüche und Schimpfwörter als einen Begriff behandeln und sie zusammenzählen würde, ergäbe sich daraus eine Mehrheit.«

Nix da! Die geballte finnische Frauen-Power setzt sich durch. In unserer Buchpublikation soll es zum finnischsten Wort gekürt werden: *rakkaus*!

47. Klar doch: *Totta kai*

Noch am Abend desselben Tages führen Eila und ich im Bett ein Gespräch im Flüsterton. Ein Gespräch besorgter Eltern.

»Senja ist so verzweifelt!«, findet Eila. »Und zugleich so entschlossen. Aber lange kann das nicht mehr so weitergehen. Sie kümmert sich kaum noch um die Schule.«

Ich seufze schwer. Wenn ich nur wüsste, was wir noch tun könnten.

Eila rückt ein Stückchen näher. »Müssten wir die Kinder nicht langsam mit dem Gedanken vertraut machen, dass Fiona vielleicht tot ist und nie mehr wiederkehrt?«

»Nein!«, sage ich bestimmt. »Das brauchen wir nicht. Das wissen sie selber.«

»Benni behauptet steif und fest, er wolle nicht zur Konfirmation gehen ohne Fiona.«

»Er spielt noch den kleinen sturen Jungen …«

Eine Weile sind wir stumm und horchen in die Nacht hinaus in der Hoffnung auf ein Wunder. Aber nichts tut sich.

»Glaubst du wirklich, dass wir Fiona jemals wiedersehen?«, will Eila wissen, bevor uns die Augen zufallen.

»*Totta kai!*«, entgegne ich, um uns Mut zu machen. »Was wir jetzt brauchen, ist sisu!« Durchhaltevermögen.

Eila gibt mir einen Kuss.

Im Dämmerzustand des Einschlafens gehen mir schwere Gedanken durch den Kopf. In den Zeitungen liest man immer wieder von Fieslingen, die für Hunde und streunende Katzen Fleischbällchen auslegen, in denen Nadeln oder Glasscherben stecken. Man hört von Freizeitjägern, die in Feld und Wald auf jede Katze ballern. Es soll herzlose Verkehrsrüpel geben, die für Kleintiere nicht bremsen, selbst wenn sie es könnten. Glücklicherweise überwiegen die Tierfreunde! Eine weitere Gefahrenquelle sind andere Tiere: Füchse streifen zuhauf durch die Vorstädte. Auch Eulen könnten einer zierlichen Katze gefährlich werden …

Der nächste Tag ist ein Samstag. Diesen Tag wollen wir erneut zum ausgedehnten Suchen nutzen. Zum Frühstück kommt Marko zu uns, der wieder seine Hilfe anbietet. Nach einer Stärkung geht es los. Benni bezieht seinen Posten auf dem Gartensofa, ausgerüstet mit seinem Fernrohr, einem Nachtsichtgerät und einer Thermoskanne Kakao. Wir übrigen schwärmen aus und durchstreifen systematisch das Umland. Wir sprechen Nachbarn an, reden mit Joggern und Spaziergängern, hängen noch mehr Aushänge an Holzmasten und Schwarze Bretter, rufen Fionas Namen in die Natur hinaus. Kurz nach Mittag treffen wir uns wieder zu Hause, um einen Happen zu essen. Wir checken erneut Mitteilungen aller sozialen Medien und überprüfen sonstige Hinweise, die täglich mehrfach eintreffen. Jemand schreibt uns, dass im Stadtteil Tesoma eine tote Katze im Straßengraben liege, und schickt ein Foto mit. Es ist eine graue Katze, die alle Viere von sich streckt. Schade um die graue Mieze, Glück für uns. Wir stecken neue Reviere ab und unternehmen am Nachmittag weitere Suchgänge, diesmal mit den Autos, indem wir zu bestimmten Punkten hinausfahren und von dort zu Fuß losmarschieren. Den ganzen Nachmittag sind wir unterwegs, aber auch der Samstag verstreicht ohne Erfolg. Senja ist bitter enttäuscht, aber der Umstand, dass wir alles Erdenkliche getan haben, tröstet sie ein wenig. Um endlich einmal auf andere Gedanken zu kommen, überrede ich sie, am Abend mit Marko ins Kino zu gehen. Wir spendieren den beiden zwei Eintrittskarten. Sie entscheiden sich für eine Action-Komödie, wo es in jeder Szene kracht und scheppert und bei der man sein Gehirn an der Kinokasse abgeben kann. Das Richtige zum Abschalten! Senja geht in der Hoffnung, dass es ihr mit der Schmieze ergeht wie mit einem verlegten Ohrring: Er findet sich dann, wenn man nicht nach ihm sucht.

Die Nacht zum Sonntag wird ebenso unruhig wie die letzte. Es will mir kaum gelingen, ein paar Stündchen Schlaf zu finden. Irgendwann nach 4 Uhr morgens schlurfe ich in die Küche, um einen Schluck Wasser zu trinken, und stutze. Senja sitzt, in eine Decke gehüllt, auf einem Stuhl beim Fenster und schaut hinaus.
»Kannst du nicht schlafen?«, frage ich.
»Nee«, sagt sie traurig.
Ich rücke mir einen Stuhl heran und setze mich neben sie.
»Du hast noch gar nicht erzählt: Wie war der Kinofilm?«
»Och, ganz okay«, murmelt sie. Und nach einer Weile fügt sie hinzu: »Eigentlich ziemlich hohl. Alle drei Minuten flog ein Auto in die Luft.« Ich streiche ihr durch ihre langen milchkaffeebraunen Haare.

»Vielleicht«, sagt Senja nach einer Weile, »sollten wir es machen wie Oma!« (Wenn die Kinder von Oma sprechen, meinen sie ihre deutsche Großmutter, andernfalls sagen sie *Mummi.*)
»Was meinst du damit?«
»Eine Kerze anmachen!«
Die katholische Oma aus dem Rheinland zündet nach gutgläubiger Tradition immer Kerzen an, wenn etwas im Argen liegt oder himmlischer Beistand vonnöten ist.
»Schaden kann es ja nicht!« Aus dem Wohnzimmerschrank hole ich eine Kerze und den großen hölzernen Kerzenständer, und schon bald darauf erhellt hoffnungsvolles Kerzenlicht die Küche.
»Weißt du übrigens, was in der Silvesternacht passiert ist?«
Senja schüttelt den Kopf. Sie war an dem Abend außer Haus feiern. Ich beginne zu erzählen: »Gegen Mitternacht waren wir alle draußen auf der Terrasse, um Feuerwerk zu gucken: Benni und seine beiden Freunde, Mutti und ich … Und Fiona hat sich auch hinausgewagt, unters Vordach, wo kein Schnee lag. Dann, als ein paar Böller gekracht haben, ist sie in Panik ins Haus zurückgesprungen und hat diesen Kerzenständer hier umgeworfen.«
»Und dann?«
»Und dann ist dieser schwere Kerzenständer genau auf Bennis Pfefferkuchenhaus gefallen und hat es zerdeppert.«
Es gelingt mir, Senja zu einem verkniffenen Lächeln zu bringen.
»Benni war bestimmt stinksauer, wie ich ihn kenne!«
Senjas Gesicht entspannt sich und trägt zum ersten Mal in dieser Woche vergnügte Züge.
Mit einem Male läuft es mir eisig den Rücken herunter. Mir sträuben sich die Nackenhaare. Ich spüre Druck auf den Ohren, mein Herz schlägt bis zum Halse.
»Jetzt weiß ich …«
»Was ist los mit dir, Vati? Geht's dir noch gut?«
»*Totta kai!*«
Ich springe auf, wanke ins Badezimmer und packe mir zwei Bademäntel, von denen ich mir einen anziehe und den anderen Senja zuwerfe. »Komm mit!«
»Was? Jetzt? Wohin?«

Ich lange nach meinem Schlüsselbund und stolpere zur Terrassentür in den Garten hinaus. Senja folgt mir verwirrt. »Wo willst du hin?«
Ohne auf sie zu warten, haste ich voran, mit Pantoffeln an den Füßen quer über den feuchten stumpfen Rasen, der zu dieser Jahreszeit mehr grau als grün aussieht. Unsere Gartenleuchte und eine Straßenlaterne spenden ausreichend Licht. Ich zwänge mich durch die Sträucher, die die Grundstücksgrenze markieren, vorbei an den Resten eines zertrümmerten Spielhäuschens, und halte auf Seppos leerstehendes Haus zu.
»Was willst du denn hier mitten in der Nacht?« Senja versteht die Welt nicht mehr.
»Ich glaube, sie ist hier!«
»Wer? Fiona?«
An meinem Bund suche ich nach dem Zweitschlüssel zur Hintertür des Hauses, den mir Seppos Tochter Jenna anvertraut hatte. Es dauert eine kleine Weile, bis ich den Schlüssel im Schloss und die Tür entriegelt habe. Wir machen Licht und tappen in den Hausflur.
Ich kenne mich halbwegs in Seppos Haus aus. »Hier lang! In den Keller!« Die Tür, die in den Keller führt, ist verschlossen, aber der Schlüssel steckt von außen. Ich taste eine feucht-kühle Wand nach einem Lichtschalter ab, dann steigen wir eine schmale Steintreppe hinunter. Es riecht muffig. Wir haben nicht einmal die unterste Stufe erreicht, da hören wir bereits ein klägliches Miauen.
»Fiona!«, ruft Senja und ist nicht mehr aufzuhalten. Sie reißt die nächstbeste Tür auf. Und Fiona torkelt uns auf unsichern Beinen entgegen! Das Glück, das wir in diesem Moment empfinden, entbehrt jeglicher Beschreibung. Vorsichtig nimmt Senja unsere Mieze auf und drückt sie an sich. Uns beiden laufen Freudentränen über die Wangen, und wenn Katzen weinen könnten, würde Fiona mitheulen. Allerdings wirkt sie schwach und wie benommen. Senja hält Fiona im Arm wie ein Baby. Wir können es kaum fassen. Fiona wird gestreichelt und geherzt. Widerstandslos lässt sie sich alles gefallen. Bevor wir den Keller wieder verlassen, werfe ich einen schnellen Blick in den Raum voller Gerümpel, in dem die Schmieze so viele Tage gefangen war. Dann eilen wir zurück, wobei ich nicht versäume, alle Türen wieder zu verschließen.
»Fiona ist wieder da!«, jubelt Senja, kaum dass sie die Schwelle unserer

Terrassentür überschritten hat. Meine Frau und Benni sind sogleich auf den Beinen. Wir umringen unsere Mieze und streicheln sie mit mindestens acht Händen, begleitet von einem Konzert an Seufzern und Lauten, die man macht, wenn man zu Weihnachten Geschenke auspackt – Geschenke, die einen nicht überwältigen, weil sie so teuer waren, sondern Geschenke, die einen rühren, weil sie selbstgemacht sind.

»Sie hat bestimmt großen Durst!«, mahne ich. »Und Hunger!« Ich öffne eine Büchse Katzenfutter und stelle Trinkwasser bereit. Zum ersten Mal in meinem Leben erlebe ich, dass Fiona ihren Futternapf restlos leerfrisst. Bis auf das letzte Fitzelchen. Anschließend leckt sie mir dankbar die Hände.

48. Mein Lieblingswort

Am Morgen nach der Rettung der Schmieze erleben wir den schönsten Sonntag, an den wir uns erinnern können. An diesem Tag passiert nichts Außergewöhnliches, außer dass wir in dem Glück schwelgen, unseren Stubentiger wiederzuhaben. Das Glück der wundersamen Geschichte, die uns kaum ein Mensch glauben wird! Die Ereignisse der vergangenen Tage können wir uns nur folgendermaßen zusammenreimen: In den frühen Morgenstunden nach der Sturmnacht muss Fiona durch die aufgesprungene Terrassentür hinausgeflüchtet und durch die Nachbarsgärten gestromert sein. Die umgestürzte Birke hatte ein Kellerfenster in Seppos Haus aufgedrückt. Getrieben von ihrem Reingehdrang muss sie in den Keller geschlüpft sein, irgendwann bevor Seppos Tochter Jenna anrückte, um nach dem Rechten zu sehen und um alle Fenster zu verschließen und vorsorglich alle Türen zuzuziehen. Fiona muss sich, als Jenna durch den Keller lief, ängstlich in der Ecke eines Raums ohne Außenfenster versteckt haben. Und plötzlich war sie unverhofft gefangen.
»Wie kann sie nur eine ganze Woche überlebt haben?«, wundert sich Senja.
»Mäuse!«, sag ich! »In Seppos Keller gibt es Mäuse.« Und in der Not frisst auch eine verwöhnte Miezekatze Mäuse ohne die Zubereitung eines Meisterkochs.

Mein Schluss-Statement als Juror für unsere Buchveröffentlichung zu den Worten finnischer Grundbefindlichkeiten. Kurz, knapp, bündig und kaum eine Seite lang. So wie unser Vorsitzender Jussi es haben wollte:

»Es gibt viele finnische Worte, die mich als Zugereisten faszinieren, weil sie praktisch sind und weil sie treffend etwas bezeichnen, wozu man in vielen anderen Sprachen längere Umschreibungen braucht. Zum Beispiel *kahvitus* oder *talkoot*. Es gibt andere Worte, die einfach nur schön sind, weil sie melodisch klingen, Worte wie *jompikumpi, sillälailla* oder *lämpimämpi*. Man könnte sie für ein Wiegenlied aneinanderhängen und der Text würde bei Kleinkindern auf der ganzen Welt eine beruhigende Wirkung entfalten. Es gibt andererseits finnische Flüche – allen voran *perrrrkele* – die so kraft-

voll-brachial sind, dass sie quasi sprachenunabhängig und universal funktionieren. Nicht zu vergessen sind die vielen Worte, die kulturelle Besonderheiten bezeichnen: *sisu* oder *mäyräkoira*.
Jede Familie und jeder Freundeskreis mag darüber hinaus selbstgemachte Worte haben, die dazu beitragen können, den Gesamtwortschatz zu bereichern. In meiner eigenen Familie ist das zum Beispiel das Kosewort *kultapää*, Es würde mich freuen, wenn Letzteres allgemeine Verbreitung fände.
Die Entscheidung ist mir schwergefallen! Aber nach reiflicher Überlegung weiß ich, was mir von all den schönen, merkwürdigen oder ungewöhnlichen Worten und Ausdrücken der finnischen Sprache das liebste ist! Am allerliebsten ist mir *totta kai (k*lar doch)! Denn es ist viel mehr als ein steifes *kyllä* (ja), als ein halbherziges *joo* (jow) oder gar ein unentschlossenes *juu juu* (jaja). Wer auf eine Frage mit *totta kai* antwortet, begräbt jeden Zweifel Es ist voller Zustimmung und strotzt vor Zuversicht. Man kann es laut ausrufen oder leise flüstern, es entfaltet allzeit Mut und Vertrauen. *Totta kai* ist eine zum Lautgebilde gewordene positive Lebenseinstellung.«

Was ich nicht dazuschreibe, sind all die Gelegenheiten der vergangenen Monate, in denen *totta kai* zum Einsatz kam: Als Benni zweifelte, ob jemand mit ihm auf einen Zombie Walk geht. Als Senja ihren Einsatz als wohltätige Santa Lucia hatte. Als die ganze Familie vor dem Angriff wilder Wölfe zitterte. Als unsere Mieze verschwunden war und unsere Hoffnung auf den Nullpunkt abrutschte. Und bei einem halben Dutzend weiterer Gelegenheiten.

49. Das Leben geht weiter

Aus Dankbarkeit über die Rettung unserer Mieze entschließen wir uns nur wenige Tage später dazu, Fördermitglied im Verein *Kissojen Katastrofiyhdistys* zu werden. Außerdem schicken wir Frau Humbug eine Geschenkschachtel Katzenzungen, feine süße Häppchen aus dem Hause einer Tamperer Schokoladenmanufaktur, verbunden mit der freundlichen Bitte, sich demnächst klarer auszudrücken.

Die Wochen vergehen. Bei einem Besuch des Baumarkts *M-Metalli* entdecke ich eher zufällig eine stattliche Plastikeule zum Verscheuchen von Möwen und Enten. Ich kaufe sie, schlage sie zu Hause in Geschenkpapier und bringe sie eines Abends zu der Hütte, vor deren Steg ich im Februar ins Eis eingebrochen war, versehen mit einem kurzen anonymen Brief, in dem ich mich dafür entschuldige, eine ähnliche Eule zerschlagen zu haben. In dem Schreiben schildere ich kurz die Vorfälle jenes Abends und mahne dazu, aufgebrochene Eislöcher künftig besser zu markieren.

Der Frühling kommt und die Welt wird grün. Aus Åland erhalte ich von Synnöve eine Mail, in der sie davon berichtet, dass Björn sie zum Jahrestag ihres Kennenlernens mit einer neuen Katze beschenkt habe. Das Tier habe ein weiß-rötliches Fell und sei auf den Namen *Törnrosa* (Dornröschen) getauft worden. Außerdem habe Synnöve demnächst eine Ausstellung in Porvoo, zu der wir herzlich eingeladen seien.

Zu Beginn der Sommerferien, Anfang Juni, ist Benni für rund eine Woche auf einem Konfirmationslager irgendwo am Ufer des Päijänne. Er fährt ohne große Lust dorthin. Als er zurückkommt, klingt seine Stimme tiefer und sein Gang ist aufrechter. Anfangs vermute ich, dass dies mit geistlicher Erleuchtung zusammenhänge und auf sein bevorstehendes Konfirmationsfest hindeute. Aber dann erwische ich ihn eines Morgens dabei, wie er im Badezimmer vor dem Spiegel steht und sich freiwillig die Haare kämmt. Ich bin schockiert! Aber so ist das Leben.

Kurz vor der Konfirmation besteht Eila darauf, dass Bennis Kinderhochbett ausrangiert wird und er ein neues Kingsize-Bett erhält, in dem ein junger Mann seines Alters die Füße ausstrecken kann. Benni leistet keinerlei

Widerstand und ich verstehe die Welt nicht mehr. Die Zeiten, in denen er ein Büdchen aus vorgehängten Bettdecken bauen konnte, um darin gemütlich Hörspielen zu lauschen, sind unwiederbringlich vorbei. Auch das Interesse für sein Chemie-Labor erlahmt. Doch damit nicht genug! Auch das alte Sofa, das in unserem Garten überwintert hat, soll endlich zur Mülldeponie verfrachtet werden. Benni hat nichts dagegen und verspricht sogar, mich begleiten zu wollen. An einem sonnigen Freitagnachmittag leihe ich mir von unserem Nachbarn Veikko einen Anhänger. (Jeder Ingenieur in Finnland besitzt einen Anhänger!) Das alte Sofa wird hinaufgehievt und mit Riemen festgezurrt. Zufällig hat Benni an diesem Nachmittag Besuch von seinen beiden Freunden Carl und Kalle. Alle drei begleiten mich auf dem Weg zur Mülldeponie im Nachbarort Nokia. Das letzte Wegstück führt durch einen einsamen Wald. Da kommen die Jungs auf die Idee, sich hinten auf den Anhänger aufs Sofa setzen zu wollen. Ich finde, diese Ehrenbezeugung hat das alte Sofa bei seinem letzten Gang verdient, und erlaube es. Die drei werden streng von mir ermahnt, stillzusitzen und sich an den Zurrriemen festzuhalten. Im vorsichtigen Schritttempo fahre ich weiter. Durch das offene Wagenfenster höre ich die drei hinter mir johlen.
Plötzlich kommt uns um eine Wegbiegung ein Polizeiauto entgegen. Ausgerechnet hier! Mitten im Wald in der Nähe einer Mülldeponie. Wir werden angehalten. Ein junger Polizeibeamter steigt aus, während sein älterer Kollege hinterm Steuer sitzen bleibt. Die Jungen werden in scharfem Ton aufgefordert, vom Anhänger herabzusteigen und wieder auf der Rückbank des Autos Platz zu nehmen. Dann wendet sich der Polizist an mich und will meinen Führerschein sehen. Ein Unglück kommt selten allein. Wie ich feststellen muss, habe ich zwar einen losen Geldschein in meiner Hosentasche, aber mein Portmonee habe ich dummerweise zu Hause liegen lassen und damit auch meinen Führerschein. Um Zeit zu gewinnen, suche ich alle Taschen, Ablagen und Konsolen ab in der lächerlichen Hoffnung, irgendetwas Entlastendes zu finden. Vielleicht Salmiakpastillen, mit denen ich den Beamten bestechen könnte. Dabei rede ich auf den Polizisten ein und erkläre, dass ich zwar ein Ausländer sei, aber ansonsten ein anständiger Bürger mit festem Wohnsitz und Steuerkarte. Dass mein Sohn demnächst Konfirmatinsfest feiere und deshalb das alte Sofa entsorgt werden müsse. Dass die Jungs erst hier im Wald hinten aufgestiegen seien und ich höch-

stens 20 km/h gefahren wäre. Da entdecke ich im Handschuhfach ein laminiertes Kärtchen, das meine Rettung sein könnte. »Äh … es tut mir leid«, sage ich, »ich habe meinen Führerschein zu Hause vergessen, aber vielleicht hilft das hier ja weiter.«
Ich reiche dem Polizisten meinen Rentierschlittenführerschein mit Stempel und Unterschrift. Erst sieht er mich mit versteinertem Ausdruck an, dann verzieht sich sein Gesicht zu einem Grinsen. Er sei am Fuße des Iso Syöte aufgewachsen, erzählt er. Nach einem kurzen Zögern lehnt er sich vertraulich an den Rahmen des offenen Autofensters. Er wolle noch einmal ein Auge zudrücken, aber dass so etwas bloß nicht wieder vorkomme. Das verspreche ich hoch und heilig, und auch Benni und seine Freunde geloben, nie wieder unerlaubt auf einem Anhänger mitzufahren. Freundlich gibt mir der Polizist meine Papiere zurück und tritt zur Seite. Unbehelligt dürfen wir unseren Weg zur Mülldeponie fortsetzen. Ich hatte ja geahnt, dass ein Rentierschlittenführerschein zu etwas nütze sein würde!

Auf demselben Wege, nach dem Abstecher zur Mülldeponie, fahre ich mit Benni und seinen beiden Freunden wegen kleinerer Besorgungen noch zum nahen Gewerbegebiet. Nach einem kurzen Einkauf in unserem Supermarkt laufen wir wie immer an der Würstchen-Bude vorbei, wo der mollig untersetzte *makkara*-Mann steht. Der Biber mit den dicken Backen, der immer nur stumm geradeaus schaut ... Ohne die Jungs lange zu fragen, kaufe ich spontan vier fettige finnische Grillwürste mit Senf, dazu Erfrsichungsgetränke. Aus lauter guter Laune und Hochgefühl! Die drei Jungs greifen begierig zu, mampfen voller Hingabe und kichern beim Essen pausenlos ohne erdenklichen Grund. Der Würstchen-Mann verzieht keine Miene, aber ich glaube, er freut sich. Die gute Laune von Benni und seinen Kumpeln Carl und Kalle lockt andere Kunden an, und als wir unsere zerknüllten Servietten in einen Mülleimer werfen, stehen schon weitere Käufer Schlange.

Kurz vor Bennis Konfirmation kommen meine Eltern wieder zu Besuch. Auf dem Weg vom Flughafen zu uns nach Hause fragt mich mein Vater, ob man an den Nummernschildern ablesen könne, wo ein Auto herkomme. Außerdem will er wissen, ob er meinen Schuppen aufräumen dürfe.

Die Konfirmationsfeier findet im Dom zu Tampere statt. Meine Eltern sind entsetzt darüber, dass es Kirchenbesucher gibt, die selbst im Gotteshaus an ihren Mobiltelefonen herumspielen. Ansonsten gefällt ihnen die Feier gut, vor allem die holdseligen weißen Gewänder, die die Konfirmanden anhaben. Auch die Verwandtschaft aus Österbotten ist zahlreich erschienen. Der ein oder andere Onkel wird sicherlich einen *taskumatti* (Flachmann) im Anzug versteckt haben.

Meine Tochter trägt zum Fest ihres kleinen Bruders ein elegantes rotes Kleid. An der Seite ihres Freundes Marko sieht Senja seltsam verwandelt aus; sie könnte durchaus siebenundzwanzig sein und nicht erst siebzehn.

Beim anschließenden Fest bei uns zu Hause kommen außer den Verwandten auch Freunde, Kollegen, Nachbarn und Bekannte zum Gratulieren. Selbst mein Sauna-Freund Urho! Am meisten freuen sich die Familienmitglieder aber über Seppo, allen voran Senja, Benni und meine Eltern. Wir empfinden es als eine besondere Ehre, dass uns der alte Kriegsveteran auf ein Stündchen besucht. Seine Tochter Jenna bringt ihn vorbei. Seppo benutzt nun einen Gehstock, er hinkt ein wenig, ansonsten wirkt er weiterhin rüstig. Meine Mutter schüttelt ihm herzlich die Hand und beglückwünscht ihn noch einmal dazu, dass er im letzen Dezember zum Unabhängigkeitstag im Präsidentenpalais war. Seppo ist erfreut, wieder ein paar Worte Deutsch sprechen zu können. Mit wässrigen Augen blickt er manchmal hinüber zu seinem alten Haus, das nun verwaist steht und demnächst verkauft werden soll. Er wird bei seiner Tochter wohnen bleiben.

Im Garten liegt unsere Mieze an der Leine und lässt sich von allen kraulen. Sie ist neben Benni, dem Konfirmanden, der heimliche Star des Tages, denn ihre unglaubliche Geschichte hat sich natürlich herumgesprochen.

Eine unerfreuliche Nachricht erreicht mich wenige Wochen später im Juni vom Vorsitzenden unserer Arbeitsgruppe, von Jussi, der darüber klagt, dass sich unsere Buchveröffentlichung wohl verzögern werde, weil unerwartet die Mittel gekürzt worden seien. Das berührt mich nur noch am Rande, die Arbeit ist getan. Ich habe gelernt, auf welche Worte es ankommt, welche ich mag und welche sich zu kennen lohnt. Alles andere können wir nur abwarten.

Kurz vor Mittsommer haben Eila und ich Hochzeitstag. Mein Überraschungsgeschenk: eine Fahrt mit dem Heißluftballon über Tampere. Von einer Wiese in Pirkkala geht es am frühen Morgen los, mit festen Schuhen, aber ohne dicken Overall, denn der Sommer ist warm, auch in höheren Lagen. Außer dem Ballonführer sind noch zehn weitere Personen mit im Korb. Anfangs ist mir etwas mulmig zumute, aber der Korb verleiht im sanften Flug ein Gefühl von Sicherheit. Von Höhenangst keine Spur. Die Aussicht auf die Seenlandschaft der Region aus der Vogelperspektive ist berauschend. Nicht minder aufregend ist der Blick auf die Stadt. Dort drüben liegt das Hauptgebäude der Uni. Nicht weit davon entfernt der Dom. Endlich können wir uns auch einmal davon überzeugen, dass die Stadtbücherei *Metso* von oben wirklich wie ein Auerhahn aussieht, jedenfalls mit ein wenig Fantasie. Irgendwo im Stadtteil Pispala, auf der Landenge zwischen den beiden großen Seen, versteckt sich die Sauna von Rajaportti. Schließlich lassen sich sogar unser Haus erkennen, unser Garten – und die Einfahrt, in die gerade ein kleines zitronengelbes Spielzeugauto einbiegt. Eila schickt eine Textnachricht an Benni: »Alles klar bei euch da unten?«
»*Totta kai!*«, simst er zurück.
»Schaut mal in den Himmel, wir fliegen gerade über euch!«
Kurz darauf können wir sehen, wie mehrere wild winkende Pünktchen in unserem Garten stehen. Wir winken zurück, auch wenn wir wissen, dass man uns wahrscheinlich nicht sehen kann.
»Ein schönes Geschenk zum Hochzeitstag«, findet Eila und gibt mir einen hingebungsvollen Kuss, der sich mit einem hörbaren Plopp wieder löst. Ob das am Unterdruck liegt?
Aber Hauptsache er ist endlich da: der lang ersehnte Sommer!